Nolting/Paulus

Psychologie lernen

D1934344

Hans-Peter Nolting
Peter Paulus

Psychologie lernen

Eine Einführung und Anleitung

5., korrigierte Auflage

BELTZ
PsychologieVerlagsUnion

Die Autoren:

Dr. Hans-Peter Nolting, Dipl.-Psych., und Priv.-Doz. Dr. Peter Paulus, Dipl.-Psych., arbeiten beide am Institut für Pädagogische Psychologie der Universität Göttingen.

Die Deutsche Bibliothek – CIP-Einheitsaufnahme

Nolting, Hans-Peter:
Psychologie lernen: eine Einführung und Anleitung / Hans-Peter Nolting ; Peter Paulus. – 5., korrigierte Aufl. – Weinheim : Beltz, Psychologie-Verl.-Union, 1994
ISBN 3-621-27235-6
NE: Paulus, Peter

1. Auflage 1985 Beltz Verlag, Weinheim
2. Auflage 1988 Psychologie Verlags Union, München
3. völlig neu bearbeitete Auflage 1990 Psychologie Verlags Union, München
4. Auflage 1993 Psychologie Verlags Union, Weinheim
5. korrigierte Auflage 1994 Psychologie Verlags Union, Weinheim

Alle Rechte, insbesondere das Recht der Vervielfältigung und Verbreitung sowie der Übersetzung, vorbehalten. Kein Teil des Werkes darf in irgendeiner Form (durch Photokopie, Mikrofilm oder ein anderes Verfahren) ohne schriftliche Genehmigung des Verlages reproduziert oder unter Verwendung elektronischer Systeme verarbeitet, vervielfältigt oder verbreitet werden.

Umschlaggestaltung: Dieter Vollendorf, München
Gesamtherstellung: Druckhaus Beltz, Hemsbach
Printed in Germany
Gedruckt auf chlorfrei gebleichtem Papier
© 1990 Psychologie Verlags Union
ISBN 3-621-27235-6

Inhaltsverzeichnis

Vorwort: Wozu dieses Buch zu gebrauchen ist

Dieses Buch ist sowohl eine Einführung wie eine Anleitung. Es ist eine *Einführung* in die Psychologie insofern, als es über grundlegende Phänomene psychischen Geschehens sowie über wesentliche Gebiete und theoretische Richtungen der wissenschaftlichen Psychologie informiert. Allerdings führt es auf eine andere Weise ein, als es sonst üblich ist. Denn es möchte Psychologie so vermitteln, daß sich die Wissensinhalte im Kopf des Lernenden zu einem „System" zusammenschließen und sich nicht einfach in Wissen zu Themenbereich A, zu Themenbereich B, zu C usw. aufteilen. Dies ist unseres Erachtens eine wesentliche Voraussetzung, um psychologische Kenntnisse auch auf neuartige Fragestellungen anwenden zu können.

Das Buch ist daher „integrativ" und „hierarchisch" aufgebaut: Wissensinhalte von großer Reichweite, die den Zusammenhalt des Ganzen sichern können, werden von speziellen Inhalten abgehoben, statt daß verschiedene „Themenbereiche" gleichrangig nebeneinander stehen. Zu den übergreifenden Inhalten gehören:

- grundlegende Aspekte des psychischen Systems (Kapitel 3),
- grundlegende „Tätigkeiten" im Umgang mit psychologischen Fragen (Kapitel 7).

Die typischen „Gebiete" und „Richtungen" der Psychologie betrachten das psychische System mit speziellen Akzenten und werden daher erst nach den „grundlegenden Aspekten" behandelt (Kapitel 4 bis 6).

Das Buch ist aber auch eine *Anleitung* zum selbständigen Lernen. Es gibt Hinweise darauf, wie man psychologische Literatur und Seminare verarbeiten sollte, damit mehr als eine Summierung von Einzelkenntnissen herauskommt. Es will helfen, angesichts der Fülle der Informationen zu Themen, Theorien, Untersuchungsergebnissen und Methoden jene allgemein bedeutsamen Aspekte im Blick zu behalten, die immer zu beachten sind, wenn man an psychologische Sachverhalte herangeht.

Viele Menschen, die bei sich selbst „mangelnde" Kenntnisse feststellen, gehen wie selbstverständlich davon aus, daß sie *zuwenig* Kenntnisse besäßen und folglich gewissermaßen die „weißen Flecken" in der Wissenslandkarte durch weitere Wissensvermehrung auszufüllen hätten. Wenngleich auch dies zutreffen kann, liegt doch das Hauptproblem vielfach darin, daß die Kenntnisse *unzureichend geordnet* sind, daß die grundlegenden Strukturen, die die Inhalte miteinander verbinden, nicht klar genug sind. Ordnung ist das halbe Lernen!

Man kann nicht „alles" lernen. Aber man kann so lernen, daß das Gelernte vielfältig zu verwenden ist. Wer Psychologie sinnvoll gelernt hat, muß auch dann beispielsweise zur Psychologie der Hilfeleistung, der Aggression oder der Lernstörungen etwas sagen können, wenn er diese „Themen" noch nicht „gehabt" hat. Es kommt darauf an, grundlegende Kategorien psychologischen Denkens, die sozusagen quer durch die Themen hindurchgehen, zu erwerben und ihre Übertragung auf neue Inhalte zu üben. Dies gilt auch für das Ziel, Fertigkeiten zur selbständigen Analyse von Praxisproblemen in Beruf und Alltag zu entwickeln. Es ist das Anliegen des Buches, eine flexiblere Wissensverwendung in beiderlei Hinsicht – bei neuen „Themen" und bei „Praxisproblemen" – zu fördern. Es kann dazu jedoch lediglich einige Wegweiser setzen. Der Besuch geeigneter Seminare, selbstgesteuertes Üben im Alltag und weiteres Literaturstudium müssen hinzukommen.

Da das Buch in erster Linie eine Ausgangsbasis für das selbständige Lernen schaffen will, versteht es sich *nicht* als Lehrbuch im üblichen Sinne. Die Darstellung von Theorien und Untersuchungsergebnissen nimmt daher einen vergleichsweise geringen Raum ein, wenngleich diese einen Hintergrund bilden, an dem wir, die Autoren, uns orientiert haben. Einen wichtigen Platz nehmen hingegen Begriffe ein, mit denen die meisten Lernenden in Lehrbüchern und Seminaren konfrontiert werden. Doch geschieht dies nicht in einem lexikonartigen Stil – in einem Nebeneinander von Stichwörtern –, sondern mit dem ständigen Bemühen, die Begriffe in eine Ordnung zu bringen, ihr Verhältnis zueinander deutlich zu machen.

Ein typisches Problem aller Psychologie-Lernenden war dabei auch unser Problem: die verwirrende Begriffsverwendung in der Psychologie – nicht nur die Vielzahl von Fachtermini, sondern auch die Tatsache, daß dieselben Termini bei verschiedenen Autoren zuweilen unterschiedliche Bedeutungen haben. Auch unser Wortgebrauch kann folglich keine Allgemeingültigkeit beanspruchen. Doch haben wir uns bemüht, uns an (unserer Einschätzung nach) häufig vorkommenden Termini und ihre jeweils typische Bedeutung zu halten und überdies auf Begriffsverwandtschaften hinzuweisen.

Aus der Absicht des Buches, Einzelinhalte immer wieder zusammenzuführen und unter ein Dach von übergreifenden Wissensaspekten zu stellen, ergibt sich ein „spiraliger" Aufbau: Grundlegende Inhalte werden schon frühzeitig vorgestellt und tauchen dann später auf anderen Ebenen wieder auf – in differenzierterer Form oder in neuem Kontext. Wer also trotz vieler neuer Inhalte immer noch die „roten Fäden" sieht, die sich durch alles hindurchziehen, hat so gelesen, wie wir es uns vorstellen.

Das Buch ist unseres Erachtens geeignet

- als eine *Einführung* für Interessenten, die sich selbständig mit Psychologie beschäftigen wollen;
- als *studienbegleitendes Buch,* das als Hilfe herangezogen wird, um Inhalte aus verschiedenen Büchern und Seminaren unter übergreifenden Gesichtspunkten zu ordnen und zu integrieren;
- als *Seminarlektüre,* die im Laufe von ein bis zwei Semestern abschnittsweise durchgearbeitet wird. – Lehrende oder didaktisch interessierte Leser seien in diesem Zusammenhang auf „Psychologie lehren" (Nolting 1985) hingewiesen.

Der Kreis der Psychologie-Lernenden ist recht groß. Er reicht über Studierende des Diplomstudienganges Psychologie weit hinaus. Für viele Lernende an Hochschulen, Fachhochschulen, Fachoberschulen etc. ist Psychologie Teil ihres Lehrplans; andere Interessierte besuchen Kurse in der Volkshochschule oder der gymnasialen Oberstufe. Das Buch ist so abgefaßt, daß es für all diese Personenkreise verständlich ist und im Sinne der genannten Zielsetzungen verwendet werden kann. Die Literaturhinweise nennen ebenfalls vorwiegend Werke, die auch für Anfänger geeignet sind. Des weiteren haben wir uns bemüht, zwischen „naiver", vorwissenschaftlicher und wissenschaftlicher Psychologie Verbindungen herzustellen, indem wir an vielen Stellen typisches Alltagsdenken aufgegriffen und wissenschaftlich orientierten Denkweisen gegenübergestellt haben.

Für ein gezieltes Lesen einzelner Teile des Buches mögen folgende charakterisierende Hinweise dienen:

Grundlegende Inhalte	Kapitel 1, 3, 7 (teilw. 2)
Orientierung zu einzelnen Schwerpunkten	Kapitel 4, 5, 6
Anleitung zum Lernen und Verwenden von Psychologie-Kenntnissen	Kapitel 2, 8, 9

Tafel 1: Lesehinweise

Kapitel 1
Was sind „psychologische" Fragen?

Was sind Fragen, mit denen sich die Psychologie beschäftigt? Wann und wodurch ergeben sie sich? Worin unterscheiden sie sich von denen anderer Wissenschaften?

1. Psychisch – psychologisch – Psychologie

„Psychologie" ist zwar kein Fremdwort mehr, und Psychologen werden in unserer Gesellschaft kaum noch wie Exemplare einer exotischen Gattung betrachtet, da viele Menschen mit ihnen in Beratungsstellen, sozialen Diensten, Kliniken, in Volkshochschulkursen usw. in Kontakt kommen. Auch verwenden viele von uns in der Umgangssprache das Wort „psychologisch" (z. B. „das psychologisch wichtige Tor vor Ende der ersten Halbzeit"). Dennoch würde es den meisten Menschen schwerfallen, zu sagen, was „psychisch", „psychologisch" oder „Psychologie" bedeutet. Und auch Psychologen tun sich schwer, hier präzise Definitionen zu geben: Offenbar sind allenfalls begriffliche Annäherungen möglich.

„Psychologie" bezeichnet wörtlich die Lehre von der „Seele" oder „Psyche". Beide Begriffe werden in der Psychologie kaum noch verwendet. Einmal, weil sie traditionell durch andere Wissenschaften begrifflich vorbelastet sind (Philosophie, Theologie). Vor allem aber deshalb, weil durch diese Begriffe suggeriert wird, es gäbe eine Substanz, eine Art „seelisches Organ", eben die „Seele". Ob dies so ist, läßt sich wissenschaftlich nicht überprüfen. Was wir dagegen beobachten und damit der wissenschaftlichen Analyse unterziehen können, ist menschliches „Erleben" und „Verhalten".

Über das *Erleben,* verstanden als unmittelbare innere Erfahrung, können Menschen Bericht geben; sie können z. B. ihre Gefühle, Vorstellungen, Wünsche mitteilen. Als Außenstehende können wir das Erleben eines anderen Menschen nicht direkt beobachten. Man sieht nur körperliche Reaktionen, die man mit dem Erleben in Zusammenhang bringen kann: Weint jemand, könnte man schließen, er sei traurig; denkbar wären aber auch Schmerz oder Freude. Man sieht hier schon eine grundsätzliche

Schwierigkeit: Eindeutige Schlüsse vom Verhalten auf das Erleben bei anderen Personen sind nicht möglich.

Das *Verhalten* ist der Selbstbeobachtung *und* der Fremdbeobachtung zugänglich. Es umfaßt zuerst einmal die für jedermann sichtbaren körperlichen Bewegungen (z. B. ein Kind wirft sich vor Wut auf den Boden; ein Junge lächelt ein Mädchen an; ein Mann hilft einer alten Frau über die Straße). In der Regel geht es dabei um komplexere körperliche Äußerungen (z. B. Sprechen, Mimik, manuelle Tätigkeiten etc.), obwohl auch einzelne Reaktionen (z. B. Atmung, Herzschlag, Reflexe) Gegenstand psychologischer Forschung sein können. Stoffwechselvorgänge in der Zelle zählen hingegen nicht mehr zum „Verhalten".

Von manchen Autoren wird der Verhaltensbegriff allerdings als Oberbegriff für alle psychischen Vorgänge benutzt, der dann das Erleben mit einschließt. Wir halten einen solchen Wortgebrauch für verwirrend und wenig sinnvoll.

Je nach wissenschaftlichem Standort werden in der psychologischen Analyse eher Erlebnis- oder Verhaltensaspekte oder auch beide untersucht. Die Definitionen der Psychologie, die in Tafel 2 zusammengestellt worden sind, machen diesen Unterschied deutlich.

Kommt man aber mit den Begriffen „Verhalten" und „Erleben" überhaupt aus, um den Gegenstand der Psychologie zu benennen? Gehören zum psychischen Geschehen nicht auch „unbewußte" Vorgänge, die nicht eigentlich „erlebt" werden? Zweifellos: Die Sinnesorgane nehmen manche Informationen „unbemerkt" auf; viele alltägliche Aktivitäten laufen als Routine, d. h. ohne bewußte Kontrolle, ab; und das Handeln kann von Motiven bestimmt werden, die dem Menschen selbst nicht klar sind. Einige Psychologen, vor allem psychoanalytisch orientierte, nehmen sogar eine eigene, abgegrenzte psychische Schicht an, die als das „Unbewußte" bezeichnet wird. Andere sehen zwischen „bewußt" und „unbewußt" fließende Übergänge, ein Mehr oder Weniger an „Bewußtheit". Wie dem auch sei: Da *nicht oder nicht klar bewußte psychische Vorgänge* für die Psychologie nur soweit von Interesse sind, als sie das Erleben und Verhalten bestimmen, kann man es bei diesen beiden Begriffen belassen, um ihren Gegenstand zu benennen; denn als erklärender „Hintergrund" sind die nichtbewußten Prozesse indirekt mit einbezogen. Vorsichtshalber werden wir allerdings in diesem Buch oftmals von „inneren Prozessen" statt von „Erleben" sprechen, um dem Mißverständnis vorzubeugen, daß mit der „Innenwelt" nur klar bewußte Vorgänge gemeint seien.

Da beim Menschen ständig Prozesse des Verhaltens und Erlebens ablaufen, haben alle Sachverhalte, an denen Menschen beteiligt sind, einen *psychischen Aspekt.* Ob der psychische Aspekt allerdings bei der Betrachtung und Analyse des Sachverhaltes berücksichtigt wird, ist eine andere

Wie man Psychologie verstehen kann

Ebbinghaus (1919; zit. nach Laucken & Schick 1978, S. 20) definiert Psychologie von der Erlebnisseite her: „Die Psychologie ist die Wissenschaft von den Inhalten und Vorgängen des geistigen Lebens oder, wie man sagt, ‚Die Wissenschaft von den Bewußtseinszuständen und den Bewußtseinsvorgängen'. (...) Wir haben Empfindungen von Farben, Tönen oder Temperaturen, haben Gedanken, Erinnerungen und Phantasiebilder, Erkenntnisse, Zweifel und Irrtümer, Gefühle der Lust und Unlust, Stimmungen wie Verdrießlichkeit und Heiterkeit und Affekte, wie Furcht und Zorn, dazu Begehrungen, Wünsche, Vorsätze, Ideale usw. Wir erleben ferner an diesen Gebilden ein unablässiges Kommen und Gehen, ein Hervortreten und Zurücktreten, wechselseitige Störungen und Förderungen. Mit alledem befaßt sich die Psychologie. (...) Die Psychologie hat es, wenn man dies kurz ausdrückt, mit den **Gegenständen der Innenwelt** zu tun, im Gegensatz zur Physik im weitesten Sinne als der Wissenschaft von den Gegenständen der räumlichen und materiellen Außenwelt."

Hilgard (1962, zit. nach Laucken & Schick 1978, S. 21), der anglo-amerikanischen Tradition des Behaviorismus folgend (s. S. 154 ff.), stellt das Verhalten in den Vordergrund: „Die Psychologie mag als jene Wissenschaft definiert werden, die das **Verhalten** der Menschen oder anderer Lebewesen erforscht."

Zimbardo (1983, S. 25) legt einen erweiterten Verhaltensbegriff zugrunde:
„Die meisten zeitgenössischen Psychologen würden einer Definition der Psychologie als der ‚Wissenschaft vom Verhalten der Lebewesen' zustimmen. Mit ‚Verhalten' sind vor allen Dingen Aktivitäten und Prozesse gemeint, die objektiv beurteilt werden können – d. h. also sowohl die isolierten Reaktionen von Muskeln, Drüsen und anderen Teilen des Organismus wie auch die organisierten, zielgerichteten äußeren Reaktionsmuster, die den Organismus als Ganzes charakterisieren. Beim Begriff ‚Verhalten' denken die Psychologen auch an interne Prozesse, wie Denken, emotionale Reaktionen etc., die eine Person nicht direkt an einer anderen beobachten kann, die aber dennoch aus Beobachtungen externen Verhaltens abgeleitet werden können."

Thomae & Feger (1976, S. 2) berücksichtigen sowohl **Erleben** als auch **Verhalten** in ihrer Definition:
„Demgemäß ist Psychologie eine Bezeichnung für eine Mannigfaltigkeit von wissenschaftlichen Versuchen, menschliches Verhalten und Erleben adäquat zu erfassen, wobei der Begriff der ‚adäquaten Erfassung' durch die schon genannten Kriterien umschrieben wird: Beschreibung bzw. Messung der Variation von Verhalten und Erleben, Analyse der Bedingungen dieser Variation, Vorhersage des Verhaltens aufgrund von Gesetzmäßigkeiten."

Tafel 2: Beispiele für Definitionen der Psychologie

Frage. So können z. B. physiologische Vorgänge im Körper als organismische Prozesse vollkommen unabhängig vom psychischen Geschehen betrachtet werden oder aber, wie in der Psychophysiologie (s. S. 120), in ihrem Zusammenhang. Das Magengeschwür kann mit einer somatisch ausgerichteten Therapie behandelt werden oder aber mit psychotherapeutischen Methoden.

Manche Sachverhalte werden durch die *Beobachtungssituation* zu Sachverhalten mit psychischem Aspekt. Das Haus, das in sich zusammenstürzt, der Apfel, der vom Baum fällt – diese Sachverhalte haben materielle Aspekte. Aber: Der Hausbesitzer, der weinend vorm zusammengestürzten Haus steht, das Kind, das den Apfel vom Baum fallen sieht – diese Sachverhalte beinhalten psychisches Geschehen. In solchen Fällen, wo Menschen psychische Aspekte an Ereignissen wahrnehmen oder ihnen zuschreiben, nehmen sie eine *psychologische Perspektive* ein. Welche Sachverhalte in dieser Weise betrachtet werden, hängt offensichtlich zum Teil mit dem theoretischen Vorverständnis des Beobachtenden zusammen. So werden nicht alle Menschen auf die Idee kommen – wie in der Astrologie –, Sternbewegungen mit psychischem Geschehen in Verbindung zu bringen!

Haben Sachverhalte psychische Aspekte, d. h., sind Erlebens- und Verhaltensprozesse beteiligt, können sie immer unter psychologischer Perspektive betrachtet, das heißt mit Hilfe psychologischer Begriffe und Theorien analysiert werden. Denken wir also über psychisches Geschehen nach, versuchen wir, es zu verstehen oder uns zu erklären, so tun wir etwas Psychologisches – Laien wie Psychologen.

Die psychologische Perspektive ist aber nicht die einzige. Psychisches kann auch unter anderen Perspektiven betrachtet werden:

Beispiel: Ein Vater schlägt sein Kind.

Psychologisch:	z. B.: Hat das Schlagen Auswirkungen auf das Selbstwertgefühl des Kindes? Übt der Vater eine Vorbildfunktion aus?
Juristisch:	z. B.: Hat der Vater ein Recht, sein Kind zu schlagen; wann handelt es sich um Mißhandlung?
Theologisch:	z. B.: Ist es mit den Vorstellungen von einer christlichen Erziehung zu vereinbaren, daß der Vater sein Kind züchtigt?
Soziologisch:	z. B.: Ist das Verhalten des Vaters typisch für Erziehungs- bzw. Bestrafungspraktiken bestimmter gesellschaftlicher Gruppen/Schichten etc.?
Medizinisch:	z. B.: Welche körperlichen Verletzungen oder Schäden sind zu erwarten?

2. Warum stellen Menschen psychologische Fragen?

Wie kommen nun aber Menschen überhaupt dazu, sich psychologische Fragen zu stellen oder psychologische Aussagen zu machen. Nach Traxel (1974) deshalb, weil sie in ihrem Erleben *Diskrepanzerfahrungen* machen: Sie erkennen, daß die Eindrücke der erlebten Wirklichkeit keine getreuen Abbilder von ihr sind, daß also eine „Verarbeitung" stattfinden muß. Wir erleben dies z. B. an den sogenannten optischen Täuschungen. Oder: Kinder werden sich im Laufe der Entwicklung des eigenen Sehens bewußt; sie lernen, „Wachen" und „Träumen" zu unterscheiden; sie bemerken, daß ihre Eindrücke von Personen gar nicht „real", sondern nur „vorgestellt" sind, usw. In diesen Erfahrungen, die Menschen darüber belehren, daß sie selbst die Eindrücke der Wirklichkeit verarbeiten, liegt wahrscheinlich die Wurzel aller psychologischen Überlegungen.

Darüber hinaus geben *Veränderungen* im Erleben und Verhalten, sei es bei einem selbst oder anderen Menschen, Anlaß zum Nachdenken: „Was ist nur mit ihm los?"; „Wie konnte es nur dazu kommen?". Dies sind Fragen, die sich dann ergeben, wenn die Alltagsroutine unterbrochen ist, wenn sich andere Entwicklungen oder Ereignisse als die erwarteten einstellen: wenn also etwas „auffällig" wird. Ansonsten wird der Alltag selbst, so scheint es, selten psychologisch „hinterfragt". Dazu besteht eben kein Anlaß, solange das Leben funktioniert und keine Störungen oder Probleme auftauchen. Da aber alle Menschen in ihrem alltäglichen Leben mit Diskrepanzerfahrungen und erklärungsbedürftigen Auffälligkeiten konfrontiert werden, denken sie auch psychologisch. Sie denken dabei „naiv-psychologisch", denn sie greifen auf ihre alltagspsychologischen Erfahrungen zurück.

Diese Wissensbestände sind unsystematisch, sehr individuell und nicht gezielt überprüft. Sie sind dem Menschen im Alltag überdies oft so „in Fleisch und Blut" übergegangen, daß sie kaum bewußt reflektiert werden können. Der Laie kann über dieses „Wissen" in der Regel kaum oder nur oberflächlich Rechenschaft geben. Erst wenn Probleme auftauchen und sich Fragen ergeben, tritt ein bewußtes Nachdenken über psychologische Zusammenhänge ein. Und wenn sie aus dem alltagspsychologischen Fundus nicht beantwortet werden können, wird vielfach die wissenschaftlich fundierte Psychologie um Rat gefragt.

In der wissenschaftlichen Psychologie werden psychologische Fragen im Licht theoretischer Betrachtungsweisen des psychischen Systems formuliert. Sie liefern erst den Bezugsrahmen, die jeweilige psychologische „Sprache", in der die psychischen Phänomene analysiert werden können. Solche theoriebezogenen Betrachtungsweisen werden in Kapitel 6 vorgestellt. Die Annahmen und Begriffe, die solche Betrachtungsweisen charakterisieren, sind der Kritik und Überprüfung durch wissenschaftlich akzeptierte Methoden ausgesetzt. Sie ermöglichen dadurch eine Diskussion und Weiterentwicklung der bisherigen Kenntnisse auf rationaler Grundlage.

Welche theoretische Betrachtungsweise den Vorzug vor anderen erhält, hängt z. T. von der Ausbildung des forschenden oder praktisch tätigen Psychologen ab, z. T. von der augenblicklich in der Wissenschaft favorisierten theoretischen Grundströmung. Da Psychologie als Wissenschaft und ausgeübte Berufstätigkeit eingebettet ist in gesellschaftlich-politische Zusammenhänge, werden psychologische Fragen und ihre Bearbeitung auch von gesellschaftlichen Entwicklungen, dem Wandel von Interessen und Anschauungen mitbestimmt. So regt etwa die Diskussion über Drogenmißbrauch bei Jugendlichen, Jugendarbeitslosigkeit etc. psychologische Forschungen über das Jugendalter an. Auch aus der gesellschaftlichen Lebenspraxis (z. B. Erziehung, Arbeit, Gesundheit/Krankheit) ergeben sich psychologische Fragestellungen: Es sind praktische Anforderungen an die Psychologie. Sie machen das Feld der „Angewandten Psychologie" aus (s. Kapitel 5).

Literaturempfehlungen

Herrmann, Th.: Psychologie als Problem. Herausforderungen der psychologischen Wissenschaft. Stuttgart: Klett-Cotta 1979.

Pongratz, L. J.: Problemgeschichte der Psychologie. Stuttgart: Francke, 2. Aufl. 1984.

Ulich, D.: Einführung in die Psychologie (Kapitel 1). Stuttgart: Kohlhammer 1989.

Kapitel 2
Ordnung in der Vielfalt – für Übersicht und Wissensverwendung

In diesem Kapitel möchten wir das Motto „Ordnung ist das halbe Lernen" ein wenig erläutern. Die Erläuterungen sind einerseits didaktischer Art; sie betreffen die Frage: Wie geht man am besten mit der Fülle psychologischer Lehrinhalte um, wenn man das Ziel hat, über Kernpunkte den Überblick zu behalten? Andererseits geben wir inhaltliche Erläuterungen, die eben diesem didaktischen Anliegen dienlich sind: Wir stellen in Kurzform die roten Fäden vor, die sich durch alle Inhalte hindurchziehen und die Organisierung des Wissens erleichtern.

1. Ist Psychologie unübersichtlich? Zur Fülle der Themen, Gebiete, Theorien

Wer sich mit Psychologie befaßt, kann angesichts der Vielfalt von Buch- und Seminartiteln leicht den Eindruck gewinnen, dieses Fach sei wohl uferlos. Und in gewisser Weise stimmt das natürlich. Unter anderem zeigt es sich darin, daß – wie bei anderen Wissenschaften – kaum ein Vertreter dieses Faches sich als Experte für die „ganze" Psychologie versteht; alle spezialisieren sich in gewissem Grade auf bestimmte Problemfelder. Das ist normal und unvermeidlich.

Aber es geht nicht nur um die *Menge* der Wissensinhalte. Viele Studierende klagen (spätestens vor der Prüfung), Psychologie sei so *unübersichtlich,* und meinen damit nicht, es sei unmöglich, alle Einzelheiten aus Seminaren und Büchern zu behalten. Nein, sie finden es schwierig, auch nur die Themen dieser Seminare und Bücher in einen sinnvollen *Zusammenhang* zu bringen. Von einigen Querverbindungen abgesehen, scheint jedes Seminar und jedes Buch für sich zu stehen, so daß daraus dann eine ziemlich lockere Sammlung dieser und jener Kenntnisse entsteht, der Wissensbestand als Ganzes aber keine klare Ordnung erhält.

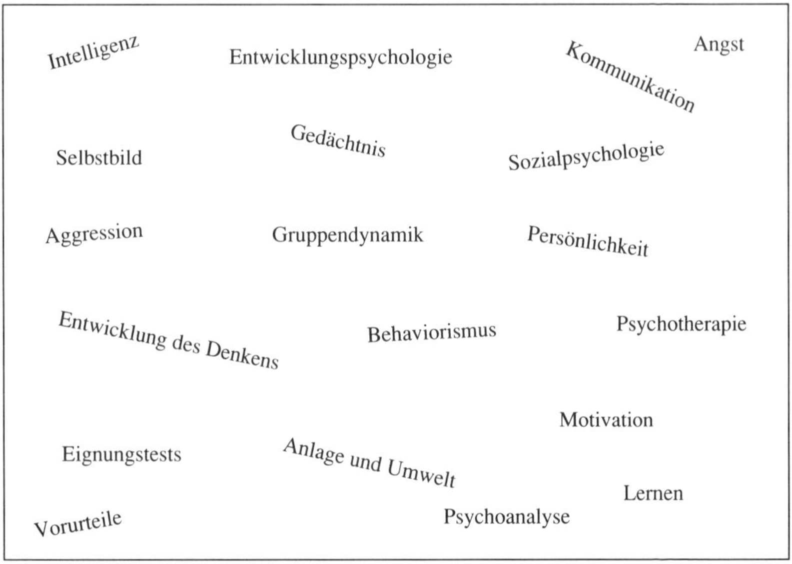

Tafel 3: Wie bekommt man da Ordnung rein?

Die kann auch kaum entstehen, wenn man sich lediglich an behandelten *„Themen"* orientiert. „Themen" gibt es in beliebiger Form und mit beliebigen Inhalten. Sie können sich auf ein Riesengebiet beziehen („Die psychische Entwicklung des Menschen") oder auf eine ganz spezielle Frage („Der Einfluß der Mondphasen auf die Häufigkeit von Fouls bei Hockeyspielern"). Jedes einzelne Thema kann in sich klar geordnet sein. Doch mehrere Themen können kreuz und quer zueinander liegen, können in eher zufälliger Beziehung zueinander stehen.

Anders ist es schon, wenn es um *„Gebiete"* geht. Zwar kann der Ausdruck „Gebiet" ähnlich unbestimmt verwendet werden wie „Thema". Aber es gibt auch Standard-Gebiete, die auf Einteilungskonventionen in der Psychologie beruhen. Solche Gebiete (oder Teildisziplinen) beziehen sich auf umfassende Schwerpunkte. Zu nennen sind insbesondere:

- Allgemeine Psychologie, Entwicklungs-, Persönlichkeits- und Sozialpsychologie als Grundlagengebiete;
- Klinische Psychologie, Pädagogische Psychologie, Arbeits- und Organisationspsychologie u. a. als Anwendungsgebiete.

In beiden Fällen gibt es ein Ordnungskriterium. Während die Grundlagengebiete sich vom Gegenstand selbst, von Aspekten des psychischen Systems herleiten, ergeben sich die Anwendungsgebiete aus Praxisbezügen, in denen die Psychologie zur Geltung kommt. Gemeinsamer Kern sind stets Grundprozesse wie Lernen, Wahrnehmen, Denken, Emotion, Motivation und äußeres Verhalten, wenngleich unter wechselnden Blickwinkeln.

Manchmal kann man Aufzählungen wie diese lesen: „... Persönlichkeitspsychologie – Entwicklungspsychologie – Tiefenpsychologie ...“ Für Laien ist auf den ersten Blick kaum zu erkennen, daß hier unversehens das Kriterium gewechselt wird, wenn man die „Tiefenpsychologie“ unter die „Gebiete“ einreiht. Denn bei ihr handelt es sich um eine theoretische Strömung innerhalb der Psychologie, nicht eigentlich um einen anderen Gegenstandsbereich. Es ist etwa so, als würde man Autos einteilen in: Pkw, Lkw und Mercedes Benz.

Bei solchen *Theorierichtungen* ist das Kriterium nicht der Gegenstand, sondern die Auffassung der Forscher, die Theorie zu diesem Gegenstand. Man kann z. B. die Persönlichkeit ebenso wie die Entwicklung tiefenpsychologisch *deuten* – allerdings auch ganz anders. Diese Konkurrenz verschiedener Richtungen ist vielen Laien weniger bekannt. Manche setzen sogar die Tiefenpsychologie mit Psychologie schlechthin gleich und wissen nicht, daß in der Psychologie, wie sie heute an den Hochschulen gewöhnlich gelehrt wird, andere Richtungen wie der Kognitivismus oder Behaviorismus meist eine bedeutendere Rolle spielen (hierzu mehr in Kap. 6). Sie alle sind allerdings breite Strömungen mit verschiedenen Spielarten. Darüber hinaus gibt es zahllose Theorien zu bestimmten Fragestellungen (z. B. Wahrnehmungstheorien, Lerntheorien). Oftmals sind sie „Ableger“ der Grundgedanken einer oder mehrerer theoretischer Strömungen.

Kennt man Standardgebiete und Theorierichtungen, so kann man Themen und psychologische Ansichten mehr oder minder gut „einordnen“ und hat damit eine gewisse Orientierung in der Fülle der Inhalte. Was damit möglich ist, ist ein „sortierendes“ Ordnen („A gehört hierhin, B gehört dorthin“) bzw. ein Lokalisieren in der Landkarte der Psychologie. Was hingegen ungelöst bleibt, ist eine andere Art von Ordnungsproblem. Wir nennen es hier einmal das *„Zusammenhaltsproblem“*. Dazu zwei (authentische) Beispiele:

- Eine Studentin hat im Seminar etwas zur Psychologie der Hilfeleistung (prosoziales Verhalten) gehört und Interesse gewonnen, hieraus ein Prüfungsthema zu machen. Doch sie hat Bedenken, denn bislang hatte sie „Aggression“ ins Auge gefaßt und findet, daß da „die Hilfeleistung ja doch ein ganz neues Thema für mich ist“.
- Ein Student hat für die (Lehramts-)Prüfung unter anderem „Lernpsychologie“ und „Gruppenprozesse“ gewählt und kann über beides gut Auskunft geben. Die Frage jedoch, ob Gruppenprozesse auch etwas mit Lernen zu tun haben, verwirrt ihn offensichtlich, und er verneint sie.

Die zwei Beispiele stehen für viele: *Es ist ausgesprochen typisch, daß Lernende das Gefühl haben, mit einem neuen Thema beginne gewissermaßen eine „neue“ Psychologie.* Dieser Eindruck wird durch das (tatsächlich oder scheinbar) beziehungslose Nebeneinander von Büchern und Seminaren zu unterschiedlichen Themen zweifellos oft bestätigt. So passiert es eben, daß das in Seminaren und Büchern nach Gebieten und Themen aufgeteilte Wissen auch im Kopf von Lernenden ebenso aufgeteilt bleibt und zuwenig gesehen wird, wie die Dinge zusammengehören: hier „Aggression“ – dort „Hilfeleistung“, hier Lernprozesse – dort Gruppenprozesse, hier Begriffsbildung – dort Vorurteile, usw. usw. Wenn man diese Inhalte jeweils als separate „Themen“ kennengelernt hat oder wenn das eine zum Gebiet der „Allgemeinen Psychologie“, das andere zum Gebiet der „Sozialpsychologie“ zu gehören scheint, so kommt dann heraus, daß Psychologie unübersichtlich erscheint, daß man viele kleine Psychologien („Lernpsychologie“, „Gruppenpsychologie“ usw.) wie Stücke auf der Wäscheleine nebeneinander aufreiht und der innere Zusammenhalt verlorengeht.

Den muß es aber geben, denn schließlich sind es dieselben Menschen, die ganz unterschiedliche Dinge tun, ist es dasselbe „psychische System“, das aggressives wie helfendes Verhalten, Arbeiten wie Spielen, individuelle wie kollektive Aktivitäten ermöglicht. Lernt man somit in der Psychologie der Aggression nicht auch Gesichtspunkte, die ebenso für die Psychologie der Hilfeleistung von Interesse sind, die man vielleicht sogar immer verwenden kann, wenn man menschliches Verhalten betrachtet?

In der Tat gibt es einige Aspekte, die gewissermaßen „über allem“ stehen und sich als rote Fäden durch alle denkbaren Inhalte hindurchziehen. Sie betreffen 1. den Gegenstand der Psychologie: das psychische System, und 2. den „Umgang“ mit diesem Gegenstand: die psychologischen „Tätigkeiten“. Bevor wir sie skizzieren, möchten wir aber die Gründe für die geschilderten Schwierigkeiten noch näher beleuchten und zugleich erläutern, worum es bei der Organisierung des Wissens geht, für die dann die roten Fäden benötigt werden.

2. Das Wissen für Zusammenhalt und Übertragbarkeit organisieren

Es ist ohne weiteres verständlich, daß man sein Wissen so organisiert, wie man es vorfindet. Und was allen Lernenden auf Schritt und Tritt begegnet, sind eben „Gebiete“, „Themen“, „Themenbereiche“. An den Standardgebieten (oder engeren Bereichen davon) orientieren sich sehr viele Titel von Seminaren und Büchern, die Ordnung in den Bibliotheksregalen, die Bezeichnung von Lehrstühlen und die Formulierung von Prüfungsanforderungen. Da derartige Untergliederungen nicht nur selbstverständlich, sondern in gewisser Weise auch unvermeidlich und sinnvoll sind, ist nicht leicht zu erkennen, daß in ihnen auch ein gewaltiger Pferdefuß steckt: Sie sind wenig geeignet für die Organisation des Wissens über psychisches Geschehen! Und dies aus zwei Gründen:

1. Der sachliche Grund: Nach Gebieten und Themen organisiertes Wissen ist dem Gegenstand – dem psychischen System – nicht angemessen. Denn psychisches Geschehen gliedert sich natürlich *nicht* in Themen und Gebiete! Vielmehr handelt es sich um Vorgänge und Faktoren mit ausgesprochenem System- oder Gefügecharakter. Es ist zwar nötig und möglich, das Geschehen nach verschiedenen Prozessen und Funktionsbereichen („Subsystemen") zu differenzieren, doch zugleich muß man ihre Wechselwirkung und Vernetztheit im Blick behalten. Das gilt ganz besonders, wenn man es mit Praxisproblemen (mit „ganzen Menschen") zu tun hat. Hier muß man vielfältige Aspekte miteinander verbinden, die in Forschung und Lehre gewöhnlich separat erörtert werden.

Ausdrücke wie „Gebiet" und „Themenbereich" suggerieren schon vom Wort her eine Flächenvorstellung, ein Nebeneinander von Arealen (s. Tafel 4a); und da auch die Literatur und die Lehrveranstaltungen danach gegliedert sind, erwächst daraus unversehens ein kognitives Muster, mit dem man an psychologische Sachverhalte herangeht („in welches Gebiet gehört dieses Problem?"). Was dabei verlorengeht, ist der Systemcharakter jener psychischen Phänomene, die sich notwendigerweise durch alle Gebiete hindurchziehen, sowie das Zueinander dieser Gebiete. Es ist etwa so, wie wenn ein Mediziner sich mit der Niere, der Atmung, der Leber usw. beschäftigt, aber nicht mit dem Stoffwechsel als übergreifendem System.

2. Der lernpsychologische Grund: Nach Gebieten und Themen organisiertes Wissen ist nicht flexibel übertragbar. Wenn das Verbindende fehlt, passiert es leicht (wie in den vorher geschilderten Beispielen), daß man Wissen zu einem bestimmten „Thema" nicht auf ein anderes „Thema" übertragen kann, obwohl beide gemeinsame Aspekte enthalten. Durch die thematische Einbettung gerät nämlich aus dem Blick, welche Aspekte „über-thematisch" und damit an sich übertragbar sind. Das Wissen ist nur dann leicht verwendbar, wenn das jeweilige „Thema" dran ist, aber schwer verwendbar, wenn es anders lautet.

Was ist nun die Konsequenz? Wie kann man beim Wissenserwerb dafür sorgen, daß Zusammengehöriges zusammengehalten und Übertragbares als übertragbar erkannt wird? Die Antwort lautet: Man sollte sich bei der Organisierung des Wissens nicht vorrangig an der Strukturierung des *Wissenschaftsfeldes* (Psychologie) orientieren, sondern an der – angenommenen – Struktur des *Gegenstandes,* also des psychischen Systems!

Tut man dies, so werden Themen und Gebiete zwar nicht verschwinden (denn Einteilungen und Spezialisierungen bleiben unvermeidlich), aber sie gewinnen einen anderen Charakter. Statt eines Areals sind sie *Betrachtungsweisen* (s. Tafel 4b).

Im wesentlichen treffen wir auf folgende typische Arten der Spezialisierung bzw. der Betrachtung des psychischen Systems:

- Man betrachtet vertiefend bestimmte Ausschnitte aus dem System (z. B. Wahrnehmung oder Denken).
- Man betrachtet das Geschehen aus systemimmanenten Perspektiven (Wie entwickelt sich Denken? Wie unterscheiden sich Menschen in ihrer Denkfähigkeit?).

a)

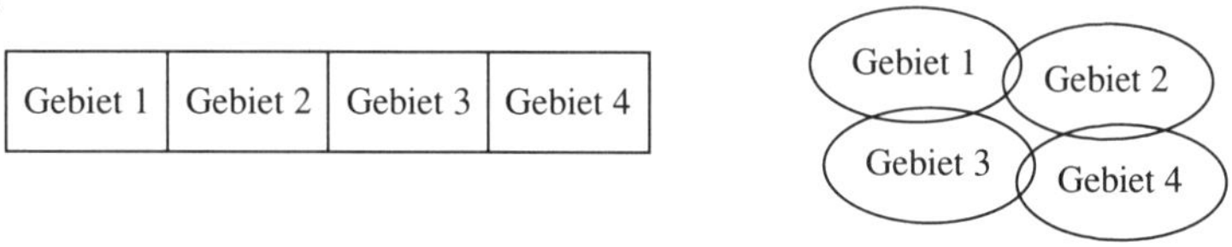

Nicht sachgerecht und überdies hinderlich für die Integration und den Transfer von Wissen: Themen und Gebiete werden gedacht als ein Nebeneinander (evtl. mit Überschneidungen) von Sachbereichen

b)

Angemessen: Themen, Gebiete und Theorierichtungen werden verstanden als Betrachtung des Systems (oder Teilen davon) aus unterschiedlichen Blickwinkeln

c)

Zusätzlich erforderlich für gut integriertes und transferierbares Wissen: eine hierarchische Organisation. Ein grobes Gefüge (Makrostruktur) aus grundlegenden Aspekten des psychischen Systems steht über allen Wissensinhalten und hält sie zusammen.

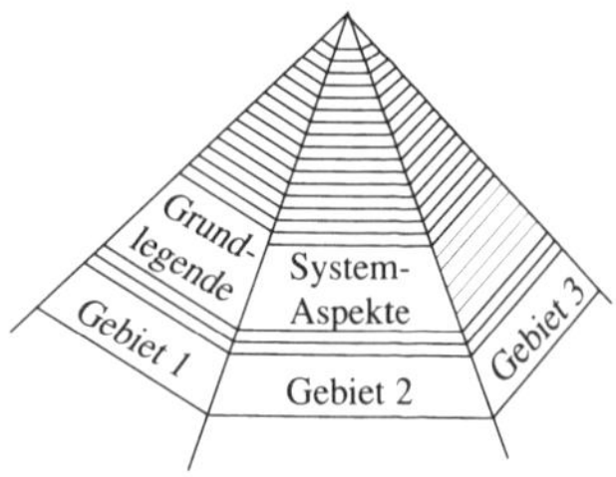

Tafel 4: Formen der Organisation psychologischen Wissens

- Man betrachtet das psychische System aus bestimmten Praxisperspektiven (Was ist besonders relevant für Erziehung, Psychotherapie, Fahrtüchtigkeit usw.?).
- Man betrachtet es aus bestimmten theoretischen Sichtweisen (wie Psychoanalyse, Behaviorismus usw. oder spezielleren Theorien).

Was man als „Thema“ bezeichnet, ist meist eine Problemstellung unter einem oder auch mehreren dieser Spezialisierungskriterien (z. B. psychoanalytische Theorie der Motivationsentwicklung). Sofern man nicht primär bestimmte Ausschnitte („Subsysteme“, „Teilsysteme“) sozusagen mikroskopieren will, bedeutet ein Thema in der Regel, daß man das Gesamtsystem („ganze Menschen“) *in Hinblick* auf eine bestimmte Fragestellung betrachtet (z. B., daß jemand schlecht lernt, andere Menschen angreift usw.).

Nun könnte es auch bei einem Denken in „Betrachtungsweisen“ oder „Blickwinkeln“ dennoch passieren, daß man bei der Beschäftigung mit Gebieten und Richtungen wiederum in erster Linie deren Unterschiede (!) wahrnimmt und der gemeinsame Kern dahinter verblaßt. Deshalb sollte man auch die umgekehrte Blickrichtung wählen, also die Themen, Gebiete, Richtungen *vom gemeinsamen Kern aus* betrachten. Mehr noch: Um beim Lernen von Psychologie für Übertragbarkeit und Zusammenhalt zu sorgen, sollte der gemeinsame Kern einen übergeordneten Platz einnehmen, eine Art Dach bilden, dem alle weiteren Wissensbestände untergeordnet werden. Das Wissen wäre mithin *hierarchisch* zu organisieren (s. Tafel 4c), und die Spitze der Wissenshierarchie, die den „gemeinsamen Kern“ repräsentiert, sollte sich durch zwei Eigenschaften auszeichnen:

- Sie soll nur aus Inhalten bestehen, die *grundlegende* Bedeutung haben, die also immer zu beachtende Aspekte psychischen Geschehens betreffen.
- Sie soll keine additive Sammlung, sondern ein *integriertes Gefüge* sein, das in grober Form das „ganze psychische System“ abbildet.

Solche Gefüge aus „großen“, übergreifend bedeutsamen Inhalten – sozusagen das „Grundgerüst“ eines komplexen Wissensbestandes – werden in der kognitiven Psychologie häufig als „Makrostrukturen“ bezeichnet und als sehr wesentlich für das Verstehen, Behalten und Übertragen angesehen (vgl. etwa Ballstaedt u. a. 1981). Das detailliertere Wissen zu den allgemeinen Inhalten der Makrostrukturen heißt dann „Mikrostruktur“. Es sind dies allerdings relative Begriffe: Eine Mikrostruktur ist selbst wiederum eine Makrostruktur für eine noch tiefere Ebene. Und es gibt auch nicht nur *eine* mögliche Hierarchie von Wissensinhalten, sondern verschiedene Möglichkeiten der Gliederung, unter anderem nach Gebieten und Untergebieten oder nach Theorierichtungen und deren Verzweigungen.

Uns interessiert hier die oberste Ebene, die in jedem Falle „makro", sozusagen „supermakro" ist. Welche Inhalte gehören da hinein? Es gibt ja bekanntlich zwischen den Vertretern der verschiedenen Theorierichtungen durchaus Differenzen darüber, was „grundlegende" Aspekte sind. In der Psychoanalyse etwa wäre hier sicherlich das Gefüge aus Es, Ich und Über-Ich zu nennen, während ein strenger Behaviorist Reiz-Reaktions-Verbindungen als grundlegend ansehen würde. Unsere *Makrostruktur vom psychischen System* soll daher noch grundlegender sein, nicht nur *themenübergreifend,* sondern auch *theorieübergreifend,* man könnte auch sagen: theorieneutral.

Das entscheidende Lernprinzip ist nun, das Wissen um diese Makrostruktur herum anzusiedeln, das heißt neue Inhalte stets auf sie zu beziehen – etwa indem man diese Inhalte als Ausdifferenzierung eines Systemaspektes oder als neuen Blickwinkel zum Gesamtsystem versteht. (Zur theoretischen Begründung s. Bruner 1970, Ausubel u. a. 1980, Nolting 1985.)

Der Aufbau des Buches folgt diesem Prinzip. Nach Art einer Spirale kehrt bereits Bekanntes auf anderen Ebenen (differenzierter, in neuem Zusammenhang) wieder. Systematisch geschieht dies von Kapitel 3 bis Kapitel 6. Wir skizzieren den „roten Faden" für die Beschäftigung mit dem psychischen System aber jetzt schon einmal kurz, damit Sie sich besser vorstellen können, worauf diese didaktischen Gedankengänge hinauslaufen. Den zweiten roten Faden, der die psychologischen „Tätigkeiten" betrifft, schließen wir gleich an; ausführlich geht dann erst Kapitel 7 darauf ein.

3. Erster roter Faden: Grundlegende Aspekte des psychischen Systems

Der Gegenstand der Psychologie wurde im Kern mit „Verhalten und Erleben" bzw. mit „Verhalten und innere psychische Prozesse" umschrieben (s. Kapitel 1). Wir möchten das jetzt ein wenig ergänzen.

Psychisches Geschehen gehört zum Leben des Menschen in seiner Umwelt. Mit den psychischen Prozessen „verarbeiten" Menschen ihre Umwelt (Wahrnehmen, erfassendes Denken u. a.) und wirken auf sie ein (Motivation, Handeln u. a.). Psychisches Geschehen spielt sich mithin nicht in einem „luftleeren Raum" ab, sondern in konkreten Menschen und konkreten Situationen (= momentane Umwelt). Das heißt aber auch: Welche Prozesse sich zu einem bestimmten Zeitpunkt in einem Menschen abspielen, das ist unterschiedlich, je nach der konkreten Situation, in der sich der Mensch befindet. Und es ist außerdem von ihm selbst abhängig, von seiner „Person“, denn Menschen unterscheiden sich darin, zu welchen psychischen Prozessen sie „neigen“. Die Person selbst wiederum ist nichts Statisches, sondern verändert sich im Laufe des Lebens; Menschen entwickeln sich nicht nur biologisch, sondern auch psychisch.

Aus diesen Tatbeständen ergeben sich somit vier grundlegende Aspekte für eine Makrostruktur des psychischen Systems:

- Aktuelle Prozesse (Verhalten und innere Prozesse),
- Unterschiede je nach Situation,
- Unterschiede je nach Person,
- Entwicklung der Person.

Der Begriff „System“ impliziert unter anderem, daß alle Aspekte „zusammengehören“. Die einzelnen Systemaspekte sowie ihre Beziehung zueinander (die Struktur) werden von Kapitel 3 an ausführlicher erörtert.

Für das Lernen von Psychologie ist es nun hilfreich, zu wissen, daß sich die vier Aspekte wie ein roter Faden gewissermaßen durch alle „Themen“ hindurchziehen. Sie sind immer enthalten, auch wenn die Ausführungen zum jeweiligen Thema nicht ausdrücklich so gegliedert sind.

Menschen stehen immer in einer „Situation“, sie bringen in diese Situation immer individuelle Personmerkmale (Dispositionen) mit, und sie finden sich immer in Entwicklung. Grundlegend sind auch die Prozesse, die sich dabei in ihnen abspielen, wie etwa Wahrnehmen, Denken, Motivation. Ob es um das Verhalten eines Patienten, eines Käufers oder eines Lehrers, ob es um Schulschwänzen, Autofahren oder Gewalttätigkeiten geht – jedes Verhalten ist irgendwie „motiviert“, in jedem Fall nimmt der betreffende Mensch eine Situation wahr usw. Hier handelt es sich um psychologische Aspekte, die beliebig übertragbar sind und auf die man stets zu achten hat, wenn man psychologische Sachverhalte beschreiben, erklären und ggf. verändern will. Daß bestimmte Erscheinungen in bestimmten Kontexten zusätzlich spezielle Fragen aufwerfen – z. B. *welche* Motivation typischerweise zu Schulschwänzen, Gewaltanwendung oder Tablettenmißbrauch führt, oder mit *welchen* Theorien man Motivationsphänomene am besten erklären kann –, das alles wird dabei nicht übersehen. Doch stehen diese speziellen „Themen“ nicht gleichrangig neben den allgemeinen Aspekten, sondern sind ihnen zuzuordnen.

Die grundlegenden Systemaspekte spielen somit auch in allen sog. Gebieten der Psychologie eine Rolle, wenngleich bestimmte Gebiete (z. B. Entwicklungspsychologie) ihren Schwerpunkt auf einen der Aspekte setzen. Des weiteren sind die Aspekte theorieneutral: Es gibt keine Richtung, die sagen würde, der eine oder andere Aspekt sei psychologisch bedeutungslos, wenngleich es über ihre Gewichtung und inhaltliche Ausfüllung heftige Kontroversen gibt.

Man könnte allerdings fragen, was man mit so allgemeinen Gesichtspunkten überhaupt anfangen kann, ob sie nicht trivial und unnütz seien. Trivial sind sie, aber nicht unnütz. Wie noch ausführlich gezeigt wird, können sie als gemeinsamer Bezugspunkt für alle möglichen Inhalte, Fragestellungen und Theorien dienen und somit für Ordnung und Zusammenhalt in der Wissensvielfalt sorgen. Außerdem geben sie Hinweise für die Aufschlüsselung eines beliebigen Themas oder Praxisbeispiels. Selbst wenn man mit einem Thema gar nicht vertraut ist, kann man stets fragen:

- Um welches Verhalten und welche inneren Prozesse geht es hier?
- Welche Rolle spielen Situationsfaktoren?
- Welche Rolle spielen individuelle Personmerkmale?
- Auf welchen Entwicklungsbedingungen beruhen die Personmerkmale?

Solche Fragen können manchmal sehr ergiebig sein. Sie geben Suchbereiche an für das, was man vielleicht noch erkunden müßte; sie geben Anhaltspunkte für die Strukturierung eines Themas; sie machen ggf. darauf aufmerksam, daß das anstehende Thema den einen oder anderen Aspekt betonen, andere hingegen weitgehend ausklammern möchte.

Jedes „Thema" läßt sich nach diesen Systemaspekten – wenn auch nicht nur nach diesen! – aufschlüsseln, *sofern* es psychisches Geschehen zum Gegenstand hat. Diese Einschränkung klingt überflüssig, ist es aber nicht. Denn es gibt Themen, die sich weniger mit psychischem Geschehen selbst befassen als primär mit den Wegen, hierüber Erkenntnisse zu gewinnen, also etwa mit Forschungsmethoden und Diagnostik. Damit kommen wir bereits zum zweiten roten Faden.

4. Zweiter roter Faden: Grundlegende „Tätigkeiten"

Kenntnisse über psychisches Geschehen sind die eine Sache. Doch wie man solche Kenntnisse gewinnt und benutzt, darüber braucht man ebenfalls Kenntnisse. Diese beziehen sich also auf das, was Forscher wie auch Laien *tun,* wenn sie sich mit psychologischen Fragen auseinandersetzen.

Es lassen sich mehrere grundlegende Tätigkeiten unterscheiden, die in Lehrbüchern manchmal unter „Aufgaben der Psychologie" zu finden sind, nämlich:

- Beschreiben (wie verhält sich Kind X gegenüber seinen Mitschülern? Welche dieser Denkaufgaben löst Y richtig?)

- Erklären (Welchen Einfluß hat hier die elterliche Erziehung? Beruhen diese Leistungen auf mangelnden Fähigkeiten?)
- Vorhersagen (Wird Z es schaffen, sich das Rauchen abzugewöhnen? Wird Kind X auf der Oberschule erfolgreich sein?)
- Verändern (Was kann man tun, um die Prüfungsangst zu vermindern? Gibt es ein „Intelligenztraining"?)
- Bewerten (Ist das Verhalten von X „unangemessen"? Soll Tüchtigkeit oder Zufriedenheit das vorrangige Erziehungsziel sein?)

Diese Aktivitäten haben gewissermaßen universellen Charakter. Sie liegen wiederum jenseits aller Themen, Gebiete und Theorierichtungen. Und es ist unmöglich, mit psychologischen Fragen umzugehen, ohne eine dieser Tätigkeiten auszuüben. Allerdings müssen nicht in jedem Fall alle zugleich zum Zuge kommen. Beschreiben und Erklären kommen wohl am häufigsten vor und bilden auch die Basis für die anderen Aktivitäten.

Einschränkend ist zu sagen, daß das „Bewerten" gewöhnlich nicht explizit als wissenschaftliche Tätigkeit gilt. Wir fügen es aber hinzu, weil es unvermeidlich ausgeübt wird, z. B. schon dann, wenn man einen wissenschaftlichen Erklärungsversuch für „angemessen" oder eine Methode für „ungeeignet" erachtet. Das Bewerten ist also gewöhnlich mit den übrigen Tätigkeiten verbunden.

Anzumerken ist auch, daß statt „Verändern" zuweilen andere Begriffe zu finden sind, die eine ähnliche Tätigkeit meinen, etwa „Intervenieren" oder „Beeinflussen". Und statt „Vorhersage" ist häufig auch „Prognose" zu finden.

Andere Aktivitäten lassen sich unter eine dieser Grundtätigkeiten subsumieren oder als Zuammensetzung aus mehreren von ihnen verstehen. Pädagogische Förderung ebenso wie die Therapie einer Störung würden unter die Rubrik „Verändern" fallen. Die „Diagnose" als Tätigkeit (Diagnostizieren) ist meist eine Mischung aus dem Beschreiben von Sachverhalten („X beteiligt sich nicht an Gesprächen mit Kollegen") und dem Erklären („X hat Angst vor Kritik"). Und „Forschung" kann sich aus allen genannten Tätigkeiten zusammensetzen.

Alles in allem können die fünf Tätigkeiten eine zweite Makrostruktur bilden, unter die man andere Aktivitäten subsumieren kann und die – ebenso wie die grundlegenden Aspekte des psychischen Systems – eine Leitlinie zum Umgang mit Fallbeispielen oder unbekannten Themen bieten. So wird es bei einem Problemfall in der Praxis meist sinnvoll sein, von einer Beschreibung des Problems auszugehen, nach Erklärungen zu suchen und daraus eventuelle Veränderungsmaßnahmen abzuleiten. Eine ähnliche Abfolge finden wir häufig bei der Behandlung eines Themas (z. B. in Büchern): Das Beschreiben schlägt sich hier in einem Kapitel über relevante Begriffsbestimmungen nieder („Was ist Angst?“), es folgen häufig Erklärungen bzw. Theorien und dann ggf. Möglichkeiten der Veränderung.

In Kapitel 7 werden diese Tätigkeiten ausführlicher besprochen. Sie stecken aber auch unvermeidlich schon in den „inhaltlichen“ Kapiteln über das psychische System, die Gebiete und die Richtungen.

5. Unbekannte Themen und Praxisprobleme als Fälle von Wissensanwendung

Wozu lernt man Psychologie? Es soll gewöhnlich den Umgang mit psychologischen Fragen verbessern helfen, und zwar nicht nur mit einer bestimmten, sondern mit vielfältigen Fragen, denen man begegnen mag. Man könnte dieses Lernziel auch mit *übertragbare psychologische Denkfertigkeiten* umschreiben, jedenfalls soweit es um das Lernen aus Büchern und Seminaren geht (Handlungsfertigkeiten erfordern darüber hinaus praktische Übung). Mit den „Tätigkeiten“ läßt sich spezifizieren, was zu diesem „Umgang“ bzw. diesen Denkfertigkeiten gehört, und so kann man sagen: Die Beschäftigung mit wissenschaftlicher Psychologie soll dazu beitragen, „besser“ – d. h. begründeter, differenzierter und ggf. auch vorsichtiger – zu beschreiben, zu erklären, vorherzusagen, zu verändern und zu bewerten, als man dies in „naiver“ Weise tun würde. Dazu braucht man 1. Sachkunde und Übung in diesen Tätigkeiten und 2. leicht übertragbares Wissen zum psychischen Geschehen; denn *welche* Inhalte (Denkprozesse, Personmerkmale, Situationsfaktoren usw.) man beschreibt, zur Erklärung oder Veränderung heranzieht, wird von diesem Wissen bestimmt.

Wenn von der selbständigen Übertragung auf neuartige Aufgaben die Rede ist, so muß dies noch ein wenig präzisiert werden, denn in gewissem Ausmaß kommt sowieso bei jeder Aufgabe und jedem Wissenserwerb auch bereits vorhandenes Wissen zur Geltung. Sehr nützlich für diese Präzisierung ist die bekannte „Lernziel-Taxonomie“ von Bloom u. a. (1972). Danach lassen sich sechs Ebenen kognitiver Leistung unterscheiden: 1. Wissen, 2. Verstehen, 3. Anwenden, 4. Analyse, 5. Synthese und 6. Bewertung (Evaluation), wobei jede Ebene die tieferen Ebenen mit einschließt.

Beim Lernen aus Büchern und Seminaren dürften vorwiegend Leistungen der unteren drei Ebenen erworben werden:

1. *Wissen* im einfachsten Sinne: das Erinnern von Fakten, Termini, Prinzipien, Methoden usw.

2. *Verstehen:* Es verlangt zwar schon eine gewisse Neuorganisation des Wissens, gilt aber in der Einteilung noch als „niedrigste Ebene des Begreifens“. Typische Beispiele: das Interpretieren von Begriffen oder Thesen, das Zusammenfassen von Texten, das Ableiten unmittelbarer Schlüsse.

3. *Anwenden:* In der Einteilung wird es verstanden als der selbständige Gebrauch von Abstraktionen (Begriffen, Prinzipien u. dgl.) in besonderen und konkreten Fällen. Aber dies entspricht noch nicht den angestrebten „übertragbaren Denkfertigkeiten", obwohl es auf den ersten Blick so aussehen mag. Denn das „Anwenden" in diesem einfachen Sinne finden wir schon bei folgender typischen Studieraufgabe: Man hat im Seminar oder im Buch bestimmte Prinzipien „durchgenommen" und soll sie nun auf eigene oder vorgegebene Beispiele anwenden. So sinnvoll solche Übungen auch sind – es ist zu bedenken, daß man hier schon ahnen kann, *welches* Wissen sich anwenden läßt, weil eben das entsprechende Thema gerade dran war. „Neu" mögen in solchen Fällen die Beispiele sein – welche Begriffe, Prinzipien usw. angewandt werden sollen, das ist jedoch aus dem Lernkontext mehr oder minder ersichtlich.

Was aber, wenn „irgendeine" Aufgabe dran kommt – eine, auf die man nicht spezifisch vorbereitet ist? Wegen der uferlosen Vielzahl psychologischer Fragestellungen ist es doch sicher realistisch, sich darauf einzustellen, daß man mit solchen weitgehend „unbekannten Aufgaben" konfrontiert wird – mit Aufgaben, für die man ein spezifisches Wissen gar nicht besitzt oder bei denen man erst herausfinden muß (!), welche Aspekte des Gesamtwissens, das man sich im Laufe der Zeit angeeignet hat, hier besonders brauchbar sind. Konkreter formuliert:

- Was mache ich, wenn ich zu einem Thema etwas sagen möchte, das ich noch nicht „gehabt" habe?
- Und was mache ich mit Praxisfällen, die ja meist in großer Variationsbreite vorkommen (jeder Fall ist „anders")?

Eben hier haben sich übertragbare Denkfertigkeiten zu bewähren. Und dabei reichen die unteren drei Lernzielebenen nicht aus. Vielmehr müssen unvermeidlich die höheren Ebenen kognitiver Lernziele zum Zuge kommen, insbesondere die „Analyse" und „Synthese".

Nehmen wir zunächst ein *unbekanntes Thema.* Stellen Sie sich vor, Sie stoßen beispielsweise auf die Frage, warum Menschen anderen helfen oder nicht helfen. Weder wollen Sie gleich das Denken aufgeben, weil Sie sich mit der Psychologie der Hilfeleistung noch nicht eigens beschäftigt haben, noch wollen Sie locker vom Hocker daherschwatzen, als hätten Sie niemals halbwegs systematisch Psychologie betrieben. Ohne den Anspruch, für alles und jedes als Experte auftreten zu können, müßte es doch immerhin möglich sein, einigermaßen geordnete und nützliche Überlegungen oder Fragen vorzutragen.

Dazu müßten Sie das Thema erst mal „auseinandernehmen" und dies entspräche der Ebene der

4. *Analyse:* Hierzu gehören (nach Bloom u. a.) die „Auflösung des Materials in seine wesentlichen Teile“ sowie das Entdecken „von Beziehungen zwischen den Teilen“. Beispiele: die Trennung von Tatsachen und Hypothesen in einer Aussage oder das Zerlegen globaler Sachverhalte („Hilfeleistung“, „Erziehungsstil“, „Gesprächsführung“) in einzelne Komponenten.

Bei der Analyse könnten Sie nun auf jene roten Fäden zurückgreifen, von denen vorher die Rede war; denn sie sind themenübergreifend, daher auf beliebige Themen übertragbar. So wäre es wohl sinnvoll, daß Sie erst einmal zu beschreiben versuchen, um welche Sachverhalte es bei der globalen Überschrift „Hilfeleistung“ überhaupt geht, ehe Sie prüfen, welche Faktoren welche Phänomene erklären könnten; und Sie würden dabei einige Regeln beachten, die Sie über seriöses Beschreiben und Erklären gelernt haben (hiervon handelt das Kapitel 7). Als inhaltliche Suchbereiche könnten Ihnen dabei die Aspekte „Verhalten und innere Prozesse“, „Situation“ usw. dienen. (In Kapitel 8 wird gezeigt, wie dies konkret aussehen könnte.)

Damit Ihre Überlegungen nicht schon beim Aufgliedern enden, sondern in ein vorläufiges „Bild“ von dem fraglichen Problem münden (einen Ordnungsversuch, eine Hypothese usw.), muß die Analyse ergänzt werden durch die

5. *Synthese:* Sie wird verstanden als das „Zusammenfügen von Elementen und Teilen zu einem Ganzen“, das Herstellen einer „Struktur“, die vorher nicht klar vorhanden war. Beispiele: eine Systematik oder ein Erklärungsmodell entwerfen, einen Plan für eine Untersuchung oder eine Behandlung aufstellen.

Sowohl die zerlegende Analyse als auch die konstruierende Synthese sind natürlich Formen des „Anwendens“ von Wissen – allerdings weit komplexere als auf der Ebene 3.

Nachzutragen bleibt, was mit der sechsten Ebene gemeint ist:

6. *Bewertung* (oder *Evaluation)* bezieht sich auf das „Bewerten von Ideen, Arbeiten, Lösungen, Materialien“ usw. in Hinblick auf Folgerichtigkeit, Zweckmäßigkeit oder andere Gütekriterien. Beispiele: eine Behauptung auf ihre „Stichhaltigkeit“ prüfen oder die Nützlichkeit einer schematischen Darstellung beurteilen. Bewertungen stehen sicher nicht immer am Schluß der beschriebenen geistigen Aktivitäten, in intuitiver Form sogar oft am Anfang. Gut begründete Bewertungen werden sich aber auf eine sorgfältige Analyse und Synthese stützen.

Was eben über den Umgang mit unbekannten Themen gesagt wurde, gilt größtenteils auch für Denkfertigkeiten bei konkreten *Praxisproblemen* (z. B. die „Schüchternheit“ der 10jährigen Anja, die schlechte Kooperation zwischen Herrn X und Herrn Y). Auf einige Unterschiede sei jedoch hingewiesen:

- Bei der Behandlung eines „Themas“ kann man hypothetisch alle Gesichtspunkte zusammentragen, die bedeutsam sein *könnten*. Ein Lehrbuch behandelt also z. B. Hilfeleistung oder Aggression in einer Weise, daß viele denkbare Fälle abgedeckt werden. Geht es hingegen um einen konkreten Fall von Hilfeleistung oder Aggression, so muß man herausfinden, welche Aspekte in *diesem* Fall tatsächlich besonders relevant und welche weniger relevant sind.
- Themen können sich auf Subsysteme, auf bestimmte Komponenten des psychischen Gesamtsystems richten (z. B. auf Gedächtnisvorgänge oder auf die Sprache). In der Praxis hingegen hat man es immer mit *„ganzen Menschen“* zu tun. Keine Komponente des psychischen Systems kommt für sich allein vor, und nur das Zusammenwirken viele Komponenten bringt das fragliche Problem hervor.
- Anders als bei der Behandlung von Themen in Forschung und Studium werden bei Praxisproblemen meistens auch *Veränderungen* angestrebt. Die Planungsfertigkeit, die eine typische Leistung auf der Ebene der Synthese ist, hat sich daher zum Gutteil bei Handlungsentwürfen für pädagogische oder therapeutische Maßnahmen zu bewähren. – (Auch die Wissensanwendung auf Praxisfälle wird in Kapitel 8 an einem Beispiel dargestellt.)

Fazit: Unbekannte Themen sowie Praxisprobleme sind typische Anforderungen, an denen sich übertragbare Denkfertigkeiten zu bewähren haben. Das Beschreiben, Erklären usw. hat sich hier auf dem komplexen Niveau der Analyse und Synthese abzuspielen. Inhaltliche Leitlinien liefern dabei solche Wissensbestände, die auf Übertragbarkeit hin organisiert sind.

Kapitel 3
Grundlegende Aspekte des psychischen Systems

Dieses Kapitel befaßt sich mit dem ersten roten Faden: mit den „grundlegenden" – den themen- und theorieübergreifenden – Aspekten des psychischen Systems.

1. Verschiedene Seiten einer Verhaltenserklärung – ein Grundmodell

Als Einstieg in das „System" möchten wir von einem Beispiel beobachtbaren Verhaltens ausgehen und dann systematisch Fragen über sein Zustandekommen stellen. Denn äußeres Verhalten läßt sich recht präzise und theoriefrei beschreiben und kann daher als ein Faktum die Ausgangsbasis bilden, von der aus wir uns in den Bereich innerer Vorgänge und ihrer Bedingungen begeben können. Diese sind natürlich das „eigentlich Interessante", unterliegen aber auch vielfältigen Vermutungen und kontroversen theoretischen Auffassungen.

a) Gemeinsame Systemaspekte: Aktuelle Prozesse – Situation – Person – Entwicklung

Das Ausgangsbeispiel sei ein relativ alltägliches Verhalten: etwas schenken. Stellen Sie sich vor, Sie sind bei einem Bekannten und seiner Familie zu Besuch und beobachten, wie Ihr Bekannter nach der Arbeit mit einem großen Blumenstrauß nach Hause kommt und ihn mit den Worten „Schatz, das ist für Dich" seiner Frau überreicht. Wie würden Sie dieses Verhalten erklären (auch wenn es Ihnen nicht besonders erklärungsbedürftig erscheinen sollte)?

Bei diesem wie bei jedem anderen Beispiel lassen sich die Erklärungsaussagen folgenden vier Typen zuordnen, die den im ersten roten Faden skizzierten „grundlegenden Aspekten" entsprechen.

- ○ Aussagen darüber, was sich in der Person abspielt, während sie das Verhalten zeigt, also Aussagen über *aktuelle Prozesse und Zustände* in der Person. In unserem Fall könnten sie z. B. lauten: „Er ist gut gelaunt", „er möchte ihr eine Freude machen", „er möchte ihr danken, daß sie sich mit dem Besuch so viel Arbeit macht", „er möchte vor seinem Freund einen guten Eindruck machen", „er hat sicher ein schlechtes Gewissen wegen irgendeiner Sache" usw.
- ○ Aussagen über die *Situation,* in der die Person dieses Verhalten zeigt, d. h. über momentane Einflüsse von gegenwärtigen Mitmenschen, über materielle, räumliche, zeitliche und andere äußere Bedingungen. Beispiele: „So großzügig ist er nur gegenüber seiner Frau", „wenn sein Gehalt angekommen ist, muß er gleich was ausgeben", „macht er, weil Besuch da ist", „ein festes Wochenendritual" usw.
- ○ Aussagen über „Eigenschaften" der Person („Persönlichkeit", „Charakter" usw.), also über relativ konstante oder typische *Personmerkmale* bzw. *Dispositionen* zu bestimmten Verhaltensweisen. Beispiele: „Der Karl ist eben durch und durch ein Kavalier", „er ist einfühlsam, ... großzügig, ... immer ein bißchen protzig" usw. oder auch „typisch Karls Methode, Konflikte zu lösen".
- ○ Aussagen über den „Hintergrund" dieser Personmerkmale, d. h. über die *Entwicklungsbedingungen* der Person, insbesondere über die vergangenen Erfahrungen, evtl. auch über die Erbanlagen. In unserem Fall etwa: „Das hat er von seinem Vater" (womit das väterliche Vorbild oder gar „Vererbung" gemeint sein mag), „mit so was hat er immer beste Erfahrungen gemacht" oder „das hat ihm seine Frau im Laufe der Jahre beigebracht".

Die verschiedenen Erklärungsaspekte stehen nicht zusammenhanglos nebeneinander, sondern in bestimmten Relationen *zueinander.* Sie lassen sich zu einem Strukturbild zusammenfügen, das hier als Grundmodell bezeichnet werden soll (s. Tafel 5, die auch ein weiteres Beispiel enthält). In diesem Modell werden drei Erklärungsebenen unterschieden, wobei in der zweiten wiederum zwei Bedingungsbereiche (personale und situative Bedingungen) enthalten sind. Jede Ebene geht sozusagen ein Stück tiefer als die anderen.

Ebene 1 enthält die aktuellen inneren Prozesse, die „hinter" dem fraglichen Verhalten vermutet werden: z. B. Wahrnehmungen, Gedanken, Gefühle, Absichten. Diese Prozesse werden oft als „Erleben" zusammengefaßt. Da wir offen lassen möchten, ob sie alle bewußt erlebbar oder zum Teil auch „unbewußt" sind, bevorzugen wir den Ausdruck „innere Prozesse".

Die gesamten aktuellen Prozesse kann man in verschiedener Weise un-

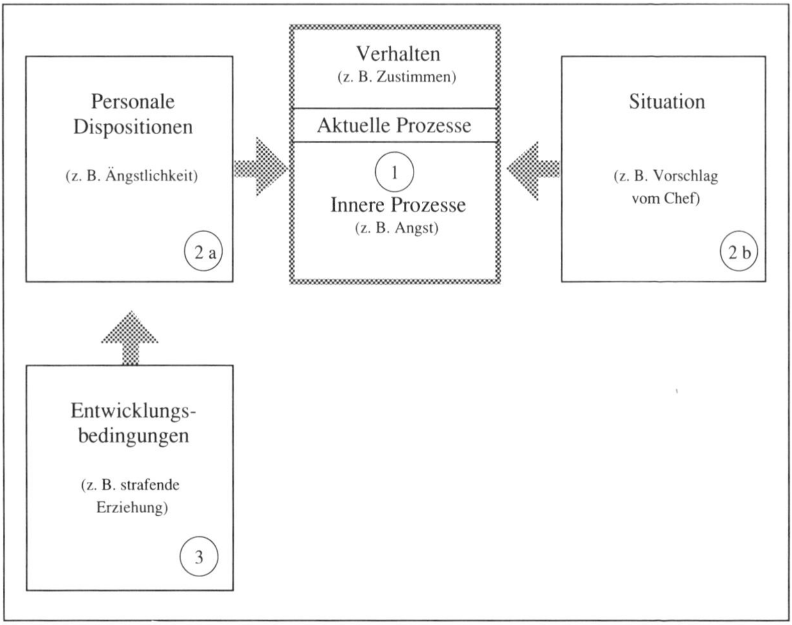

Tafel 5: Ein Grundmodell zur Verhaltenserklärung

terteilen. Ein bedeutsamer Gesichtspunkt ist der, daß die Prozesse einerseits die Situation (die aktuelle Umwelt) „aufnehmen“ und „verarbeiten“ und andererseits an die Situation etwas „abgeben“, auf sie „einwirken“. Um diese Funktionen darzustellen, müßten wir den Kasten der aktuellen Prozesse mit zwei Strängen versehen und dabei das Verhalten an die „Ausgangsseite“ legen (s. Tafel 6). Ein solches Schema wird später noch ausführlich zur Sprache kommen.

Zunächst aber noch eine Ergänzung zum Grundmodell von Tafel 5. Das Verhalten bildet dort den Startpunkt für das Ordnen von Erklärungsebenen. Insofern bieten dann die inneren Prozesse eine Erklärung für das Verhalten. Das heißt aber nicht, daß es nicht auch andersherum gehen könnte – Verhalten kann auch innere Prozesse hervorrufen (Beispiel: Spielen „macht“ Spaß, Reden „verschafft“ Erleichterung). Je nachdem, was man als „das zu Erklärende“ betrachtet, wechseln die Aspekte, die „erklären“ (später wird von „Interaktionen“ zwischen den verschiedenen Rubriken noch die Rede sein). Vom Verhalten ausgehend, scheint es sinnvoll, die „dahinter“ vermuteten inneren Prozesse als erste Erklärungsebene anzusehen.

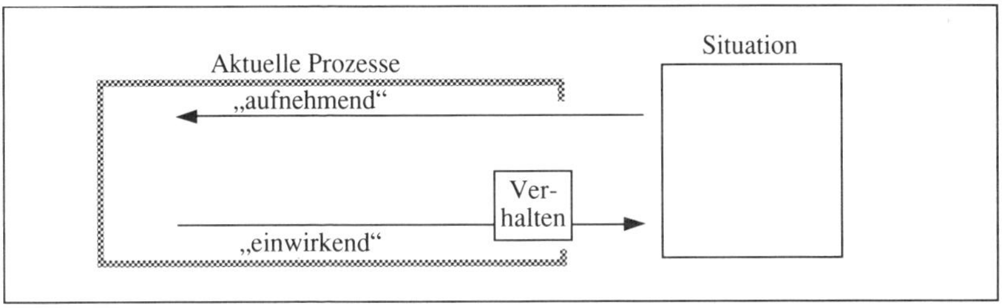

Tafel 6: Aktuelle Prozesse (Verhalten und innere Prozesse) in zwei Funktionen

Eine Erklärung mit inneren Prozessen mag in vielen Fällen auch durchaus genügen, beispielsweise, wenn wir zum Verhalten eines Menschen erfahren, daß er etwas „falsch verstanden" habe oder „müde" sei usw. In anderen Fällen hingegen – insbesondere wenn uns ein Verhalten als „Problem" erscheint – empfinden wir solche Erklärungen als höchst unzureichend. Dann wollen wir wissen, warum sich eben diese und keine anderen Prozesse in dem Menschen abspielen.

Hier kommen wir nun zu *Ebene 2* (horizontale Achse): Wir erklären die aktuellen Prozesse aus der aktuellen Situation und aus den Dispositionen, die die Person in die Situation mitbringt. Situationsfaktoren und Dispositionen (Personfaktoren) wirken zusammen.

Die Tatsache, daß dieselben Menschen sich in verschiedenen Situationen unterschiedlich verhalten, weist auf den Einfluß der Situation hin. Jemand kann in bestimmten Situationen (z. B. in Gegenwart bestimmter Menschen) „ängstlich" oder „aggressiv" sein, in anderen hingegen „risikofreudig" bzw. „liebenswürdig".

Andererseits müssen sich Menschen in ihren personalen Merkmalen (Dispositionen) unterscheiden, denn wir sehen, (a) daß verschiedene Menschen sich in derselben Situation unterschiedlich verhalten können (interindividuelle Unterschiede), (b) daß Menschen über verschiedene Situationen hinweg eine gewisse Konstanz zeigen, (c) daß Menschen über die Zeit hinweg eine gewisse Stabilität zeigen („sich gleich bleiben").

Ebene 3 bietet wiederum eine Erklärung für die Existenz der personalen Dispositionen (Persönlichkeitserklärung). Ein Mensch hat die (relativ überdauernden) Merkmale, die sich im Laufe seines Lebens „entwickelt" haben; wir können sie mithin aus seiner Entwicklungsgeschichte (vertikale Perspektive) erklären. Fragt man nach den Faktoren der Entwicklung, so geht es vor allem um den Einfluß von Anlage und Umwelt bzw. von Reifen und Lernen. Die „Situation" ist dabei als momentane Umwelt zu verstehen. Vergangene Situationen sind in der Abbildung nicht eingezeichnet, aber in dem Sinne mitzudenken, daß sie über Lernprozesse die Person mitentwikkelt haben. Erfahrungen aus der momentanen Situation fließen wiederum in die künftige Entwicklung ein.

Selbstverständlich gibt es außer den genannten noch weiteren Erklärungsebenen. Man kann fragen, warum ein Mensch eine bestimmte Sozialisation durchmacht oder bestimmte Erbanlagen besitzt (z. B. Zugehörigkeit zu einer bestimmten Sozialschicht, Ahnenreihe usw.), und für diese Erklärungen wiederum weitere Erklärungen suchen und so fort – letztlich bis zur Frage nach der Entstehung der Welt. Doch muß man sich dann notwendigerweise in andere Fachgebiete begeben (Soziologie, Kulturanthropologie, Geschichtswissenschaft, Biologie usw.). Das Strukturbild enthält lediglich jenen Wirklichkeitsausschnitt, der Gegenstand der Psychologie ist.

An diesem Grundmodell läßt sich bereits erläutern, womit sich einige Teildisziplinen der Psychologie, nämlich die wichtigsten Grundlagengebiete, vorzugsweise befassen. Die Allgemeine Psychologie untersucht die Prozesse als solche, die Persönlichkeitspsychologie legt den Schwerpunkt auf die individuellen Unterschiede (die Persondispositionen), die Entwicklungspsychologie befaßt sich primär mit den Veränderungen von Personmerkmalen über die Zeit (Lebenslauf), und die Sozialpsychologie legt den Schwerpunkt auf die Person-Situation-Beziehung, soweit mit „Situation" der Faktor „andere Menschen" gemeint ist (der Einfluß materieller Situationsbedingungen fällt unter die Ökologische Psychologie).

b) Wo unterschiedliche Auffassungen beginnen

Der eigentliche Gegenstand der Forschung und der wissenschaftlichen Kontroversen sind nicht die vorgestellten grundlegenden Aspekte als solche, sondern ihre inhaltliche Ausfüllung und Gewichtung. Beispiele:

- Was genau spielt sich bei einem aktuellen Prozeß wie Denken oder Motivation ab?
- Haben „bewußte", gedankliche Prozesse für das Verhalten und das Erleben großes Gewicht, oder sind die entscheidenden Prozesse „unbewußt"?
- Wie sollen wir uns Dispositionen vorstellen, z. B. als umfassende „Eigenschaften" eines Menschen oder besser als Vielzahl von spezifischen Gewohnheiten, Kenntnissen, Vorlieben, Abneigungen usw.?
- Wird das aktuelle Geschehen primär von personalen Dispositionen oder primär von Situationsfaktoren bestimmt? Liegt also der Motor des Geschehens mehr innen oder außen?
- Welchen Anteil haben Erbanlagen bzw. Umwelteinflüsse an der psychischen Entwicklung?

Um solche und andere Fragen also geht es in der wissenschaftlichen Auseinandersetzung, geht es auch bei den Unterschieden zwischen den theoretischen Grundströmungen wie der Tiefenpsychologie (Psychoanalyse u. a.), dem Behaviorismus und dem Kognitivismus (Näheres später, insbesondere in Kapitel 6).

Auch eine typische Tendenz der Alltagspsychologie läßt sich diesem einfachen Grundmodell zuordnen. Sie neigt nämlich dazu, das Verhalten anderer Menschen vornehmlich aus der „Person" zu erklären (vielfach mit „Eigenschaften"), während beim eigenen Verhalten die Situationsfaktoren stärker beachtet werden (Jones & Nisbett 1971). Dabei geht es wohlgemerkt nicht darum, daß man sich für „negatives" Verhalten gerne mit der Situation entschuldigt (dieser Faktor spielt natürlich auch eine Rolle). Die Zuschreibungstendenz, um die es hier geht, ist daher am besten bei wertneutralen Fragen zu erkennen. Wie erklären sich z. B. Studenten, warum sie ein bestimmtes Studienfach gewählt haben? Und wie erklären es im Vergleich dazu Außenstehende, nämlich Freunde dieser Studenten? Hier zeigt sich, daß die Freunde vorrangig aus der Person der Studenten erklären (z. B. mit deren Vorlieben, Fähigkeiten), während die Studenten selbst vorrangig Eigenschaften des jeweiligen Studienfaches nennen (ein analoges Ergebnis wurde für die Wahl der Freundin gefunden) (Nisbett u. a. 1973). Offenbar hängt dies mit der Beobachterperspektive zusammen: Bei anderen schauen wir von außen auf den Handelnden, bei uns selbst schauen wir sozusagen von innen auf die Situation.

2. Psychische Grundprozesse I: Aktuelle Prozesse (Verhalten und innere Prozesse)

Nachdem wir die Grundstruktur des psychischen Gesamtsystems grob skizziert haben, sollen nun nacheinander einzelne Ausschnitte genauer betrachtet werden. Zunächst richtet sich der Blick auf das, was sich – bildlich gesprochen – in der horizontalen Achse abspielt, also auf das aktuelle psychische Geschehen.

a) Menschen „verarbeiten" ihre Umwelt und wirken auf sie ein

Psychische Prozesse dienen zum Teil dazu, die momentane Umwelt (Situation) aufzunehmen, zu „verarbeiten", zum Teil auch dazu, auf sie einzuwirken, sich in ihr zu „verhalten". Wir stellen dies schematisch durch zwei Stränge dar, denen wir jeweils drei Typen von Prozessen zuordnen (s. Tafel

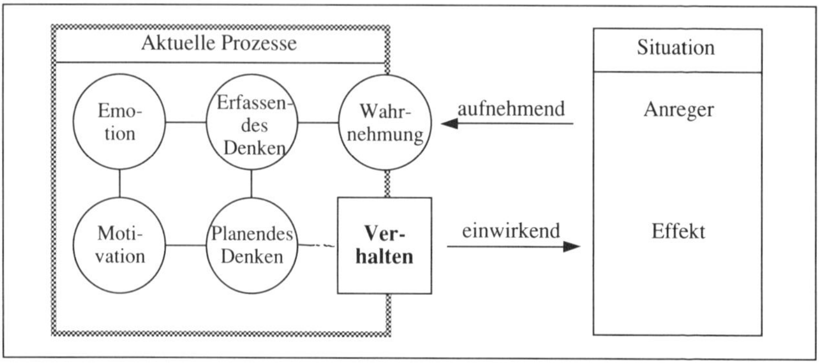

Tafel 7: Schema aktueller Prozesse mit einem aufnehmenden und einem einwirkenden Strang

7). *Aufnehmend/verarbeitend:* Wahrnehmung – erfassendes Denken – Emotion. *Abgebend/einwirkend:* Motivation – planendes Denken – äußeres Verhalten.

Das Schema vereinfacht in mancher Hinsicht (wie es Schemata so an sich haben), und wir möchten von vornherein vor einigen Mißverständnissen warnen:

1. Die Aufgliederung psychischer Prozesse ist in der Psychologie nicht verbindlich festgelegt. Aufgliederungen sind in gewissem Maße von Fragestellungen und theoretischen Auffassungen abhängig. Das bedeutet nicht, daß die Einteilungen ganz beliebig sind: So sehr sich verschiedene Prozesse auch überschneiden und verweben mögen und dadurch das Einteilen erschweren – unbestreitbare Unterschiede gibt es natürlich. „Niemand verwechselt Wahrnehmungen mit Willenserlebnissen, Gefühle mit Denkprozessen, Triebe mit Erinnerungen" (Rohracher 1971, S. 69). In dem Prozeßschema haben wir versucht, die Phänomene, von denen in der Allgemeinen Psychologie viel die Rede ist, aufzunehmen und in eine Ordnung zu bringen, mit der man ganz gut arbeiten kann (Hinweis: „Lernen" erscheint bei uns später unter Entwicklungsprozessen). Wir verstehen das Schema aber nicht als eigene „Theorie".

2. Das Schema besagt nicht, daß immer alle Prozesse beteiligt sind. So gibt es ja durchaus „Kurzschlüsse" von der Wahrnehmung zum Verhalten: nämlich beim Reflex. Darüber hinaus ist es wiederum auch von der theoretischen Orientierung abhängig, welchen Prozessen man eine zentrale Stellung im psychischen Geschehen einräumt und welche man für untergeordnet hält.

3. Das Schema besagt auch nicht, daß es eine kettenartige Abfolge der Prozesse gibt. So muß nicht die Wahrnehmung „am Anfang" stehen. Sicher

Psychisches Geschehen – eine Ganzheit, verschieden akzentuierbar?

„Viele Unterscheidungen und Zuordnungen von Phänomenen und Begriffen erscheinen willkürlich. In der Tat gibt es *keine natürliche Ordnung* psychischer Phänomene. Die Benennung und Klassifikation hängt von unserem Standpunkt und von den Fragen ab, die wir an Psychisches herantragen. Unsere *Interessen* an bestimmten Fragen und Problemen lassen bestimmte Person-Umwelt-Beziehungen, psychische Zustände und Vorgänge besonders hervortreten und andere eher im Hintergrund bleiben. Fragen wir z. B. nach subjektiven Zuständlichkeiten, dann „erkennen" wir Emotionen. Fragen wir nach Handlungsabsichten, dann „erkennen" wir Motive. Fragen wir nach Informationsverarbeitung, dann „erkennen" wir Strategien des Lernens. Jede Wissenschaft, so auch die Psychologie, geht notwendigerweise ausschnitthaft vor. [...]

Dieselbe Situation und momentane psychische Lage können wir unter verschiedenen Blickwinkeln betrachten und so zu Aussagen über unterschiedliche psychische Vorgänge und Zustände gelangen. Beispiel: Sie sehen in der Bibliothek einen Mann am Tisch sitzen und gelegentlich aus dem Fenster schauen. „Der Mann ist traurig" sagt etwas über den Gefühlszustand aus; „Der Mann denkt an seine Frau zu Hause" weist auf einen Gedankeninhalt hin; „Der Mann möchte zu seiner Frau" betont die motivationale Komponente. Wir sehen: Psychologische Begriffe akzentuieren lediglich das, wonach wir fragen, also verschiedene Komponenten des Erlebens und Handelns in einem ansonsten ganzheitlichen Geschehen."

Tafel 8: Zur Frage der Aufgliederung psychischer Phänomene (aus: Ulich 1989a, S. 13 ff.)

wird auf eine Wahrnehmung (z. B. einer dunklen Gestalt) eine gedankliche Interpretation und dann eine Emotion folgen können; aber umgekehrt kann auch eine bereits vorhandene Emotion (z. B. eine ängstliche Stimmung) die Wahrnehmung beeinflussen. Das Schema läßt also unterschiedliche Anfänge und Abfolgen zu, und es läßt auch zu, daß die in ihm enthaltenen Komponenten lediglich verschiedene Aspekte *eines* Geschehens sind (z. B. man sieht ein Foto und denkt und fühlt und erstrebt dabei gleichzeitig etwas).

Das Schema ist also inhaltlich bei weitem nicht so festgelegt, wie die graphische Darstellungsweise es nahelegen könnte.

Notwendig ist auch eine Ergänzung zu dem selbstverständlichen Tatbestand, daß Menschen ihre „Umwelt" verarbeiten und auf sie einwirken. Sie können nämlich auch sich *selbst* wahrnehmen, zu verändern suchen usw. Und wenn sie dies tun, wenn sie z. B. ihren Körper, ihr Verhalten oder ihre Empfindungen betrachten, sind diese dann für ihr „Ich", für ihr Bewußtsein schon „Umwelt“? Man kann es so oder so definieren; jedenfalls ist der Umweltbegriff nicht immer scharf und eindeutig.

Die folgenden Erläuterungen zu einzelnen aktuellen Prozessen sind nicht genau nach dem Schema der zwei Stränge gegliedert. Vielmehr werden einerseits „erfassendes“ und „planendes“ Denken und andererseits „Emotion“ und „Motivation“ jeweils unter einer gemeinsamen Überschrift abgehandelt. „Kommunikation“ fügen wir als Sonderphänomen noch hinzu. Insgesamt bleiben wir damit recht nah an Überschriften, wie sie in Lehrbüchern zur Allgemeinen Psychologie oft zu finden sind.

b) Wahrnehmung

Die Wahrnehmung steht an der „Eingangsseite“ des Individuums. Über verschiedene Sinnesorgane nehmen wir Lichtwellen, Schallwellen, Temperaturen usw. auf, die durch das Nervensystem verarbeitet und schließlich zu psychischen Vorgängen werden. Die Art des psychischen Vorgangs, der zu einer Sinnesart gehört, bezeichnet man gewöhnlich als „Empfindung“; also z. B. Helligkeit und Farbe, Lautheit und Tonhöhe, Wärme, Geschmack usw. Die „Wahrnehmung“ schließt hingegen das Erkennen von Gegenständen, Figuren, Personen usw. ein. „Weiß“ ist in diesem Sinne eine Empfindung, ein „weißes Blatt Papier“ hingegen eine Wahrnehmung.

Wenn die Wahrnehmung bereits ein Erkennen ist („Ich sehe ein Pferd“), heißt dies, daß aus den Reizen eine Sache mit „Bedeutung“ wird, und dies ist nur möglich, wenn in die Wahrnehmung ein schon vorhandenes „Bedeutungswissen“ einfließt (Schönpflug & Schönpflug 1983). Manchmal mag es allerdings unzureichend sein (etwa bei einem ahnungslosen Betrachter vor einem Objekt moderner Kunst). Auch gibt es eine seltene Krankheit (Hirnschädigung), bei der die sinnliche Wahrnehmung nicht zugleich eine erkennende ist (die sog. Agnosie); der Patient „sieht“ z. B. einen Schlüssel mit den Augen, ohne ihn als ein Instrument zum Öffnen von Türen zu erkennen.

Wenngleich wir beim Begriff der Wahrnehmung in erster Linie an Informationen über unsere Umgebung denken, sollte man doch nicht außer acht lassen, daß wir auch uns selbst wahrnehmen: z. B. unsere Körperlage, unser Aussehen, körperliche Zustände (Erschöpfung, Hunger usw.) und schließlich auch den Ablauf psychischer Vorgänge (unser Sprechen, aufsteigenden Ärger usw.).

Normalerweise setzt die objektive Situation – die Reize – einen Rahmen für das, was wahrgenommen wird. Sollte sich die „Wahrnehmung“ allzu weit davon entfernen, sprechen wir bereits von „Halluzinationen“. Andererseits wird unsere Wahrnehmung auch nicht vollständig von den Reizen bestimmt, sonst müßte sie ein getreues Abbild der Realität liefern. Doch das ist offensichtlich nicht der Fall. Wir sehen dies schon daran, daß dieselbe Umgebung von mehreren Personen mit gleich funktionstüchtigen Sinnesorganen sehr unterschiedlich wahrgenommen wird. Alltägliche Erfahrungen sowie auffällige Ereignisse (z. B. unterschiedliche Zeugenaussagen zu demselben Vorfall) liefern beredte Belege.

Zunächst einmal nehmen wir überhaupt nur einen Teil der objektiv vorhandenen Reize wahr. Ob wir durch einen Wald gehen oder in unserem Zimmer sitzen – nur wenige der vorhandenen Gegenstände, Bewegungen usw. gelangen zu einem gegebenen Zeitpunkt in unser Bewußtsein. Diesen Auswahlvorgang bezeichnet man als *Selektion;* und die Wahrnehmung ist immer selektiv. „Sie müssen auch die Klasse im Auge behalten", wird z. B. einer Studentin in ihrem Schulpraktikum geraten. Aber wer kann schon „die" Klasse im Auge behalten – auch bei größtem Bemühen.

Die entscheidende Frage ist also, *was* wir auswählen. Inhaltlich wird die Selektion – ohne daß uns dies im einzelnen bewußt zu sein braucht – unter anderem von momentanen Motivationen und Gefühlen bzw. von aktivierten Dispositionen, wie den Einstellungen zu anderen Menschen und uns selbst, oder unserem Vorwissen bestimmt. Sie führen zu entsprechenden *„Erwartungen",* dieses oder jenes wahrzunehmen. Ein Holzhändler „sieht" in einem Wald anderes als ein Förster oder ein Liebespaar. Ein erfahrener Lehrer „bemerkt" im Unterricht Geschehnisse, die einem „naiven" Zuschauer völlig entgehen. Da eine Selektion unvermeidlich ist, können wir nur versuchen, ganz planmäßig das wahrzunehmen (zu „beobachten"), was wir für besonders bedeutsam halten, also eine *gezielte* Selektion vorzunehmen. Eigens für bestimmte Zwecke hergestellte Beobachtungskategorien können dabei eine Hilfe sein (vgl. Tafel 42, S. 167).

Zu den Verarbeitungsprozessen in der Wahrnehmung gehört aber nicht nur die Selektion, sondern auch die *Organisation.* Inhaltlich fließen auch hier wiederum Vorkenntnisse, Einstellungen, Bedürfnisse usw. ein. Was sieht ein Laie auf dem Röntgenbild? Helle und dunkle Flecken, vielleicht hier und da Konturen eines Knochens. Dem Mediziner erlauben seine Kenntnisse, das für Laien diffus und mehrdeutig erscheinende Reizangebot zu ordnen und als bedeutungshaltige Gebilde zu interpretieren. Ein anderes Beispiel: Innerhalb eines raschen Geschehens in einer Schulklasse fällt Schüler X plötzlich auf den Fußboden. Die Lehrerin „organisiert" das Geschehen so, daß der Schüler Y ihm den Stuhl weggezogen hat. Sie meint, es „gesehen" zu haben, auch wenn es vielleicht anders war – denn Schüler Y hat nun mal einen schlechten Ruf. In jedem Fall dient die Organisation in der Wahrnehmung unserer Orientierung in der Welt. Sie ist notwendig, damit aus der Vielzahl der einströmenden Reize bedeutungshaltige Einheiten (Gegenstände, Vorgänge usw.) werden. (Zu Organisationsprozessen s. auch Tafel 9 sowie Tafel 40, S. 158.)

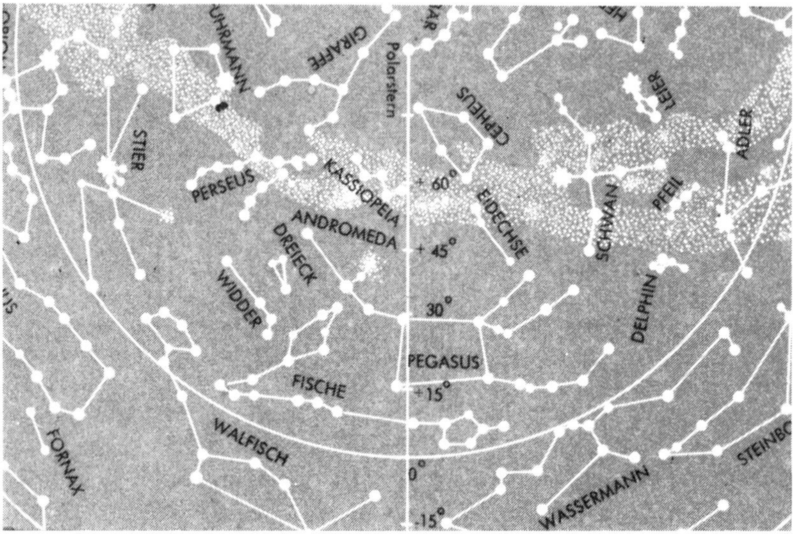

Tafel 9: Ein Beispiel für Organisation in der Wahrnehmung: Isolierte Punkte werden zu sinnvollen Figuren (Ausschnitt aus: Aschenbrenner 1962)

Aus alledem wird deutlich, wie eng die Wahrnehmung mit den anderen Grundprozessen verbunden ist. Sie ist eingebettet in die jeweiligen Handlungszusammenhänge. Sie wird dabei inhaltlich bestimmt von aktuellen Motivationen, vermischt sich mit relevanten Gedächtnis- bzw. Denkprozessen und koordiniert sich mit äußeren Bewegungen (man denke etwa an die Tätigkeiten wie das „Schreiben"). Übrigens kann die Motivation auch dazu führen, daß bestimmte Reize *nicht* wahrgenommen werden, sei es durch bewußtes Wegschauen, sei es durch nichtbewußte Verzerrungen; hier spricht man auch von Wahrnehmungsabwehr.

Was ein Mensch *typischerweise* sieht und übersieht, ist Indikator seiner Dispositionen. Motive wie Interessen oder Ängstlichkeit, Einstellungen gegenüber Mitmenschen usw. drücken sich unter anderem in „Wahrnehmungsgewohnheiten" aus. Daß die Wahrnehmung auch eine Frage der persönlichen Kompetenz ist, machen die Beispiele mit dem sachkundigen „Blick" des Arztes, des Pädagogen, des Försters usw. deutlich; es handelt sich hier gewissermaßen um „Fertigkeiten" des Sehens, Hörens usw.

Abschließend möchten wir darauf aufmerksam machen, daß der Begriff der Wahrnehmung oft auch in einem sehr *weiten Sinne* gebraucht wird, der über das sinnliche Erkennen hinausgeht. Beispiel: „Ich habe den Konflikt so wahrgenommen, daß Karl keine Lust hatte, und deshalb ...“. Hier wird vieles geäußert, was man nicht mehr sehen oder hören, sondern nur interpretieren und folgern kann, und dies gehört bereits zum erfassenden Denken. Eine solch weite Bedeutung hat auch der in der Psychologie recht gebräuchliche Begriff der *Personwahrnehmung*. Er bezieht sich nämlich nicht nur auf das Wahrnehmen während der aktuellen Interaktion, sondern häufig auch auf Beurteilungen, die man aufgrund der Wahrnehmung anderen Personen zuschreibt, bzw. auf das „Bild“ (etwa im Sinn von „Eigenschaften“), das man sich von anderen Menschen oder von sich selbst macht (vgl. Jahnke 1975; Preiser 1979). Hier handelt es sich nicht nur um gedankliche Ordnungs- und Interpretationsprozesse, die in das aktuelle Wahrnehmen von Personen einfließen, sondern primär um ein Denken über Personen.

c) Denken

Denken ist ein Vorgang, dessen Inhalt im aktuellen Moment *nicht* mit den Sinnesorganen wahrgenommen werden kann. Das Denken kann zwar durch eine Wahrnehmung angestoßen werden, führt jedoch darüber hinaus. Beispiel: Man sieht ein Buch im Schaufenster (Wahrnehmung) und fragt sich, ob das wohl als Geschenk für Tante Frieda geeignet wäre (Denken).

Schon vom Alltagsverständnis her läßt sich eine breite Vielfalt von Erscheinungsformen nennen, die man zum Denken rechnen kann: z. B. verstehen, begreifen, beurteilen, meinen, schlußfolgern, abstrahieren, sich erinnern, vorhersehen, planen, wählen, entscheiden, grübeln, phantasieren, tagträumen; selbst die Schlafträume kann man in weitem Sinne als eine Form des Denkens ansehen (vgl. Schönpflug 1977). Das Gemeinsame ist die innere Vergegenwärtigung: „Nichtgegenwärtiges – sei es Vergangenes oder Zukünftiges oder rein Mögliches – stellen wir innerlich vor uns hin, stellen es uns vor.“ (Graumann 1965, S. 19)

Während die Wahrnehmung uns über das Hier und Jetzt informiert, ist die innere Vergegenwärtigung zugleich eine „Entgegenwärtigung“ (Graumann), d. h., das Denken macht uns unabhängig von Raum und Zeit. Man könnte es auch so sagen: Das Denken ist im Prinzip weniger durch die objektive Situation bestimmt als die Wahrnehmung („Die Gedanken sind frei.“). Je nach Einzelfall kann dies allerdings sehr unterschiedlich sein. Bei einer technischen Panne z. B. ist der Denkablauf stärker situationsgesteuert als beim Abfassen eines philosophischen Aufsatzes.

Daneben sehen viele Autoren eine weitere wichtige Funktion des Denkens in seiner Ordnungsleistung (vgl. Aebli 1980/81; Graumann 1965; u. a.). Im Denken stellen wir Zusammenhänge her. Wir erkennen Gemeinsames und Unterscheidendes (Abstraktionen, Begriffe) oder stellen funktionale und logische Verbindungen her (z. B. Folgerungen, Problemlösungen). Schon bei der Organisation unserer Wahrnehmung wirken, wie erwähnt, ordnende Einflüsse aus unserem Vorwissen mit.

Im allgemeinen Prozeßmodell von S. 42 ist das Denken sowohl dem *aufnehmenden* als auch dem *einwirkenden* Strang zugeordnet. Denn einerseits verarbeitet es Wahrnehmungen weiter, andererseits steuert es auch das Handeln (vgl. Schönpflug 1977). Dem (informations-)aufnehmenden Strang lassen sich schwerpunktmäßig Erscheinungen zuordnen wie: erfassen, verstehen, interpretieren, begreifen, klassifizieren, folgern, attribuieren u. a. Auf der „einwirkenden" Seite stehen Erscheinungen wie: planen, problemlösen, entscheiden, sich steuern. Schon Freud hatte diese Seite im Auge, als er das Denken als „Probehandeln" bezeichnete, und Aebli gibt seinem umfangreichen Werk den Titel: „Denken: das Ordnen des Tuns".

Als zusammenfassende Kurzbezeichnungen für die beiden Seiten haben wir „erfassendes Denken" und „planendes Denken" gewählt, ohne daß diese die Vielfalt der Erscheinungen, die in der vorangehenden Aufzählung

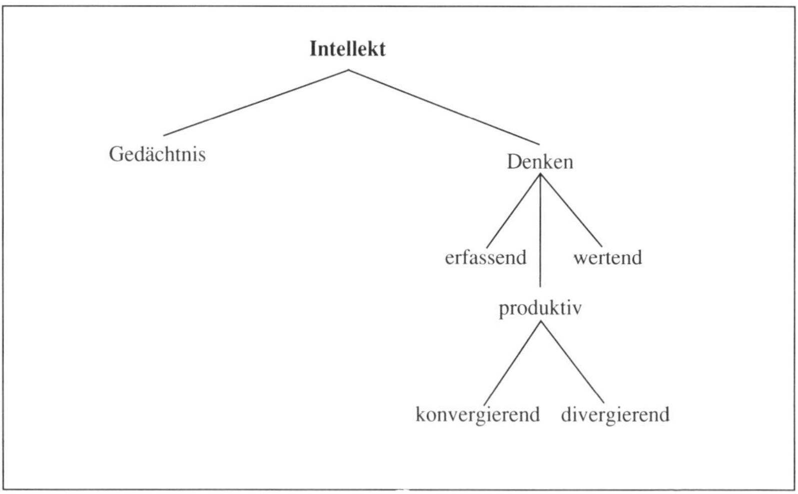

Tafel 10: Typen von Denkoperationen nach Guilford

angedeutet wurde, voll ausdrücken könnten. Betont sei auch, daß im realen psychischen Geschehen, etwa bei der Bewältigung eines praktischen Problems, natürlich beide Stränge zusammenwirken und daß beispielsweise auch Begriffe eine Funktion bei der Steuerung des Handelns haben.

Neben der Zuordnung zum aufnehmenden oder einwirkenden Strang gibt es weitere Einteilungsmöglichkeiten. Recht bekannt ist eine Systematik von Guilford (1964), die auf umfangreichen Untersuchungen zur Intelligenz beruht. Es werden insgesamt 5 Typen von Denkoperationen unterschieden und in der abgebildeten Form geordnet (Tafel 10, deutsche Bezeichnungen nach Graumann 1965). Neben

- reproduktiven Gedächtnisleistungen (Behalten von sprachlichem, optischem und sonstigem Material)

werden als Denken im *engeren* Sinne vier Gruppen von Phänomenen genannt: das erfassende, das konvergierend-produktive, das divergierend-produktive und das bewertende Denken.

- Das erfassende Denken hat mit dem Erkennen und Wiedererkennen von Informationen zu tun („verstehen", „begreifen", „identifizieren" usw.). Hierzu zählen z. B. Sprachverständnis, das Erkennen bildlicher Anordnungen, räumliche Orientierung u. a.
- Das konvergierend-produktive Denken ist auf das Hervorbringen einer einzigen richtigen Lösung aus. Beispiele sind eine logische Ableitung, Rechenoperationen oder das Ordnen von Begriffen.
- Die divergierende Produktion läuft demgegenüber in verschiedene Richtungen; sie ist nicht auf eine bestimmte, sondern auf mehrere richtige Lösungen aus. Dies ist beispielsweise kennzeichnend für sprachliche Flüssigkeit, originelle Ideen oder freies Ausgestalten (Aufsätze, Kunstwerke usw.). Leistungen, die als „kreativ" bezeichnet werden, sind typischerweise divergent-produktiv.
- Das bewertende Denken beurteilt etwas Erfaßtes oder etwas Produziertes auf seine Eignung für etwas, auf seine Folgerichtigkeit, seine „Angemessenheit" nach bestimmten Kriterien usw.

Die oben beschriebenen zwei Stränge stehen nicht in Widerspruch zu Guilfords Systematik. Das „erfassende" Denken haben wir als Oberbegriff übernommen. Und das produktive Denken (konvergierend wie divergierend) ist deutlich dem „einwirkenden", handlungsbezogenen Strang zuzuordnen – als zielgerichtetes „Problemlösen". Allerdings ist nicht jede Handlung „produktiv"; es ist auch möglich, Handlungspläne ganz „reproduktiv" aus dem Gedächtnis abzurufen (unser Oberbegriff „planendes Denken" soll beides umfassen). Was das bewertende Denken anbelangt, so ist es wohl primär auch als „aufnehmende" Tätigkeit anzusehen, wenngleich mit anderen Eigenschaften als das reine Erfassen.

Eine weitere mögliche Einteilung bieten die schon früher erwähnten (vgl. S. 32) Lernzielebenen nach Bloom u. a. (1972). Als Gliederungskriterium gilt dort der (angenommene) Komplexitätsgrad, und es werden danach unterschieden: 1. Wissen, 2. Verstehen, 3. Anwenden, 4. Analyse, 5. Synthese und 6. Evaluation (Bewertung).

Denken enthält sicher immer eine Aktivierung von Gedächtnisinhalten, doch es ist „mehr“. Daher stellen Guilford wie Bloom bloße Erinnerungsprozesse (Aktivierung von Wissen, Bildern, Szenen usw.) anderen geistigen Leistungen gegenüber, bei denen Wissen benutzt wird und die als Denken im engeren Sinne gelten.

Diese Unterscheidung hat insbesondere für das problemlösende (produktive) Denken große Bedeutung, da es sich auf die Bewältigung von neuartigen Aufgaben bezieht. Ein „Problem“ liegt ja dann vor, wenn man eben keine fertige Lösung aus dem Gedächtnis abrufen kann (vgl. hierzu Dörner 1976; Kluwe 1979). Wenn Menschen eine Lösung nicht wissen, können sie dennoch wissen, auf welchen Wegen sie eine Lösung finden können. Solche Vorgehensweisen werden als *Strategien* oder heuristische Methoden („Finderegeln“) bezeichnet. Recht bekannt wurden z. B. die von Duncker (1935) beschriebenen Methoden der „Zielanalyse“ (Was will ich genau? Was ist gefordert? Was nicht?), „Konfliktanalyse“ (Warum geht es nicht?) und „Materialanalyse“ (Was kann ich gebrauchen?). Weitere Beispiele sind die Ideenfindung durch Analogien (Wo kommt Ähnliches vor?) oder durch „Brainstorming“ (ein zunächst wahlloses Sammeln vieler Einfälle, die erst in einem späteren Schritt nach Brauchbarkeit bewertet werden).

Nicht alle erwähnten Phänomene sind gleichermaßen Gegenstand der Denk*psychologie.* Im Vordergrund der eigentlichen Denkpsychologie stehen Begriffsbildung, Schlußfolgern und Problemlösen. Hingegen werden Erinnerungsprozesse (Abruf von Fachwissen, von Bildern usw.) in der Gedächtnispsychologie behandelt. Und obwohl zweifellos alle Denkphänomene auf Gedächtnisprozesse angewiesen sind, bildet die Gedächtnisforschung häufig einen eigenen Themenbereich neben der Denkpsychologie. Allerdings wird *„Kognition“* als Sammelbegriff verwendet, der sowohl Denken als auch Gedächtnisprozesse (oft auch noch Wahrnehmung) umfaßt.

Andere gedankliche Erscheinungen wie das Erwarten oder Entscheiden sind ebenfalls oft nicht unter Denkpsychologie, sondern eher unter Motivationspsychologie zu finden. Es wird dann meist von „kognitiven Prozessen“ in der Motivation gesprochen (s. u.). Dieser Punkt ist nicht nur deshalb zu beachten, weil er erneut auf die enge Verflochtenheit der psychischen Prozesse verweist, die gewöhnlich unter verschiedenen Kapiteln zu finden sind. Er zeigt auch, daß Denken nicht nur Werkzeugfunktionen hat, sondern zugleich integrativer Bestandteil von „psychischen Kräften“ (vgl. S. 79) sein kann.

Dies wird auch leicht ersichtlich, wenn man das Denken von Menschen nicht auf der Prozeßebene, sondern unter dem Aspekt personaler *Dispositionen* betrachtet. Jeder weiß, daß Denken ein Mittel ist, das für verschiedene Ziele eingesetzt werden kann, und daß Menschen sich insofern in ihrer „Kompetenz" unterscheiden, als sie unterschiedlich leicht über Denkmittel verfügen können (intellektuelle Fähigkeiten, Denkfertigkeiten, Kenntnisse usw.). Auf der anderen Seite gibt es aber auch denkerische Dispositionen mit Motivcharakter, also ein Denken im Sinne einer inhaltlichen Ausrichtung auf bestimmte Ziele und Objekte. Begriffe wie „Gesinnung", „Überzeugung", „Einstellung", moralisches (politisches usw.) „Bewußtsein" und dgl. machen dies deutlich.

d) Motivation und Emotion

Aussagen über die Motivation sind es, die wir – mehr als Aussagen über das Wahrnehmen und Denken – als besonders wesentliche Antworten auf die Frage nach dem „Warum" eines Verhaltens empfinden. Schließlich geht es hier schon vom lateinischen Ursprung des Wortes her um die „Beweggründe".

Lernende werden im Bereich der Motivationspsychologie leicht durch eine Vielzahl von Begriffen verwirrt, wie etwa: Motiv, Motivation, Trieb, Antrieb, Bedürfnis, Strebung, Erwartung, Ziel, Wert, Anreiz, Bekräftigung, Befriedigung, Einstellung, Emotion, Affekt, Gefühl. Es ist nicht möglich, die Gemeinsamkeiten, Unterschiede und Beziehungsverhältnisse dieser und weiterer Termini hier gründlich zu erörtern, zumal ihre Bedeutung nicht verbindlich festgelegt ist und von Autor zu Autor variieren kann. Ein bescheidener Ordnungsversuch, der auf die Stellung solcher Phänomene im psychischen Gesamtsystem Bezug nimmt, ist jedoch notwendig.

Als Oberbegriffe für alle psychischen „Kräfte" werden meist die Ausdrücke „Emotion" und „Motivation" gebraucht. Der Tendenz nach werden sie etwa so verstanden: *Emotion:* ein Gefühl, eine Befindlichkeit, ein momentaner körperlich-seelischer Zustand. *Motivation:* ein Antrieb, ein Handlungsimpuls, eine Kraft, die auf ein Ziel, somit auf einen noch nicht vorhandenen Zustand gerichtet ist.

Wenn man in dieser Weise beides begrifflich unterscheiden kann, sind es damit auch verschiedene psychische Prozesse? Für viele Autoren (etwa Thomae 1965; Schmalt 1983) sind „Motivation" und „Emotion", „Strebung" und „Gefühl" eher nur zwei Seiten eines Prozesses wie zwei Seiten einer Münze – eine Vorstellung, die wir für recht nützlich halten. Derselbe psychische Vorgang hat danach sowohl eine Befindlichkeitsseite als auch eine Antriebsseite (Zielseite). Betont man die momentane Erlebnislage (den Ist-Zustand), spricht man von Emotion oder Gefühl, betont man hingegen die Ziellage, zu der die Kraft drängt, spricht man von Motivation. Man denke an Beispiele wie Angst, Ärger, Hunger, Interesse, Heimweh usw.; man kann sie zugleich als Befindlichkeiten (Gefühl) und als Antriebe zum Handeln (Motivation) erleben. Auch das deutsche Wort „Lust“ enthält beide Bedeutungen: „Lust empfinden“ als Gefühl, „Lust haben auf... (z. B. Tennis)“ als Motivation (engl. interessanterweise „I feel like playing tennis“). Allerdings ist es möglich, daß im Erleben manchmal der Gefühlszustand (z. B. von Langeweile, Angst oder Freude) stärker zu spüren ist als die Antriebsseite, während in anderen Fällen die Zielspannung über die Befindlichkeit dominiert (z. B. bei Neugier oder Leistungsmotivation).

Im Prinzip aber gehen beide Aspekte Hand in Hand, verändern sich miteinander: Das Gefühl motiviert auch zu etwas, die Erfüllung der Motivation ist mit einem neuen Gefühl (einer „Befriedigung“) verbunden, die Nichterfüllung mit einem anderen. So könnte man die Motivation auch als die Spannung zwischen einem momentanen und einem angestrebten Gefühl verstehen. Spätestens an dieser Stelle zeigt sich allerdings erneut, daß ein bloßer begrifflicher Ordnungsversuch in gewissem Grade schon auf Theorien über die Natur der Prozesse hinausläuft.

Trotz der engen Zusammenhänge kann man sein Interesse vorrangig entweder auf die emotionale oder auf die motivationale Seite richten. Dies zeigt sich schon bei praktischen Alltagsproblemen (Beispiel „Depression: Will er nur Mitleid, oder geht es ihm wirklich so schlecht?“, Ulich 1989b, S. 31). Und die psychologische Literatur bietet meist entweder „Emotions-Bücher“ oder aber „Motivations-Bücher“ an. Nach dem bisher Gesagten ist es aber nicht verwunderlich, daß unter beiden Rubriken zuweilen die gleichen Phänomene (z. B. Angst, Ärger, Interesse) behandelt werden. Mißlich finden wir es, daß manche Werke kein Wort über die Beziehungen zwischen beiden Begriffen verlieren und dadurch die fürs Lernen so wichtige begriffliche Ordnung erschweren.

In diesem Zusammenhang noch eine Ergänzung. Da die körperlich-seelische Erregung, die prinzipiell zu jedem motivational-emotionalen Prozeß gehört, zuweilen so heftig sein kann, daß zielgerichtetes Handeln beeinträchtigt wird (z. B. bei Angst oder Wut), haben manche Autoren die Emotion geradezu in einen Gegensatz zur Motivation gestellt: Motivation als etwas zielgerichtet Organisierendes, Emotion als etwas „Desorganisierendes“ (im Überblick Schönpflug & Schönpflug 1983). Hier bedeutet dann Emotion nicht mehr dasselbe wie „Gefühl“, bedeutet nicht mehr die momentane Befindlichkeit überhaupt, sondern lediglich die Erregung, den starken Affekt. Wir möchten auf diese Möglichkeit nur hinweisen, aber „Emotion“ und „Gefühl“, wie zumindest im deutschen Sprachraum meist üblich, weiterhin synonym verwenden.

Wie sind nun Emotion und Motivation in das Gesamtgefüge aktueller Prozesse (s. Schema S. 42) einzuordnen? *Emotionen* sind ein „Angemutetwerden“ und damit wohl primär dem aufnehmenden, situationsverarbeitenden Strang zuzurechnen; sie sind Vorgänge, die durch eine vorangehende Situation „ausgelöst“ werden, und sind insofern etwas Reaktives (dies gilt nicht für „endogen“, z. B. durch Biorhythmen, Krankheiten usw., begründete Stimmungen). Die *Motivation* dagegen gehört zum einwirkenden, handlungsbezogenen Strang. Sie kann zwar ebenfalls durch die Situation angeregt werden (durch die Gelegenheit, hier die angestrebten Effekte zu erreichen), doch in ihrem eigentlichen Gehalt ist die Motivation auf die Veränderung der Situation gerichtet, ist also nicht reaktiv, sondern aktiv und zukunftsbezogen.

Welche emotional-motivationalen Prozesse im konkreten Fall auftreten, hängt außer von der Situation natürlich von den Dispositionen ab, die ein Mensch in die Situation mitbringt. Bei der Motivation wird die individuelle Ausprägung eines „Strebens“, „Bedürfnisses“ usw. häufig als „Motiv“ bezeichnet. Es ist sozusagen die „Ansprechbarkeit“ für bestimmte Anreger. Zusammen mit dem Anreger führt das Motiv zum Prozeß der aktuellen Motivation (s. Beispiele in Tafel 11). Anders als oben erwähnt, meint Motivation hier also nicht den Oberbegriff für den gesamten Themenkreis. „Der Begriff Motiv wird verwendet im Hinblick auf die Disposition, nach eher allgemeinen Zielzuständen, Arten von Befriedigung oder Effekten zu streben“; „der Begriff Motivation bezieht sich auf die Aktivierung einer Handlungstendenz zur Erzielung eines oder mehrerer Effekte“ (Atkinson, zit. nach Keller 1981, S. 24; ähnlich Heckhausen 1980).

Allerdings werden die Begriffe Motiv und Motivation nicht durchgehend in dieser Weise unterschieden! Oft liest man von Motivation auch im Sinne einer Disposition („Ein Schüler mit hoher Leistungsmotivation“) oder von Motiv im Sinne eines aktuellen Prozesses. Auch hat sich für die emotionale Seite ein analoges Begriffspaar nicht eingebürgert; die Disposition könnte etwa Gefühlsneigung, Gefühlsbereitschaft oder Gefühlshaltung heißen.

Motiv	Motivation	Anreger
(Personale Disposition)	(Aktueller Prozeß)	(Situative Bedingung)
Leistungsmotiv	Leistungsmotivation	Schwierigkeitsgrad
Interesse	„Interessiertsein“	Bestimmte Inhalte, Themen
Hilfemotiv	Hilfemotivation	Notlage anderer
Ängstlichkeit	Angst	Bedrohung

Tafel 11: Beispiele für Motive und zugehörige Anreger

Allgemein geläufig ist der Dispositionsbegriff der *„Einstellung"*. Sie umfaßt neben einer kognitiven Komponente (z. B. ein „Bild" von einem anderen Menschen) eine emotionale Reaktionsbereitschaft (z. B. Antipathie) und eine Art motivationaler Komponente im Sinne einer Verhaltenstendenz (z. B. jemanden zu meiden, zu diskriminieren usw.). Allerdings wird bei der Einstellung weniger der Zielbezug als der Objektbezug (Einstellung „gegenüber" . . .) akzentuiert.

Nicht nur die begriffliche Ordnung, auch die *Theorien* über Motivations- und Emotionsphänomene sind kein handlicher Lernstoff. Sie beschäftigen sich nämlich mit sehr vielen und sehr verschiedenartigen Fragen; selbst ein Motivationsexperte wie Heckhausen „sucht noch nach Jahren nach Überblick und mehr Ordnung in der Vielfalt von Problemen und Antwortversuchen" (Heckhausen 1980 im Vorwort; Ähnliches könnte man wohl über die Emotionsforschung sagen).

Allgemein formuliert unterscheiden sich die Theorien unter anderem darin, was für Prozesse am Entstehen einer konkreten Motivation oder Emotion beteiligt sein sollen. Ist eine Motivation z. B. in der Hauptsache ein Ausdruck unbewußter Triebe, wie es tiefenpsychologische Ansätze annehmen, oder sind vor allem Erwartungen, Wertungen, Attributionen und andere gedankliche Prozesse das zentrale Geschehen, wie es bei „Kognitivisten" zu lesen ist? Weitere Fragen sind etwa: Welches Gewicht hat die Person (die Ausprägung ihrer Motive), welches Gewicht haben die Anregungsfaktoren der jeweiligen Situation? Was ist im Organismus angelegt, was ist erlernt? Ähnliche Streitpunkte finden sich auch bei den Emotionstheorien wieder, etwa die Frage, welche Bedeutung kognitiven Prozessen oder der körperlichen Erregung zukommt. In jeder dieser Fragerichtungen stecken wiederum zahllose Einzelprobleme, und fast jedes Phänomen hat auch seine Besonderheiten (z. B. Neugier oder Sachinteresse, Trauer oder Depression).

Manche Theorien machen Aussagen darüber, wieviele und welche grundlegenden Motive oder grundlegenden Emotionen der Mensch besitze (Aufstellung von Motiv- bzw. Emotionskatalogen). Solche Versuche sind sehr umstritten, allein schon wegen kaum lösbarer Probleme bei der Abgrenzung einzelner Erscheinungen. Weitgehend üblich sind aber einige Einteilungsmöglichkeiten: Inhaltlich werden Motive nach der Art des angestrebten Zieles bzw. Effektes unterschieden (vgl. Heckhausen 1980). Die Vielfalt solcher Motivarten kann man in größere Gruppen unterteilen, etwa in stark biologisch verankerte Bedürfnisse (z. B. Hunger, Schlafbedürfnis) und stark lernabhängige Motive (z. B. Leistungsstreben, Machtstreben, Ängstlichkeit, Hilfemotiv, Aggressionsmotiv) oder in Annäherungsmotive („hin zu", gilt für die meisten) und Meidungsmotive („weg von", wie bei Angst und Ekel). Emotionen hingegen werden häufig nach Erlebnisqualitä-

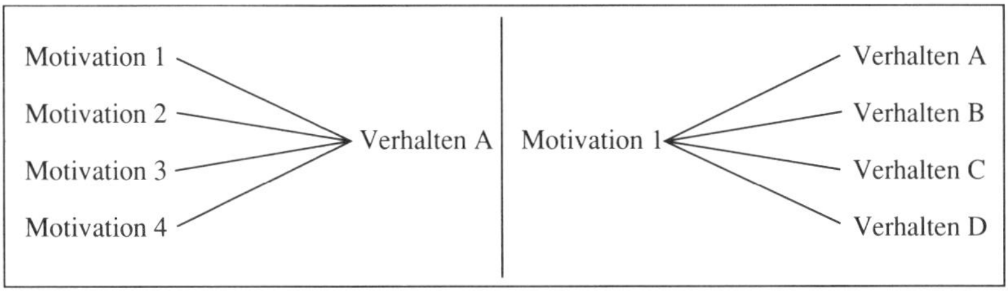

Tafel 12: Ein Verhalten – viele mögliche Motivationen; eine Motivation – viele mögliche Verhaltensweisen

ten wie den Merkmalen angenehm – unangenehm oder ruhig – erregt charakterisiert (vgl. Traxel 1983).

Da von den aktuellen Prozessen die Motivation am unmittelbarsten als Erklärung eines Verhaltens gilt, möchten wir auf das *Verhältnis zwischen Motivation und Verhalten* noch ein wenig eingehen, denn es ist recht kompliziert. Jedenfalls ist es nicht möglich, von einer bestimmten Art des Verhaltens auf eine bestimmte Art der Motivation zu schließen (s. Tafel 12).

Wie leicht zu sehen ist, kann sich dieselbe Motivation in sehr unterschiedlichem Verhalten ausdrücken: Was kann man nicht beispielsweise aus Angst alles tun oder um Anerkennung zu erlangen?! Umgekehrt können unterschiedlichste Motivationen zu demselben Verhalten führen. Hinter Leistungseifer z. B. steht nicht immer Leistungsmotivation, hinter aggressivem Verhalten steht nicht immer ein Aggressionsbedürfnis. Zu einem bestimmten Verhalten gehört also nicht automatisch eine Motivation gleichen Namens.

In diesem Zusammenhang ist häufig die Unterscheidung zwischen „intrinsischer" und „extrinsischer" Motivation anzutreffen. Soweit in der ausgeführten Handlung selbst die Zielerreichung bzw. die Befriedigung liegt, ist sie intrinsisch motiviert; die Handlung ist gewissermaßen Selbstzweck. Erwächst die eigentliche Befriedigung hingegen erst aus den weiteren Konsequenzen der Handlung – ist diese also Mittel zum Zweck („instrumentell") –, spricht man von extrinsischer Motivation. Beispiele: Leistung aus Freude an der eigenen Tüchtigkeit wäre intrinsisch, Leistung zwecks Broterwerbs hingegen extrinsisch motiviert; oder: Aggression aus Vergeltungsbedürfnis wäre intrinsisch, somit echt aggressiv motiviert (Schmerzzufügung vermittelt Befriedigung), Aggression als Mittel der Durchsetzung oder Verteidigung wäre extrinsisch motiviert (die durch die Schmerzzufügung erreichten Nutzeffekte vermitteln Befriedigung). Nur bei intrinsischer Motivation paßt es also, einem Verhalten eine Motivation gleichen Namens zuzuordnen; andere Motivationen müßten anders benannt werden.

Selbstverständlich können hinter einem bestimmten Verhalten gleichzeitig mehrere Motivationen stehen. Sie können alle in dieselbe Richtung gehen (z. B. Lernen aus Interesse und zugleich für beruflichen Erfolg). Sie können einander aber auch entgegenlaufen; in diesem Fall spricht man von einem *Konflikt.* Dabei unterscheidet man im allgemeinen drei Typen:

a) den Annäherungs-Annäherungs-(Appetenz-Appetenz-)Konflikt, bei dem zwei Entscheidungen gleich verlockend erscheinen (z. B. die Wahl zwischen zwei Reisezielen);

b) den Vermeidungs-Vermeidungs-(Aversions-Aversions-)Konflikt, bei dem es nur die Wahl zwischen zwei Übeln gibt (z. B. Schularbeiten machen oder bestraft werden);

c) den Annäherungs-Vermeidungs-(Appetenz-Aversions-)Konflikt, bei dem ein Ziel zugleich anziehend und abstoßend erlebt wird (z. B Wunsch nach menschlicher Nähe und zugleich Angst davor). Dieser Konflikttyp führt gewöhnlich am ehesten zu psychischen Beeinträchtigungen, wenn er sehr ausgeprägt ist.

> Wilhelm Busch über
>
> **Appetenz-Aversions-Konflikte**
>
> „Transpirierend und beklommen
> ist er vor die Tür gekommen,
> oh, sein Herze klopft so sehr,
> doch am Ende klopft auch er."
>
> (Tobias Knopp)

Die Möglichkeit von Konflikten zeigt wiederum, daß eine bestimmte Motivation vorhanden sein kann, ohne sich im Verhalten zu manifestieren, weil nämlich eine gegenläufige Motivation dies verhindert. Und über die Motivation hinaus hängt das Verhalten ja auch von Prozessen wie planendem Denken bzw. von Dispositionen wie Fähigkeiten, Fertigkeiten und Gewohnheiten ab.

e) Bewegung – Verhalten – Handlung

Bewegungen bilden die „Ausgangsseite" des aktuellen psychischen Geschehens. Während wir bei uns selbst auch innerer Prozesse gewahr werden (Wahrnehmungen, Denkvorgänge, Antriebs- und Gefühlserlebnisse), können wir bei anderen Menschen nur die motorischen Äußerungsformen (oder deren Produkte wie z. B. Schriftstücke) wahrnehmen. Diese Bewegungen sind es, die man als Verhalten im engeren Sinne bezeichnet. Im weiteren Sinne wird Verhalten in der Psychologie zuweilen als Oberbegriff für alle psychischen Aktivitäten gebraucht, einschließlich innerer Prozesse (z. B. Denken als „internales Verhalten"). Wir bleiben jedoch beim engeren Verhaltensbegriff. Hierzu gehören vor allem folgende Erscheinungen:

- Sprechen
- Ausdrucksverhalten (Mimik, Gestik, Körperhaltung und dgl.)
- manuelle Tätigkeiten (Schreiben, Werken usw.)
- Bewegungen im Raum (Gehen, Laufen usw.).

In psychologischen Lehrbüchern ist meist von Verhalten als motorischem Geschehen kaum die Rede. In der Tat kann man es primär als Gegenstand von Biologie und Medizin ansehen. Psychologisch interessant ist in erster Linie, was das äußere Verhalten „bedeutet", d. h., welche inneren Prozesse „dahinter" stehen. Dies schließt jedoch nicht aus, daß motorisches Geschehen auch relativ unabhängig von Wahrnehmung, Denken und Motivation/Emotion eigenes Gewicht haben kann. Sehr deutlich wird dies, wenn wir es unter dem Aspekt personaler Dispositionen betrachten, nämlich als motorische „Fähigkeit", „Fertigkeit" oder „Gewohnheit". Geläufig ist uns dies z. B. bei sportlichen Leistungen oder bei manuellen Tätigkeiten wie Schreiben und Zeichnen. Aber auch soziales Verhalten enthält beispielsweise motorische Gewohnheiten und Fertigkeiten des Sprechens oder der Mimik.

In diesem Zusammenhang ist eine Unterscheidung von *Verhalten* und *Handeln* von Interesse, wie sie des öfteren anzutreffen ist. Zwar werden die Begriffe vielfach gleichwertig verwendet, doch scheint es sich in der Psychologie zunehmend einzubürgern, lediglich solches Verhalten als Handeln zu bezeichnen, das zielgerichtet und bewußt gesteuert ist. Reflexartige Körperreaktionen oder automatisierte Gewohnheiten wären danach zwar auch Verhalten, aber kein Handeln. So gesehen, ist Verhalten der Oberbegriff, Handeln ein bestimmter Typ des Verhaltens (für ihn interessiert sich vor allem die „kognitivistische" Theorierichtung, vgl. S. 157). Wie erkennbar ist, bezieht sich diese Unterscheidung nicht lediglich auf das äußere Verhalten, sondern schon auf die inneren Grundlagen, von denen es gesteuert wird. So liegt denn auch der Akzent der sog. Handlungstheorien auf kognitiven Vorgängen wie den Zielvorstellungen und Erwartungen, dem planenden Denken und dem Überprüfen des Handlungsergebnisses (einführend dazu: Schönpflug & Schönpflug 1983; Dörner 1985). In dieser Bedeutung kann „Handeln" als ein integrativer Begriff angesehen werden, der die gesamten aktuellen Prozesse umfaßt.

Wenn man Beispiele für Handlungen im beschriebenen Sinne sucht, denkt man meist an relativ umfassende Verhaltensabläufe (z. B. einkaufen, einen Vortrag halten usw.), die sich selbst aus verschiedenen Teilhandlungen zusammensetzen (aus dem Hause gehen, ins Auto steigen usw.) und diese wiederum aus kleinen motorischen Einheiten, die man nicht mehr als Handlungen bezeichnet. Es sind die großen Verhaltenseinheiten, die von Motivationen und Denkprozessen gesteuert werden und relativ flexibel an die Situationsanforderungen angepaßt werden können. Je kleiner die Einheiten, um so stärker sind sie automatisierte, eingeschliffene Ausführungsgewohnheiten (z. B. Eigenheiten des Gehens, der Autobedienung, des Blickkontaktes, des Sprechens, der Schrift usw.) (vgl. Argyle 1972).

Da hier die bewußte Steuerung recht gering ist, hat es nicht an Versuchen gefehlt, aus individuellen Eigenarten bei kleinen Verhaltenseinheiten weitreichende diagnostische Schlüsse über die „Persönlichkeit" (den „Charakter") eines Menschen zu ziehen. Beispiele dafür sind die Graphologie oder volkstümliche Anleitungen zur „Menschenkenntnis", die bestimmten Merkmalen der Mimik, der Körperhaltung usw. ganz bestimmte Persönlichkeitszüge zuordnen.

Solche Versuche sind sehr umstritten. Ergiebiger für die praktische Anwendung ist wohl die Erkenntnis, daß die Veränderung von Verhalten und Erleben nicht nur bei Einsichten und Einstellungen von Menschen ansetzen kann, sondern daß es zuweilen sinnvoll sein mag, auch kleinere motorische Einheiten gesondert zu trainieren (z. B. Blickkontakt, Körperhaltung, Stimme beim sog. Selbstsicherheitstraining, vgl. Wendlandt & Hoefert 1976).

f) Exkurs: Aktuelle Prozesse als Kommunikation

Statt einfach „Kommunikation" zu heißen, ist diese Überschrift etwas umständlich formuliert, weil die Kommunikation an sich kein Grundprozeß wie die vorangehenden ist, sondern sich aus verschiedenen Vorgängen von der Aufnahme bis zur Abgabe von Informationen zusammensetzt. Sie schließt daher Prozesse des Wahrnehmens, des Denkens, der Emotion und Motivation sowie der sprachlichen und nichtsprachlichen Motorik ein. In der Kommunikation geht es jedoch weniger um diese Prozesse als solche, sondern darum, daß die Prozesse von *zwei* (oder mehr) Personen *aufeinander bezogen* sind und dabei bestimmte Entsprechungen oder Diskrepanzen aufweisen. Hierin liegen Probleme eigener Art.

Wenn die Kommunikation in diesem Kapitel mit angesprochen wird, so einfach deshalb, weil sie zumindest in allen *zwischenmenschlichen* Situationen ein grundlegendes Geschehen ist – und „zwischenmenschlich" sind die meisten Situationen des täglichen Lebens sowie der beruflichen Praxisfelder, in denen die Psychologie von besonderer Bedeutung ist (Erziehung, Sozialarbeit, Psychotherapie usw.).

Nun ließe sich beim zwischenmenschlichen Verhalten ebenso von (sozialer) *Interaktion* wie von Kommunikation sprechen. Beide Begriffe sind nicht verbindlich definiert und werden zuweilen synonym verwendet (Graumann 1972). Wenn sie unterschieden werden, so vor allem in zweierlei Weise. Zum einen kann man bei „Interaktion" besonders die Wechselseitigkeit im Auge haben, während „Kommunikation“ gegebenenfalls nur in einer Richtung läuft (Einweg-Kommunikation wie bei den Massenmedien). Zum andern ist folgende Differenzierung möglich (und sie ist wohl die interessantere): *Soziale Interaktion:* Verhalten „zueinander“; der Tatbestand, daß das Verhalten mehrerer Menschen miteinander zusammenhängt. *Kommunikation:* Der Austausch von Bedeutungen (Botschaften, Informationen), die in der Interaktion „drinstecken“.

Bei dieser Unterscheidung ist die Kommunikation ein bestimmter *Aspekt* der sozialen Interaktion, nämlich der Aspekt der „Bedeutungsvermittlung zwischen Lebewesen“, wie Maletzke (1972) Kommunikation definiert. Man kann beispielsweise beobachten, daß die Handbewegungen einer Person am Straßenrand mit den Fahrzeugbewegungen in einer Parklücke regelhaft zusammenhängen oder daß ein Ehemann zu reden aufhört, sobald seine Frau die Stirn runzelt; oder man kann untersuchen, wie der Blickkontakt und die körperliche Distanz zwischen Menschen zusammenhängen (Argyle 1972) – in diesen Fällen bewegt man sich auf der Ebene des sichtbaren Verhaltens zueinander, also der Interaktion. Diese kann man nun weiter unter verschiedenen Aspekten betrachten, z. B. unter kulturellen (halten Menschen in Kultur A mehr Distanz als in Kultur B?) oder unter moralischen (ist das Verhalten „unanständig“?) – oder eben unter dem Aspekt des Informationsaustausches, der Kommunikation. Er geht über das sichtbare Verhalten hinaus und richtet sich auf Prozesse des Mitteilens und Verstehens, impliziert also Vorgänge, die sich in den Köpfen der Beteiligten abspielen. Diese Vorgänge liefern zugleich ein Stück *Erklärung* für die sichtbaren Verhaltenszusammenhänge: Die Handbewegung, das Stirnrunzeln usw. *bedeuten* für die andere Person etwas, und deshalb reagiert sie darauf so und so. In diesem Sinne ist jedes zwischenmenschliche Verhalten, jede Interaktion zugleich Kommunikation („Man kann nicht *nicht* kommunizieren“, Watzlawick u. a. 1969). Ob man von Interaktion oder von Kommunikation spricht, hängt davon ab, worüber man eine Aussage machen will – über den Verhaltenszusammenhang oder über die Bedeutungsvermittlung. Da die Bedeutungsvermittlung den Verhaltenszusammenhang verständlich macht, ist die Beschäftigung mit ihr so überaus nützlich (nicht zuletzt bei Praxisproblemen).

In der Literatur zur Kommuniktion geht es im wesentlichen um drei Aspekte: die Mittel, die Prozesse und die Inhalte der Kommunikation.

Die *Mittel/Medien,* mit denen man etwas übermittelt, werden gewöhnlich Zeichen oder Signale genannt. Am häufigsten wird dabei zwischen verbaler und nichtverbaler Kommunikation unterschieden. Zur verbalen zählen schriftliche wie mündliche Sprache, zur nichtverbalen das Ausdrucksverhalten (Mimik, Gestik usw.) und das sichtbare Handeln (z. B. den Raum verlassen, etwas schenken).

Was gehört zu den *Prozessen* der Kommunikation? Allgemein gesprochen werden in der Kommunikation innere Vorgänge einer Person (Gedanken, Gefühle usw.) über die Signale wiederum zu inneren Vorgängen einer anderen Person. Dies erfordert auf der einen Seite die Umsetzung einer gemeinten Nachricht in Zeichen (Enkodierung oder Verschlüsselung), auf der anderen Seite die Umsetzung der Zeichen in eine Nachricht (Dekodierung oder Entschlüsselung). Schon die gröbste Aufgliederung eines Kommunikationsprozesses verlangt daher mindestens drei Stufen:

Im Sender	Signale/Zeichen	Im Empfänger
Gemeintes	Geäußertes	Verstandenes

Die Person, die das Gemeinte ausdrückt, bezeichnet man häufig als Sender, die andere als Empfänger. Tatsächlich übt aber jede Person beide Funktionen gleichzeitig aus. Während die eine durch Reden etwas sendet, tut es die andere z. B. durch ihren Gesichtsausdruck; „Senden" und „Empfangen" können sich also immer nur auf eine bestimmte Mitteilung beziehen.

Was in einer realen Kommunikation in den Menschen geschieht, ist natürlich mehr als Enkodieren und Dekodieren – sie sind als „ganze Menschen" beteiligt. Stellen wir daher die Kommunikationsprozesse etwas umfassender nach dem Muster unseres allgemeinen Prozeßmodells dar, indem wir dieses drehsymetrisch verdoppeln, so werden die aufnehmenden Prozesse zum Strang des „Empfangens", die „einwirkenden" zum Strang des „Sendens" (s. Tafel 13).

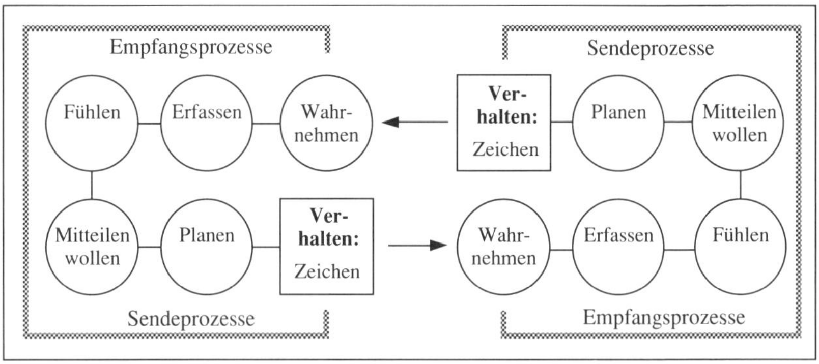

Tafel 13: Kommunikation als Geschehen, an dem (mindestens) zwei Menschen mit allen aktuellen Prozessen beteiligt sind

Entscheidend für einen vollständigen Kommunikationsvorgang ist nun, wie die Sende- und Empfangsprozesse aufeinander bezogen sind. Eine Kommunikation gilt als „gelungen“, wenn das Verstandene mit dem Gemeinten übereinstimmt. Dies setzt gewöhnlich voraus, daß der Sender das Gemeinte durch Worte oder andere Signale ausdrückt, die in dem jeweiligen sozialen Feld (Kultur, Berufsgruppe usw.) „üblich“ sind; andernfalls kann der Empfänger sie nicht verstehen, und die Kommunikation ist „gestört“. Es kommt aber auch vor, daß jemand das Gemeinte versteht, obwohl es auf den ersten Blick in ganz „unpassenden“ Signalen ausgedrückt wurde. Dies ist möglich, wenn der Betreffende z. B. die andere Person besonders gut „kennt“ oder wenn sie eine „Geheimsprache“ vereinbart haben.

Nun zu den *Inhalten* der Kommunikation, zur Frage, *was* kommuniziert wird. Sie wird meist unter dem Begriff der „Nachricht“ behandelt, womit die Botschaften, die Bedeutungsgehalte, die durch die Signale übermittelt werden, gemeint sind. Im konkreten Fall kann dies natürlich unendlich viel sein. Aber man kann dennoch nach einer nützlichen Ordnung suchen und fragen, ob Nachrichten gemeinsame Aspekte aufweisen. Auf Darlegungen von Karl Bühler sowie Watzlawick u. a. aufbauend, unterscheidet Schulz von Thun (1981) vier Aspekte einer Nachricht:

- einen Sachaspekt, d. h. eine Information über einen Sachverhalt (einen Hergang, eine Theorie usw.),
- einen Beziehungsaspekt, d. h. eine Haltung gegenüber dem Kommunikationspartner (Überlegenheit, Wertschätzung, Mißtrauen usw.),
- einen Selbstoffenbarungsaspekt, d. h. eine Aussage über die eigene Person (Gefühle, Gedanken, Wünsche usw.),
- einen Appellaspekt, d. h. eine Aufforderung an den anderen, etwas zu tun oder nicht zu tun.

So kann die Bemerkung eines Schülers zu seinem Lehrer: „Mein Vater hat mich gestern verprügelt“ nicht nur einen Hergang benennen (Sachaspekt), sondern auch Vertrauen zum Lehrer ausdrücken (Beziehungsaspekt) bzw. Angst, Traurigkeit und andere Gefühle ausdrücken (Selbstoffenbarung) und schließlich auch eine Aufforderung zum Helfen, zum verständnisvollen Zuhören usw. sein (Appellaspekt).

Hierin liegt nun wieder ein ganzes Spektrum von Fehlerquellen. Denn neben Mißverständnissen innerhalb einer Ebene kann es zwischen Sender und Empfänger auch zu einer Verschiebung der vorrangigen Nachrichtenseite kommen, so z. B., wenn eine Kritik „sachlich“ gemeint ist, aber vom Empfänger primär als persönliche Abwertung empfunden wird (Beziehungsaspekt).

Literaturempfehlungen

Brander, S., Kompa, A. & Peltzer, U.: Denken und Problemlösen. Einführung in die kognitive Psychologie. Opladen: Westdeutscher Verlag 1985.
Guski, R.: Wahrnehmung. Eine Einführung in die Psychologie der menschlichen Informationsaufnahme. Stuttgart: Kohlhammer 1989.
Heckhausen, H.: Motivation und Handeln. Heidelberg: Springer 1980 (2., völlig überarb. u. ergänzte Aufl. 1989).
Schönpflug, W. & Schönpflug, U.: Psychologie. Allgemeine Psychologie und ihre Verzweigungen in die Entwicklungs-, Persönlichkeits- und Sozialpsychologie. München: Psychologie Verlags Union 1983 (2., durchges. Aufl. 1989).
Schulz von Thun, F.: Miteinander reden. Störungen und Klärungen. Psychologie der zwischenmenschlichen Kommunikation. Reinbek: Rowohlt 1981.
Ulich, D.: Das Gefühl. Eine Einführung in die Emotionspsychologie. München: Psychologie Verlags Union, 2., durchges. u. erg. Aufl. 1989.
Zimbardo, P. G.: Psychologie. Ein Lehrbuch. Berlin: Springer, 4., neubearb. Aufl. 1983.

3. Psychische Grundprozesse II: Entwicklungsprozesse

Ging es im vorangehenden Abschnitt um Prozesse, die zu einem gegebenen Zeitpunkt ablaufen (horizontale Achse), so sind nunmehr solche Vorgänge zu besprechen, die situationsüberdauernde Veränderungen mit sich bringen (vertikale Achse). Mit anderen Worten: Es geht um Veränderungen der Personmerkmale (Dispositionen), welche ja neben der Situation bestimmen, daß die aktuellen Vorgänge so und nicht anders ablaufen. Solche Veränderungen der Person bezeichnet man bekanntlich als Entwicklung, und daher nennen wir die Prozesse, um die es hier geht, Entwicklungsprozesse.

a) Menschen befinden sich ständig in Entwicklung

Genau besehen wird der Begriff der Entwicklung mit unterschiedlichen Bedeutungen verwendet. Im engeren Sinne beschränkt er sich auf die altersbezogene Entwicklung. Sie ist der typische Gegenstand der „Entwicklungspsychologie". Wenn wir allgemeiner von der Veränderung personaler Dispositionen sprechen, so gehören dazu aber nicht nur solche, die üblicherweise mit dem Lebensalter eintreten, sondern z. B. auch Veränderungen aufgrund von Berufserfahrungen oder bedeutsamen Erlebnissen („Dieses Ereignis hat Karl in seiner Entwicklung vorangebracht"). Solche Veränderungen können ganz personspezifisch, ganz „individuell“ sein und können mitunter schon in kurzen Zeiträumen eintreten. Wenn z. B. eine Unterrichtsstunde den Wissensbestand erweitert, wenn beruflicher Erfolg Schüchternheit verringert, wenn das Erlebnis eines Diebstahls neue Gewohnheiten zur Sicherung von Eigentum veranlaßt, dann sind dies bereits Dispositionsveränderungen. Insofern entwickeln sich Menschen also ständig ein wenig weiter. Um Entwicklung in diesem nicht-altersbezogenen Sinne geht es im Kontext von Therapie, Erziehung, Training und dgl., also unter anderem in der Klinischen und Pädagogischen Psychologie. – Zusammengefaßt:

- Entwicklung im engeren Sinne: Veränderungen der Person mit dem Lebensalter.
- Entwicklung im weiten Sinne: Jegliche Veränderung personaler Dispositionen, sowohl alterstypisch wie persontypisch, sowohl langfristig wie relativ kurzfristig. – In diesem umfassenden Sinne, also für die „ganze“ Personentwicklung, verwenden wir den Begriff.

b) Reifen und Lernen

Die Prozesse, die die Entwicklung vorantreiben, heißen Reifen und Lernen.

Reifen ist hier rein biologisch und nicht in wertendem Sinne („Sie ist viel reifer und vernünftiger geworden“) zu verstehen. Reifungsprozesse bestehen in genetisch gesteuerten Organveränderungen (z. B. im Wachsen von Nervenbahnen) und betreffen sowohl das allgemein-menschliche Genprogramm, das sich im Heranwachsen und Altern zeigt, als auch das individuelle Genprogramm, das zur Herausbildung personspezifischer Merkmale führt. Gewöhnlich wird zwar der Ausdruck „Reifen“ eher im Kontext der alterstypischen Entwicklung verwendet und der Ausdruck „Anlage“ im Kontext individueller Merkmale, dennoch: Beide Begriffe gehören zusammen. Etwas psychologischer formuliert, könnte man zusammenfassen: Reifen ist die Veränderung personaler Dispositionen aufgrund einer vorprogrammierten Entfaltung von Anlagen

Es ist unumstritten, daß das körperliche Wachstum und die Ausbildung individueller Körpermerkmale (z. B. Körpergröße, Augenfarbe, Haarfarbe) ganz oder weitgehend auf Reifungsprozessen beruhen (wenn man von physischen Umwelteinflüssen wie der Ernährung einmal absieht). Was jedoch die psychische Entwicklung – das Verhalten und Erleben – anbelangt, so ist es eine bleibende Streitfrage, welche Merkmale in welchem Ausmaß reifungs- oder lernabhängig sind. Dabei darf man sich übrigens nicht von „Theorien“ irreleiten lassen, wie sie zuweilen in alltagssprachlichen Begriffen wie selbstverständlich enthalten sind. So ist das Laufen-„Lernen“ wie andere psychomotorische Entwicklungen der ersten Lebensjahre primär ein Reifungsergebnis, während die sog. Schul„reife“ sich durchaus auch als lernabhängig erwiesen hat und eher „Schulfähigkeit“ und „Schulbereitschaft“ heißen sollte (vgl. etwa Nickel 1982).

Die meisten Psychologen gehen davon aus, daß prinzipiell Reifung und Lernen zusammenwirken und daß das Lernen selbst dann, wenn es für ein Entwicklungsergebnis überragendes Gewicht besitzt (z. B. bei Sprachfertigkeiten, Sachkenntnissen usw.), nur auf einem gewissen Reifungsniveau vonstatten gehen kann. Die organismischen Voraussetzungen zum Lernen – sowohl die altersgemäße Ausreifung von Nervenbahnen, Sinnesorganen usw. als auch die individuellen Lernmöglichkeiten (soweit sie anlagebedingt sind) – müssen also in jedem Fall durch die Entfaltung der Anlagen bereitgestellt werden.

Im Vergleich zum Lernen nimmt das Reifen in der psychologischen Literatur im ganzen einen relativ kleinen Raum ein, abgesehen vielleicht von entwicklungspsychologischen Kapiteln über die ersten Lebensjahre und die Pubertät. Der Grund ist leicht zu erkennen: Handelt es sich beim Reifen um ein biologisches Geschehen, so ist das Lernen nicht nur ein idealer Gegenstand experimenteller Forschung, sondern hat auch eine überragende Bedeutung für Praxisfelder, in denen es um planmäßige Veränderungen geht (Erziehung, Unterricht, Beratung, Therapie, Werbung usw.). Dies bedeutet nicht unbedingt, daß damit in der Psychologie dem Reifen generell geringe Bedeutung beigemessen wird. Im Prinzip ist dies vielmehr durchaus kontrovers. Insgesamt hat sich allerdings in der Entwicklungspsychologie der letzten Jahrzehnte ein Trend von starker Reifungsorientierung (zumindest in der deutschsprachigen Psychologie waren entsprechende „Phasentheorien“ sehr verbreitet) zu stärkerer Lernorientierung abgezeichnet.

Lernen darf keineswegs nur in einem schulähnlichen Sinne verstanden werden (bewußte Aneignung von Kenntnissen und Fertigkeiten), sondern hat eine breitere Bedeutung, die meist definiert wird als die relativ andauernde Veränderung von Verhalten und Erleben aufgrund von Erfahrungen (also nicht durch Reifung, Verletzung usw.). Auf unser System bezogen: Es ist die Veränderung der Person bzw. der personalen Dispositionen aufgrund von Erfahrungen.

Lernen steht damit nicht in linearer Reihe neben den vorher besprochenen Prozessen, sondern sozusagen quer dazu – als Prozeß, der *alle* zuvor beschriebenen aktuellen Grundprozesse verändert: das Wahrnehmen, das Denken, die Motivation/Emotion, die Bewegung und damit auch die Kommunikation. Diese Veränderungen müssen situationsüberdauernd, eben Ausdruck von Dispositionsveränderungen, sein, damit man von Lernen

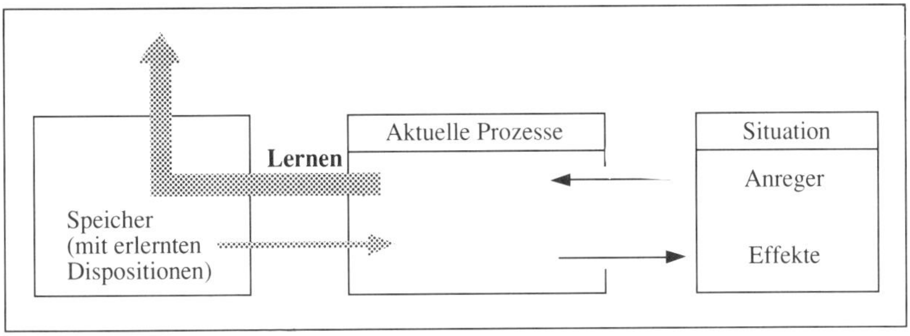

Tafel 14: Aktuelle Prozesse hinterlassen „Spuren“ = Lernen. Umgekehrt wirkt früheres Lernen in die aktuellen Prozesse hinein

sprechen kann. Einzig in einer Zeitperspektive – ein Vorgang wirkt in die Zukunft hinein – hat der Lernbegriff seine eigene Bedeutung. Wenn sich die aktuelle Motivation eines Menschen verändert (z. B. durch eine neugierweckende Aufgabe), ist dies noch kein Lernen. Wenn sich aber das Motiv verändert und die Person in Zukunft leichter für solche Aufgaben ansprechbar ist, hat Lernen stattgefunden.

Das Lernen führt also dazu, daß bestimmte Prozesse in Zukunft anders ablaufen. Umgekehrt aber ist das Lernen gewissermaßen die „Nachwirkung“ der aktuellen Prozesse, die sich in der Auseinandersetzung mit einer konkreten Situation abspielen. Denkvorgänge, Verhaltensweisen und andere Prozesse können zwar ein rein momentanes (ein „flüchtiges“) Geschehen bleiben; sie können aber auch „Spuren“ hinterlassen, irgendwie als „Erfahrung“ gespeichert werden, und in diesem Fall haben sie zugleich einen Lernaspekt (s. Tafel 14).

Lernen ist nur soweit möglich, wie der Organismus die Fähigkeit zum „Speichern“ besitzt. In diesem Zusammenhang fällt einem der Begriff „Gedächtnis“ ein. Die Begriffe Lernen und Gedächtnis gehören unmittelbar zusammen. Allerdings hat man beim Begriff „Lernen“ eher das Aufnehmen im Auge, beim „Gedächtnis“ eher das Behalten und Reproduzieren. Außerdem denkt man bei Gedächtnis primär an das Speichern von „Wissen“. Da aber z. B. auch Vorlieben oder sportliche Fertigkeiten gelernt werden können, muß es hierfür ebenfalls ein „Gedächtnis“ geben. Um diese weite Bedeutung auszudrücken, sprechen wir allgemeiner von „Speicherfähigkeit“.

Lernvorgänge schaffen nicht nur neue *Formen* und *Inhalte* des Verhaltens und Erlebens, wie Wahrnehmungsgewohnheiten, Wissen, Denkstrategien, Motive, motorische Fertigkeiten usw. Gelernt wird auch – was oft übersehen wird – das *Wo und Wann ihres Einsatzes,* also bestimmte Bezüge zu

Was wird gelernt? (Lernergebnisse)	Wie wird gelernt? (vermittelnde Prozesse)	Wo wird gelernt? (Lernanregung)
Dispositionen	**Lernarten**	**Umwelt**
(Inhalte, Formen und Situationsbezüge von Kompetenzen, Motiven u. ä.)	(Verschiedene Prozesse der Erfahrungsspeicherung)	(Konfrontation mit Situationen in verschiedenen Umweltbereichen)

Tafel 15: Beziehung zwischen drei lern-relevanten Begriffen

Situationsmerkmalen. Beispielsweise werden nicht nur sprachliche Wendungen gelernt, sondern auch, bei welchen Anlässen, gegenüber welchen Personen usw. sie anzuwenden sind (man denke etwa an Grußformeln). Auch wenn manche Verhaltensformen gänzlich oder weitgehend ein Reifungsergebnis sind (z. B. Schreien, mimische Erscheinungen), kann es doch durchaus überwiegend vom Lernen abhängen, mit welcher Häufigkeit, bei welchen Gelegenheiten usw. sie auftreten. Auch dies wird zum Bestandteil der „Dispositionen".

Als Übergang zum nächsten Abschnitt über Arten des Lernens haben wir das Verhältnis von drei Kernbegriffen bzw. Fragestellungen, die das Lernen betreffen, in Tafel 15 stichwortartig zusammengefaßt.

c) Arten des Lernens

Daß Lernen stattfindet, kann man nicht direkt beobachten, sondern nur aus geändertem Verhalten und Erleben erschließen. Die Annahmen über das Wesen der Vorgänge, die den Veränderungen zugrunde liegen, sind Gegenstand zahlreicher Theorien und Untersuchungen. Eine einheitliche Erklärung für alle Lernphänomene – „die" Theorie „des" Lernens – wird heute kaum noch vertreten. Vielmehr geht man von unterschiedlichen „Arten" (oder „Formen") des Lernens aus. Die Einteilungen variieren allerdings und ebenso die Namen, unter denen eine Lernart geführt wird (beides ein häufiges Ärgernis für Studierende!).

Die folgende Einteilung in sechs Typen gibt die Lernarten wieder, die heute in Lehrbüchern besonders häufig erwähnt werden, wenngleich die Autoren mal hier, mal dort gröber oder feiner unterteilen (vgl. Gagné 1980; Gage & Berliner 1986; Weinert u. a. 1974; Edelmann 1986). Um zu verstehen, warum es überhaupt unterschiedliche Prozesse des Lernens gibt und welche Relevanz sie für Praxisprobleme haben, ist das Augenmerk vor allem darauf zu richten, welche *Funktion* sie im psychischen Geschehen einnehmen, das heißt, *wofür* – für welche Lernergebnisse bzw. personalen Dispositionen – sie besonders bedeutsam sind.

1. Die sog. *klassische Konditionierung* (auch: Signallernen, respondente/reaktive Konditionierung, bedingter Reflex) gilt als die einfachste Lernart; man findet sie schon bei sehr niedrigen Organismen. Ihre Bedeutung liegt im „Anbinden" von unwillkürlichen Reaktionen an bestimmte Reize. Entgegen einem Eindruck, der durch die häufige Schilderung des berühmten Experiments ihres Entdeckers (des russischen Physiologen Pawlow) zuweilen entstehen kann, geht es dabei keineswegs nur um Speichelreaktionen bei Hunden! Für die Menschen besonders wichtig ist vor allem das Lernen von Affektauslösern, also die Ausbildung emotionaler Reaktionen auf bestimmte situative oder auch innere Reize (z. B. Vorstellungen). Ein anschauliches und ebenfalls vielzitiertes Beispiel ist die Geschichte vom kleinen Albert, einem 10 Monate alten Jungen, dem Watson und Rayner 1920 eine Angstreaktion vor einer hübschen weißen Ratte „ankonditionierten", mit der das Kind zuvor zu spielen pflegte. Das Prinzip: Das Auftauchen der Ratte wurde mehrfach mit einem erschreckenden Geräusch gekoppelt und wurde so schließlich selbst zum Angstauslöser. Wenngleich Angstreaktionen sicher ein auffälliges und praktisch sehr bedeutsames Beispiel sind (man denke an unfallbedingte Ängste, an Angst vor dem Vater oder anderen Autoritätspersonen, die mit Strafe assoziiert sind), so erstreckt sich doch das Prinzip der klassischen Konditionierung auf emotionale Reaktionen aller Art, also auch auf positive Gefühlsreaktionen bei Personen, Gegenständen, Orten usw., die mit angenehmen Erfahrungen verbunden waren.

Da durch klassische Konditionierung *Re*aktionen auf bestimmte Reize gelernt werden, hat sie sozusagen ihren Schwerpunkt auf dem „aufnehmenden" Strang. Anders ist dies bei der nächsten Lernart.

2. *Lernen am Erfolg und Mißerfolg* (auch operante oder instrumentelle Konditionierung, Lernen durch Bekräftigung/Verstärkung): Hier beruht das Lernen auf den *Effekten* (Konsequenzen), die durch eine Aktivität entstehen, und insofern liegt der Akzent auf dem „einwirkenden" Strang. Dabei lassen sich 5 Typen von Effekten unterscheiden:

- Ein positives Ereignis tritt ein: Dies ist die positive Bekräftigung oder „Belohnung". Beispiel: Beachtung, Zuwendung, gute Leistungsergebnisse.
- Ein negativer Zustand hört auf oder wird vermieden: Dies ist die sog. negative Bekräftigung, die aber ebenfalls positiv erlebt wird, nämlich als „Erleichterung". Beispiel: Angstreduktion durch Weglaufen, Abwehr eines Angriffs.
- Ein negatives Ereignis tritt ein: Bestrafung Typ I (aversive Bestrafung). Beispiel: Prügel, Beschimpfung.

- Etwas Positives wird entzogen: Bestrafung vom Typ II (durch Verlust). Beispiel: Taschengeldkürzung.
- Das Verhalten bleibt ohne Konsequenzen: sog. Nichtbekräftigung (Löschung). Beispiel: Ein Verhalten wird nicht beachtet.

Die Effekte können zum einen durch „Versuch und Irrtum" zustandekommen (worauf Thorndike in seinen Pionierarbeiten den Akzent legte) oder durch systematische „Verhaltensformung" von außen (womit sich vor allem Skinner theoretisch und praktisch beschäftigte) oder durch die Nachahmung eines erfolgreichen Vorbildes (Modells) oder als Ergebnis planmäßigen produktiven Denkens (hier wären also mehrere Lernarten miteinander verbunden).

Keineswegs geht es bei dieser Lernart nur um Bekräftigungen, die durch andere Menschen erteilt werden (Lob und Tadel, Zuwendung usw.), wenngleich sie in solcher Weise oft praktisch genutzt wird (Erziehung, Therapie). Gelernt wird auch an selbstproduzierten äußeren Effekten (z. B. beim Üben eines Musikinstrumentes am erzeugten Ton) oder an inneren Effekten (Angstreduktion, Nervenkitzel, Selbstbewertungen bzw. Selbstbekräftigungen usw.). Welche Effekte in welcher Weise wirken, hängt natürlich von der Motivation des betreffenden Menschen ab. Was für den einen eine positive Bekräftigung ist, kann für den anderen irrelevant sein oder gar als Strafe empfunden werden.

Wilhelm Busch über

Selbstbekräftigung

„Da sprach er mild und guten Mutes:
„Ein guter Mensch kriegt auch was Gutes!"

(Maler Klecksel)

Das Lernen am Erfolg hat einen außerordentlich breiten Wirkungsbereich: Es bildet nicht nur soziale, sprachliche, gedankliche und sportliche Fertigkeiten aus, sondern – mit der Erfolgserwartung – auch Motive zur Ausübung bestimmter Handlungen und weiterhin Bezüge zu Situationsmerkmalen (sog. Hinweisreizen), bei denen der Einsatz des gelernten Verhaltens sozusagen „paßt".

3. Das *Lernen am Modell* (Lernen durch Beobachtung, Imitationslernen) hat einen ähnlich breiten Geltungsbereich wie das Lernen am Erfolg. Es gibt kaum etwas – von der Bedienung einer Maschine über das Sprechen bis zu Speisenvorlieben und Einstellungen zu anderen Menschen – was nicht (zumindest teilweise) per Modell erworben werden kann. Diese Lern-

art ist außerordentlich ökonomisch: Mit einem Schlage können (wenngleich zunächst oft noch unvollkommen) relativ komplexe Verhaltensmuster erworben werden, während das Bekräftigungslernen immer auf bereits vorhandene Ansätze angewiesen ist und diese dann stabilisiert, fördert und verfeinert. Aufs Ganze gesehen, ist das Modellernen für den *Erwerb* neuer Verhaltensweisen verantwortlich, während das Lernen am Effekt vor allem ihre Ausübung (ihren Einsatz, ihre Häufigkeit) bestimmt (vgl. Bandura 1979). So ist es auch möglich, daß durch ein Modellverhalten zwar etwas gelernt, aber nicht ausgeführt wird (viele Menschen kennen z. B. Tötungsmethoden, die ihnen im Fernsehkrimi vorgeführt wurden, ohne davon jemals Gebrauch zu machen). Das eigentliche Lernen betrifft also nur die Aneignung, die Speicherung im Gedächtnis, nicht die sichtbare Ausführung. Diese hängt, wie jedes Verhalten, von vielen personalen und situativen Faktoren ab. Neben den erwarteten Konsequenzen können dazu wiederum Modelle gehören: Man tut das, was andere auch tun (z. B. sich an einer Warteschlange anstellen). Hier ist das Modell aber nur situative Bedingung, nur Anregungsfaktor für ein Verhalten, das man bereits gelernt hat, und insofern handelt es sich dann nicht um „Lernen" am Modell.

4. Das *Lernen von sprachlichen Assoziationen* (zuweilen auch unter „Kontiguitätslernen" zu finden, das aber nicht nur sprachliche Inhalte betrifft) bezieht sich auf die Herstellung *mechanischer* Verbindungen zwischen Bewußtseinsinhalten, etwa zwischen Gegenständen und Worten (z. B. das Benennen von Pflanzen) oder mehreren Worten untereinander (feste Satzmuster, Gedichte usw.). Die Verbindung ist hergestellt, wenn das eine Glied das andere automatisch hervorruft (beim Sehen eines Gegenstandes oder einer Person fällt einem der Name ein, beim Aufsagen des Alphabets zieht ein Buchstabe den anderen nach sich). Sofern man sich solche Verbindungen bewußt einprägt, spricht man auch von Auswendiglernen. Diese Lernart ist immer dort von Bedeutung, wo die Verbindung von mehreren Elementen willkürlicher – man kann auch sagen: zufälliger – Natur ist, also nicht durch Logik und Einsicht ableitbar (warum heißt ein Stuhl „Stuhl"?). Vielfach erscheinen (!) dem Lernenden die Verbindungen allerdings nur willkürlich, so daß er mechanisch auswendig lernt, wo er Sinnzusammenhänge erwerben sollte. – Als analoge Verbindung zu sprachlichen Assoziationen werden zuweilen motorische Sequenzen genannt. Hier werden aus Einzelbewegungen durch mechanisches Üben umfassendere Bewegungsabläufe gebildet (vgl. sprachliche Ketten und motorische Ketten bei Gagné 1980).

5. *Lernen von Begriffen und Regeln* (verwandte, etwas allgemeinere Bezeichnungen: sinnvolles/bedeutungshaltiges Lernen und – zusammen mit Problemlösen – kognitives Lernen). Hier geht es um den Erwerb von *Sinnzusammenhängen* verschiedener Art, wobei häufig Begriffe und Re-

geln als typische Formen genannt und zuweilen auch in zwei Lernarten gegliedert werden (vgl. Gagné). sie machen den überwiegenden Teil dessen aus, was man als „Wissen" bezeichnet, wenngleich darunter auch mechanische Assoziationen (z.B. Bezeichnungen) verstanden werden.

Begriffe sind gedankliche Einheiten bzw. Bedeutungskomplexe, die eine Vielfalt von Erscheinungen ordnen und zusammenfassen. Regeln (Lehrsätze usw.) sind eine Verbindung aus mehreren Begriffen. Der Unterschied zu den Assoziationen liegt darin, daß die Verbindungen nicht zufälliger Art sind, sondern inhaltlich „verstanden" werden. Es ist beispielsweise ein Unterschied, ob man die Bezeichnungen für die hier erwähnten Lernarten oder gar die Erläuterungen auswendig reproduzieren kann, oder ob sich der Sinngehalt der Worte zu einem Gefüge von Beziehungen – Gemeinsamkeiten, Unterschieden, prinzipiellen Aussagen und nachvollzogenen Beispielen usw. – organisiert. Der Grad der Sinnhaltigkeit nimmt daher auch nicht einfach mit der *Zahl* der Assoziationen (Vorstellungen) zu, die man mit einem Begriff oder einer Aussage verbinden kann, sondern mindestens ebenso wichtig ist ihr *Ordnungsgrad*. Dazu gehört, daß die Wissenselemente in eine Hierarchie von Über- und Unterordnungen, in eine Kombination von Ursache-Wirkungs-Beziehungen, Gegensätzen, Ergänzungsverhältnissen usw. gebracht werden (ausführlich Ausubel u. a. 1980; vgl. auch Kap. 2 und 9 über die Aneignung psychologischen Wissens).

Solche Ordnungsgefüge, sog. „kognitive Strukturen", beziehen sich übrigens nicht nur auf Sachinformationen, wie sie beim schulischen und akademischen Lernen vorherrschen, sondern auch auf Ideologien, Wertordnungen usw., an denen man persönliche Stellungnahmen und Handlungen orientiert. Auch haben einzelne Begriffe oftmals nicht nur einen sachlichen Sinngehalt (sog. denotative Bedeutung), sondern auch einen emotional-wertenden Gehalt (sog. konnotative Bedeutung), der ihnen durch kulturelle, politische oder individuelle Lernprozesse verliehen wurde (vgl. Edelmann 1986). An Begriffen wie „Spinne", „autoritär", „pazifistisch", „multinationale Konzerne" usw., an sozialen Vorurteilen (Begriff „des" Deutschen, „des" Juden usw.) oder am Selbstbild (Bedeutungskomplex von „Ich") ist dies leicht nachzuvollziehen. Begriffe und andere kognitive Strukturen bestimmen daher keineswegs nur die intellektuellen Leistungen, sondern auch das zwischenmenschliche, politische und sonstige Verhalten mit.

Regeln können sich im übrigen außer auf Sachverhalte auch auf Tätigkeiten, auf Vorgehensweisen im Umgang mit Sachverhalten beziehen. Beispiele dafür reichen von handwerklichen Fertigkeiten bis zu Lerntechniken oder Problemlösestrategien.

6. Das *Problemlösen* (verwandte Begriffe: produktives Denken, entdeckendes Lernen, Lernen durch Einsicht) gilt als die höchste Stufe des kognitiven Lernens und des Lernens überhaupt. Hier lernt eine Person eine neue

Regel, die sie – anders als bei der vorangehenden Lernart – selbständig entdeckt hat. Ein bloßes Ergebnis von Versuch und Irrtum („Wenn man an dem Kabel wackelt, geht der Apparat wieder") zählt allerdings nicht dazu; die Person muß „Einsicht" in einen Zusammenhang gewonnen haben. Der Vorgang der Herstellung des neuen Zusammenhangs wird häufig als „Umstrukturierung" bezeichnet, da sich das Zueinander der Situationselemente verändert (ein Gegenstand wird zum Werkzeug für einen bestimmten Zweck, ein Vorgang zur Ursache für eine Wirkung usw.). Solche Umstrukturierungen bzw. Problemlösungsprozesse sind immer dann vonnöten, wenn eine Person aus ihrem Wissensbestand für die betreffende Aufgabe keine Regel abrufen kann, die die Lösung darstellt (vgl. Dörner 1976). Eine neue Lösung zu finden, wird erleichtert, wenn man dabei auf bestimmte Regeln des Vorgehens (Strategien) zurückgreift, die man sich aufgrund früherer Problemlösungen angeeignet hat (vgl. S. 50). Wie die vorangehende Lernart ist auch das Problemlösen nicht nur für akademische, technische und ähnliche Probleme von Bedeutung, sondern ebenso für soziales Verhalten (z. B. Konfliktlösungen im Alltag) oder für Selbstveränderungen bei Verhaltensproblemen (vgl. Watzlawick u. a. 1974; Kämmerer 1983).

Insbesondere die letzten drei Lernarten legen nahe, das Verhältnis zu anderen Begriffen klarzustellen.

So ist in vielen Lehrbüchern das Lernen von sprachlichen Assoziationen und von sinnhaltigem Material unter der Überschrift *Gedächtnis* zu finden. Dabei geht es dann ganz überwiegend um das Langzeitgedächtnis, weniger um das Kurzzeitgedächtnis (mit dem wir für einige Sekunden mehrere Inhalte, z. B. Wörter eines Satzes, gleichzeitig im Bewußtsein halten und das somit eigentlich ein Aspekt aktuellen Denkens ist).

Weiterhin findet man einen ähnlichen Themenkreis unter der Überschrift *Wissenserwerb*. Beim Wissen werden dann häufig verschiedene Typen unterschieden (vgl. etwa Mandl, Friedrich & Hron 1986):

(1) Wissen über Sachverhalte (deklaratives Wissen; „wissen, daß ..."):
  a) sinnarmes, assoziatives Wissen: Bezieht sich auf Namen, Zahlen, Einzelfakten; wird erworben nach Lernart 4 (Lernen von sprachlichen Assoziationen).
  b) sinnhaltiges, komplexes Wissen: Bezieht sich auf Begriffe und Regeln; wird erworben nach Lernart 5 (nachvollziehend) oder auch Lernart 6 (eigenes Entdecken).

(2) Wissen über Vorgehensweisen (prozedurales Wissen, „wissen, wie ..."): Bezieht sich auf Strategien, Techniken, Ausführungsgewohnheiten und dgl., ist teilweise kein mitteilbares „Wissen" im üblichen Sinne, sondern etwas in „in Fleisch und Blut Übergegangenes"; wird erworben über verschiedene Lernarten, vor allem wohl Modell-, Erfolgs-, Regellernen und Problemlösen.

Auch den Querbezug zu *Denken* möchten wir vorsichtshalber nochmal ansprechen. Denn Stichworte wie „Begriff" und „Problemlösen" (s. Lernarten 5 und 6) sind in der Literatur sowohl unter der Rubrik „kognitives Lernen" als auch unter „Denken" zu finden. Wie früher schon angedeutet (S. 64), ist beides möglich. Meint man den *aktuellen* Vorgang, bei dem kognitive Strukturen wie Begriffe oder Lösungsprinzipien aktiviert werden, so handelt es sich um „Denken". Meint man hingegen die *Veränderung* solcher Strukturen, etwa als Folge einer Belehrung oder einer selbständig gewonnenen Einsicht, so wäre dies „Lernen". Allerdings gibt es auch Lernen ohne Denken; insbesondere die klassische Konditionierung und das Lernen am Erfolg/Mißerfolg, zum Gutteil wohl auch das Lernen am Modell können sich ganz oder weitgehend „unbewußt" abspielen.

Ob man die Lernprozesse in die vorgestellten sechs Typen oder etwas anders gliedert – es dürfte deutlich geworden sein, was mit Arten des Lernens gemeint ist. Es handelt sich um verschiedene Vorgänge und nicht etwa um Lern-„Methoden". Allerdings lassen sich die Prozesse durch Herstellung bestimmter situativer Bedingungen (die man als „Methoden" des Unterrichts, der Erziehung usw. ansehen kann) herbeiführen und fördern.

Die Arten von Prozessen, nach denen sich Lernen vollzieht, sind insofern universell gültig, als sie generell psychisches Geschehen verändern, gleichgültig, ob es sich um die „normale" Entwicklung oder eine „Fehlentwicklung" handelt, ob sie durch Erziehung, Unterricht, Psychotherapie oder „das Leben" herbeigeführt werden.

d) Lernübertragung

Lernen, so sagten wir, hat einen Zukunftsaspekt. Es sorgt dafür, daß Lebewesen für die Auseinandersetzung mit den Anforderungen einer Situation anders „disponiert" sind als ohne den jeweiligen Lernvorgang. Diese Funktion wäre allerdings schlecht erfüllt, wenn das Gelernte nur in solchen Situationen wirksam würde, die der ursprünglichen Lernsituation aufs Haar gleichen. Stellen Sie sich vor, ein Kind, das den Buchstaben „M" in schwarzer Schrift kennengelernt hat, würde ihn in roter Schrift nicht mehr wiedererkennen, oder wir müßten, wenn wir auf einem Pkw vom Typ A das Autofahren gelernt haben, bei einem Wagen vom Typ B von Grund auf alles noch mal lernen. Zum Glück übt früher Gelerntes auch in mehr oder weniger veränderter Situation seinen Einfluß aus, und diese Erscheinung wird gewöhnlich als Lernübertragung oder Transfer bezeichnet. Sie ist keine eigene Lernart, sondern ein allgemeines Phänomen von Lernen schlechthin, egal um welche Lernart es geht.

So kann denn auch alles, was gelernt wurde, in gewissem Maße übertragen werden. Zwar mag man zunächst an Wissen und Fertigkeiten denken, aber es gilt ebenso für Dispositionen wie Einstellungen und emotionale Reaktionsbereitschaften (z. B. kann jemand durch bestimmte Erfahrungen Ängstlichkeit gegenüber dem Vater erwerben, die sich dann auch gegenüber anderen Autoritätspersonen äußert), für moralische Prinzipien, Weltbilder, Ideologien, Selbsteinschätzungen („von Technik verstehe ich nichts") u. a. m.

Mit welchen Wirkungen wird transferiert? Das früher Gelernte kann sich förderlich oder hinderlich auswirken, und je nachdem spricht man von einem *positiven* oder einem *negativen* Transfer. Ein deutscher Schüler wird beim Lernen des englischen Wortes „book" vermutlich von der Kenntnis des deutschen Wortes „Buch" profitieren (positiver Transfer), während ihn die Bedeutung der deutschen Worte „wer" und „wo" beim Lernen der Bedeutung von „who" und „where" zu behindern pflegt (negativer Transfer). Oder wenn einer Person beim Problemlösen eine eingeübte Methode zum richtigen Einfall verhilft, ist dies ein positiver Transfer, behindert sie hingegen beim notwendigen Umdenken, ist es ein negativer. Und so sehr das erwähnte Fahrtraining auf Wagentyp A auch für andere Typen von Nutzen ist – gewisse Anteile von negativem Transfer können ebenfalls einfließen, wie jeder weiß, der bei einem neuen Wagen den Blinker aus alter Gewohnheit an der falschen Stelle sucht.

Mit welcher Reichweite wird transferiert? Dies kann sehr unterschiedlich sein. Der Transfer kann ganz *spezifisch* sein, wie etwa bei dem Beispiel „Buch – book" oder den Fertigkeiten der Autobedienung. Er kann aber auch ziemlich *unspezifisch,* genauer: inhaltsunspezifisch, sein. Dies gilt etwa für Lern- und Arbeitstechniken, die sich in unterschiedlichsten Fächern verwenden lassen, ebenso für manche Problemlösestrategien und sicher für viele Einstellungen zu sich und anderen Menschen. Dazwischen liegen Übertragungen mittlerer Spezifizität, wie z. B. bei mathematischen Regeln mit einer breiten Gültigkeit innerhalb des Inhaltsbereichs Mathematik.

Eine gewisse Lernübertragung ist, wie oben erwähnt, mit jedem Lernen zu erwarten. Allerdings nicht immer genau mit der Reichweite, die sachgerecht und wünschenswert wäre. So können etwa bestimmte Prinzipien zur Analyse von Problemen, sachlich gesehen, auf viele Bereiche übertragbar sein, doch stellt sich die intellektuelle Befähigung zu solch unspezifischem Transfer nicht von selbst ein. Es reicht nicht einmal, daß man die Prinzipien als allgemeingültig „verstanden" hat – das Transferieren selbst muß geübt werden, und zwar an verschiedenartigen Beispielen (vgl. Gage & Berliner 1986). Auf der anderen Seite gibt es viele Übertragungen, die zuweit gehen, die sich auf Situationen erstrecken, wo sie nicht passen (s. die erwähnten Beispiele für negativen Transfer, weiteres Beispiel: Vorurteile). Hier ist dann ein Lernprozeß nötig, der zum Differenzieren zwingt. Er wird auch „Diskriminationslernen" genannt und bildet den gegenläufigen Prozeß zur Lernübertragung.

Wir behandeln hier, was naheliegend ist, die Lernübertragung im Anschluß an die Lernprozesse. Da wir uns damit noch unter dem Obertitel „Entwicklungsprozesse" bewegen, müssen wir hinzufügen, daß die Lernübertragung genauso mit den aktuellen Prozessen zu tun hat. Dies ergibt sich schon aus vielen der vorher erwähnten Beispiele. Der Begriff der Lernübertragung wird in *beiden* Bedeutungen gebraucht: als Beeinflussung weiteren Lernens und als Beeinflussung aktueller Prozesse. Zunächst einmal wirkt sich das früher Gelernte im aktuellen Geschehen aus, im Wahrnehmen, Denken, Fühlen, Streben und Verhalten. Dann aber wirkt es auch in den Lernprozeß hinein, der sich aus dem aktuellen Geschehen ergibt. Beides ist gewöhnlich miteinander verquickt. Dennoch ist die Unterscheidung nicht unwichtig, weil das Schwergewicht mal hier, mal dort liegen kann.

So liegt manchmal das eigentlich Interessante in der aktuellen Übertragung auf die neue Situation. In diesem Sinne spricht man auch von *Generalisierung* (vornehmlich beim Konditionierungslernen) oder von *Anwendung* (vornehmlich beim kognitiven Lernen). Eine Förderung von Transferleistungen dieser Art zielt etwa darauf ab, daß bestimmte Regeln (z. B. der Dreisatzrechnung) auf ein möglichst breites Spektrum von Aufgaben angewandt werden können.

In anderen Fällen liegt der Schwerpunkt auf der Erleichterung oder Erschwerung neuen Lernens. In dieser Bedeutung ist der Transfer hier als ein Aspekt von Entwicklungsprozessen anzusehen. Im Grunde kann man sich die gesamte psychische Entwicklung – von der Reifung abgesehen – als eine endlose Kumulation von Lernprozessen vorstellen. Jedes Lernen *baut auf früherem Lernen auf.* Bestimmte Lernprozesse sind überhaupt nur möglich, wenn andere bereits stattgefunden haben. Will man Transferleistungen dieser Art gezielt fördern, so wird es darum gehen, das Lernen so zu organisieren, daß es von einfacheren zu immer komplexeren Kenntnissen fortschreitet (viele Bücher, so auch dieses, sind so aufgebaut). Dieses Aufeinanderaufbauen vom Einfachen zum Komplexen wird manchmal auch als vertikaler Transfer bezeichnet und dem latereralen (seitlichen) Transfer gegenübergestellt, der die breite Anwendung eines bestimmten Kenntnisniveaus meint (vgl. Gagné 1980).

Literaturempfehlungen

Edelmann, W.: Lernpsychologie. Eine Einführung. München: Psychologie Verlags Union, 2., völlig neu bearb. Aufl. 1986.

Steiner, G.: Lernen. Zwanzig Szenarien aus dem Alltag. Bern: Huber 1988.

4. Verhalten und innere Prozesse variieren mit Person und Situation

Vorangehend haben wir in allgemeiner Form beschrieben, um welche Arten von Prozessen es beim psychischen Geschehen überhaupt geht. Die konkreten Erscheinungsformen, in denen sie real vorkommen – also wie bestimmte Menschen sich verhalten, was sie denken, wozu sie motiviert sind, an welchen Erfolgen sie lernen usw. –, sind selbstverständlich unendlich vielfältig. Wie früher schon skizziert (S. 38), sind die Prozesse unterschiedlich je nach der Person und der Situation.

a) Aspekte der „Person"

Der Begriff „Person" hat genaugenommen verschiedene Bedeutungen. Im Alltag ist damit einfach ein „Mensch" gemeint („der Aufzug faßt 15 Personen"). Bei der psychologischen Beschreibung geht es noch um etwas Spezifischeres, nämlich um psychische Merkmale dieses Menschen. Genauer: Die psychologische „Person" meint das Gefüge psychischer *Dispositionen* einer Person. Wenn wir sagen, daß eine Person „sich verhält" und sich „in" ihr Prozesse abspielen, verstehen wir Person im Sinne von „Mensch". Wenn wir aber sagen, es liege an der Person (statt an der Situation), daß dieser Mensch gerade so denkt, fühlt, handelt usw., so sind damit seine psychischen Dispositionen gemeint. Typische Dispositionsbegriffe sind unter anderem: Eigenschaft, Charakterzug, Einstellung, Motiv, Fähigkeit, Fertigkeit, Gewohnheit („Karl interessiert sich für Malerei", „Eva ist redegewandt").

„Disposition" bedeutet, für bestimmte Prozesse „disponiert" zu sein, bedeutet, daß bestimmte Prozesse leicht und andere schwer auftreten. Dispositionen sind etwas, was ein Mensch in die Situation „mitbringt", was existiert, *bevor* die fraglichen Prozesse ablaufen. Wir sehen es daran, daß ein Mensch zu bestimmten Verhaltensweisen, Gefühlen, Denkweisen usw. „neigt". Zur Vorstellung von Dispositionen als Personmerkmalen gehört mithin, daß sie sich wiederkehrend äußern, daß sie einigermaßen *zeitstabil* sind.

Des weiteren versteht man „Neigungen" gewöhnlich als etwas, was einen Menschen von anderen *unterscheidet.* Die Aussage „Otto ist ehrgeizig" wäre ohne Sinn, wenn es keine Menschen gäbe, die nicht ehrgeizig sind. Zu dem, was ein Mensch in eine Situation „mitbringt", gehören nun aber strenggenommen auch *allgemein-menschliche* Dispositionen (Reflexe, biologische Bedürfnisse usw.). Sie sind zwar zeitstabil, aber eben nicht „individuell". Diese gemeinsame Ausstattung für psychisches Geschehen kann man in weitem Sinne noch zur „Person" rechnen.

Wenn wir davon einmal absehen und den Person-Begriff somit auf das *individuelle* Dispositionsgefüge beschränken, das gerade für die Unterschiedlichkeit von Verhalten und Erleben in derselben Situation sorgt, dann könnte man statt Person auch *Persönlichkeit* sagen. Die Begriffe werden in der Psychologie meist gleichbedeutend verwendet. „Persönlichkeit" ist dabei allerdings wertfrei, also ohne die positive Wertung zu verstehen, die in der Alltagsbedeutung mitschwingt („Herbert ist wirklich eine Persönlichkeit").

Nach alledem kann man „Person" oder „Persönlichkeit" etwa definieren als „ein bei jedem Menschen einzigartiges, relativ stabiles und den Zeitablauf überdauerndes Verhaltenskorrelat" (Herrmann 1976, S. 29). Diese Definition ist sehr theorieneutral und ist es wohl auch noch, wenn wir das, was da mit dem Verhalten korreliert (zusammenhängt), als Dispositionsgefüge bezeichnen. Wie man sich Dispositionen vorzustellen hat, darüber gehen die Ansichten dann allerdings recht weit auseinander.

Für die Alltagspsychologie scheint es da wenig Probleme zu geben: Man beschreibt die psychische Seite von Menschen in ähnlicher Weise wie ihre äußere Erscheinung, nämlich mit Eigenschaftswörtern. Ein Mensch ist beispielsweise „ängstlich", „ehrgeizig", „intelligent" usw. – so wie sein Haar „blond" ist. – Gehen wir einmal von dieser Art der Personbeschreibung aus, um die hauptsächlichen Streitpunkte zu erläutern.

1. Sind Dispositionen etwas Reales oder Gedachtes? Wenn man sich psychische Eigenschaften so vorstellt wie eine Haarfarbe, dann sind sie Merkmale, die dem Menschen tatsächlich „eigen" sind, die er „hat". Man kann sogar erwägen, ob es bestimmte organische Grundlagen (z. B. Merkmale des Gehirns) für Eigenschaften gibt. Die Gegenposition, die heute in der Psychologie vorherrscht, lautet etwa so: Wenngleich Menschen sich real unterscheiden, können wir ihre psychischen Merkmale doch nur schwer „fest"-stellen. Wir behelfen uns so, daß wir aus dem endlosen Strom des Verhaltens und Erlebens dieses und jenes zusammenfassen und zu einem Merkmal erheben. Daher sind „Eigenschaften" (und Dispositionen generell) letztlich etwas, was wir anderen Menschen (und uns selbst) *zuschreiben*. Und zwar sind es prinzipiell Konstruktionen im Kopf eines Urteilers („Konstrukte"), auch wenn er mit anderen übereinstimmt, und auch wenn er psychologisch sachkundig ist. Der Sachkundige allerdings wird sich des Konstruktcharakters eher bewußt sein als Laien, und für ihn lautet die entscheidende Frage: *Wie sinnvoll* ist es, Menschen zu beschreiben, indem man ihnen „Eigenschaften" zuschreibt? Hier geht es vor allem um folgenden Streitpunkt:

2. *Wie allgemein oder wie spezifisch soll man Dispositionen fassen?* Nehmen wir einmal an, alle Arbeitskollegen seien sich einig, der Franz sei „selbstbewußt" – wäre eine solche Charakterisierung nicht in jedem Fall zu pauschal? Ist er das wirklich überall, gegenüber Vorgesetzten genauso wie gegenüber Untergebenen, im dienstlichen Bereich genauso wie im privaten, bei erfolgsgetönten Situationen genauso wie in heiklen und peinlichen? „Eigenschaft", „Charakterzug", „Wesenszug" und ähnliche Begriffe werden ja gewöhnlich so verstanden, daß sie nicht nur zeitstabil sind (s. o.), sondern auch ziemlich *situationsstabil,* daß sie sich also in vielen verschiedenen Situationen zeigen. Diese Konsistenz im menschlichen Verhalten könnte man eben bezweifeln. Mit anderen Worten: Verhaltenserklärungen durch Eigenschaften vernachlässigen die Rolle der Situation.

Die Konsequenz aus diesen Einwänden wäre, die Dispositionen viel *spezifischer* zu fassen: „Wenn X anderer Meinung ist, widerspricht er allen Arbeitskollegen außer dem Z, jedenfalls wenn es um Themen geht wie . . ." (statt „ist selbstbewußt"). Oder: „Er brüllt seine Frau und seine Kinder häufig an, wenn er sich durchsetzen will, neigt aber nicht zu Racheakten" (statt „ist aggressiv"). Solche Dispositionsbeschreibungen, die man etwa als „Verhaltensgewohnheiten" bezeichnen könnte, geben Situationsbezüge (bei welchen Anlässen, gegenüber welchen Menschen usw.) mit an, und das macht sie spezifischer. Das Bild wird damit differenzierter und wohl auch realistischer, aber – das ist der Nachteil – solche Beschreibungen sind sehr aufwendig. Daher die Vorliebe für allgemeine „Eigenschaften".

Nun wäre diese Vorliebe auch sachlich zu rechtfertigen, könnte man nachweisen, daß mehrere spezifische Dispositionen untereinander zusammenhängen. Die Frage ist also, was man zu *einer* Disposition zusammenfassen und von anderen Konstrukten abgrenzen kann. Dies zu untersuchen ist ein Anliegen der empirischen Persönlichkeitsforschung.

Zu untersuchen wäre beispielsweise, ob jemand, der in Leistungssituationen mißerfolgsängstlich ist, zugleich in sozialen Kontakten ängstlich ist, zugleich bei sportlichen Übungen, beim Arzt, beim Autofahren usw. Je mehr dies zutrifft, um so eher könnte man von einer Eigenschaft „Ängstlichkeit" sprechen, sonst müßte man verschiedene „Ängstlichkeiten" unterscheiden.

Nun hängen aber, wie die Forschungen zeigen, manche Erscheinungen eng zusammen, manche gar nicht und viele *in gewissem Grade.* Und dies kann auch noch von Mensch zu Mensch verschieden sein: Was sich bei A zu einer durchgehenden Neigung zusammenschließt, zerfällt bei B möglicherweise in verschiedene „kleine" Dispositionen: „Vielleicht ist es am sinnvollsten anzunehmen, daß die meisten Menschen manchmal in ihrem Verhalten konsistent sind, in der übrigen Zeit aber variabel (. . .). Man kann z. B. von jedermann erwarten, daß er Konsistenz in Bereichen zeigt, die wichtig und

Beispiel: Selbstsicherheit

„Mit dem Begriff der Selbstsicherheit ist die Fähigkeit eines Individuums gemeint, in Relation zu seiner Umgebung eigene Ansprüche zu stellen und sie auch zu verwirklichen. Dazu gehört also, sich zu erlauben, eigene Ansprüche zu haben (Einstellung zu sich selbst), sich zu trauen, sie zu äußern (soziale Angst, Hemmung) und die Fähigkeit zu besitzen, sie auch durchzusetzen (soziale Fertigkeiten)."

Tafel 16: Selbstsicherheit, definiert als Disposition mit Subdispositionen (aus: Ullrich de Muynck & Ullrich 1973, S. 254)

bedeutungsvoll für ihn sind. Die Konsistenzbereiche unterscheiden sich also von Individuum zu Individuum. Für manche mag es z. B. wichtig sein, sich immer ehrlich zu verhalten, während andere Wert darauf legen, immer überlegen zu sein." (Pervin 1981, S. 23)

Da es also offenbar nicht möglich ist, herauszufinden, welche Dispositionen „es gibt", und hierüber eine feste Liste anzufertigen, erscheint es sinnvoll, Personmerkmale nicht nur auf einer, sondern auf mehreren Abstraktionsebenen zu bilden: Eine sehr globale Disposition kann dann aus mehreren Subdispositionen bestehen, diese wiederum aus noch spezifischeren usw. So wird in der Psychologie *sowohl mit allgemeinen als auch mit spezifischen Dispositionen* gearbeitet: Mit so breiten Eigenschaften wie „Extraversion" und „Introversion", „Intelligenz" oder „Ängstlichkeit", mit spezifischeren Motiven, Einstellungen und Fähigkeiten wie z. B. „Mißerfolgsängstlichkeit" und „Erfolgszuversichtlichkeit", „Sprachverständnis" und „abstrakt-logische Denkfähigkeit", zuweilen auch mit ganz konkreten Verhaltensgewohnheiten („blickt zur Seite, wenn man ihn anspricht").

Mit welcher Ebene man „arbeitet", ist nach der „Nützlichkeit" zu entscheiden, also danach, was man für eine bestimmte wissenschaftliche oder praktische Frage benötigt. Von der wissenschaftlichen Nützlichkeit war schon die Rede: Wenn die inneren Zusammenhänge es erlauben, kann man größere Dispositionen bilden, wenn nicht, ist es nützlicher, begrenztere Dispositionen anzunehmen. Es geht aber auch um die praktische Nützlichkeit: So mag es etwa bei Bewerbern für eine leitende Funktion sinnvoll sein, sie „rundum" zu beurteilen und dabei mit globalen Merkmalen wie „Intelligenz", „Selbstsicherheit", „Kooperationsbereitschaft" u. a. m. (was immer man darunter verstehen mag) zu arbeiten. Bei der Erklärung von schlechten Deutschnoten eines Schülers hingegen müßte man sich viel spezifischer mit mündlichen und schriftlichen Sprachfertigkeiten, mit Kenntnissen, Lerngewohnheiten, Vorlieben und Abneigungen beschäftigen. Überhaupt muß man meist um so spezifischer werden, je mehr es die Absicht ist,

Ansatzpunkte für Veränderungen (für Training, für pädagogische Maßnahmen usw.) zu finden.

3. Wie kann man Dispositionen inhaltlich einteilen? Hier gibt es eine Vielzahl von Möglichkeiten (s. auch Tafel 24, S. 105). Nützlich erscheint uns unter anderem eine Grobgliederung, die sich an der alten Unterscheidung von psychischen „Kräften" und psychischen „Funktionen" orientiert. Sie ist, wenn auch mit wechselnden Bezeichnungen, bei verschiedenen Autoren zu finden (vgl. Rohracher 1971; Thomae 1965).

Typische Dispositionsbegriffe mit dynamischem Charakter („Kräfte") sind unter anderem: *Motiv, Einstellung, Temperament, Grundstimmung;* auch „Charakterzug" wird wohl meist so verstanden. Beispiele: Leistungsstreben, Schwermütigkeit, Interesse für..., Abneigung gegen ... usw.

Typische Begriffe für Dispositionen mit „Werkzeugcharakter" („Funktionen", Bewältigungsmittel) sind unter anderem: *Kompetenz, Fähigkeit, Fertigkeit, Wissen, Gewohnheit, Verhaltensrepertoire.* Beispiele: Intelligenz, Sprachgewandtheit, Handgeschicklichkeit, soziale Fertigkeiten, Sachkenntnis zu ... usw.

Obwohl eine scharfe Grenze zwischen „Motiven usw." und „Kompetenzen usw." nicht möglich ist, hat die Zweiteilung doch einige Vorteile. Erstens spiegelt sie sich oft im Erleben von Menschen wider (etwa als „Wollen" und „Können") und kann insofern auch in Grenzen erfragbar sein. Zweitens sind diese Aspekte in der Literatur zu vielen lebensrelevanten Problemen mehr oder minder deutlich wiederzufinden, etwa im Zusammenhang mit Leistungsstörungen (Florin & Rosenstiel 1976; Sander 1981), mit aggressivem Verhalten (Nolting 1987; Verrez & Sobez 1980), mit kollektiver Gewalt (Nolting 1981) oder mit selbstunsicherem Verhalten (Ullrich & Ullrich 1976; Wendlandt & Hoefert 1976). Und drittens orientieren sich auch Ansätze zur gezielten Veränderung meist mehr in der einen oder der anderen Richtung. Die meisten Psychotherapieverfahren sowie aus ihnen abgeleitete Konzepte zur Beratung, zur „Selbsterfahrung" usw. beschäftigen sich vornehmlich mit Motiven/Einstellungen, während verhaltenstherapeutische Methoden, Training, Unterricht usw. primär an der Kompetenzseite ansetzen. So lassen sich z. B. in der Lehrerausbildung einstellungsorientierte und fertigkeitsorientierte Trainings unterscheiden (vgl. Heller & Nickel 1978), und in Konzepten zur „seelischen Gesundheit" legen manche Autoren das Gewicht mehr auf die Förderung von Lebenszielen und Werterlebnissen, andere mehr auf das Erlernen von Fertigkeiten zur Lebensbewältigung (vgl. Becker 1982).

b) Aspekte der „Situation“

Auf den ersten Blick ist die „Situation“ bei weitem nicht so häufig Gegenstand psychologischer Forschung wie die Personmerkmale – es gibt eine Persönlichkeitspsychologie, aber keine „Situationspsychologie“. Bei genauerem Hinsehen spielt jedoch die Situation nicht nur in theoretischen Richtungen wie dem Behaviorismus eine zentrale Rolle, sondern auch in verschiedenen Gebieten der Psychologie, vor allem der Sozialpsychologie und der Ökologischen Psychologie, die sich mit dem Einfluß befassen, den andere Menschen bzw. die materielle Umwelt auf Verhalten und Erleben ausüben.

An dieser Stelle mag die Frage auftauchen, ob unter „Situation“ und „Umwelt“ eigentlich dasselbe zu verstehen ist: Ja, insofern als beide Begriffe sich auf die externen Bedingungen beziehen. Allerdings ist mit Situation gewöhnlich die „momentane“, die „aktuelle“ Umwelt gemeint, während der Begriff Umwelt auch in überdauerndem Sinne – als typische Lebensbedingungen – verwendet wird („das Kind wuchs in einer ärmlichen Umwelt auf“).

Wie kann man nun die Situation näher beschreiben? Hier gibt es verschiedene Möglichkeiten. Man könnte die Situationsfaktoren zunächst einmal *inhaltlich* einteilen, etwa in

- soziale Bedingungen, d. h. die Gegenwart anderer Personen und deren Verhalten – in der Regel der wichtigste Faktorenkomplex
- materielle Gegenstände (Mobiliar, technische Apparate usw.)
- chemisch-physikalische Bedingungen (Luft, Licht, Temperatur, Lärm usw.)
- räumliche Bedingungen (Zimmergröße, Architektur, Wege, Plätze usw.)
- geistig-kulturelle Bedingungen (Vorlesungsthemen, Bücher, Prüfungsaufgaben usw.).

Ökologisch könnte man nach Umweltbereichen aufgliedern: z. B. Wohnung, Arbeitsplatz, Erholungsgebiet usw. Es ist offenkundig, daß das konkrete Verhalten stark davon abhängt, wo man sich gerade aufhält. Die Umweltbereiche könnte man zusätzlich noch nach ihrer Nähe bzw. Unmittelbarkeit unterscheiden, z. B. von der Familie bis zur politischen Weltlage.

Von großem psychologischen Interesse ist die Unterscheidung in *vorangehende* und *nachfolgende* Situationsbedingungen. Die vorangehende Situation ist ein „Anreger“ für aktuelle Prozesse, die nachfolgende ein Effekt, eine Konsequenz (s. Tafel 17). Beim Anreger kann man nach behavioristischer Tradition noch zwei Funktionen unterscheiden: Einzelne Situationselemente (Reize) können zum einen die Funktion eines Auslösereizes haben, zum anderen die eines Hinweisreizes. Ein Auslöser führt unwillkürlich zu bestimmten Reaktionen (besonders wichtig für emotionale Reaktionen), während ein Hinweisreiz eine Orientierungsfunktion für das Verhalten leistet. Wohlgemerkt, dies sind Funktionen und keine inhaltlich unterscheidbaren Gegenstände. Das heißt, dasselbe Situationselement kann mehrere Funktionen zugleich ausüben: Der auftauchende Chef kann z. B. ein Auslöser für emotionale Schreckreaktionen sein (unwillkürlich) und zugleich ein Hinweisreiz für eifriges Arbeiten (nicht automatisch, es wäre auch ein anderes Verhalten denkbar). Als nachfolgende Bedingungen, als Effekte/Konsequenzen des Verhaltens, üben Reize ggf. die Funktion einer „Bekräftigung" bzw. einer „Bestrafung" aus – in unserem Beispiel etwa: Der Chef lächelt freundlich. (Außer situativen gibt es allerdings auch „innere" Bekräftigungen, z. B. Selbstlob oder Angstreduktion.) Der Aspekt der nachfolgenden Konsequenzen hat große Bedeutung für die Motivation und für Lernprozesse (vgl. S. 67).

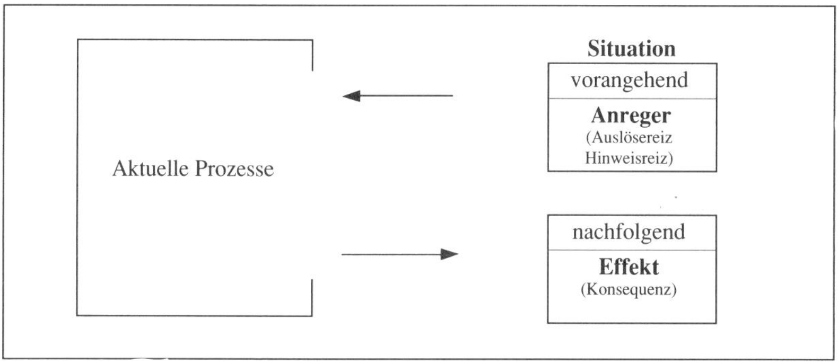

Tafel 17: Vorangehende und nachfolgende Situation

Alle genannten Einteilungen sind natürlich nicht als Alternativen zu verstehen; vielmehr ist es meist sinnvoll, die Situation nach mehreren Gesichtspunkten zugleich zu beschreiben. Wie immer aber man beschreibt und aufgliedert – ist es leicht einzusehen, daß die *objektiv vorhandenen* Bedingungen nicht identisch sind mit den *aktuell wirksamen.* So ist es möglich, daß ein Teil der Situationsbedingungen für das Verhalten aller oder einzelner Personen irrelevant bleibt. Wenn eine Reihe von Prüflingen in einem Raum eine schriftliche Klausur bearbeitet, so mag z. B. Zigarettenrauch für einige Teilnehmer störend, also verhaltensrelevant sein, für andere hingegen belanglos.

Des weiteren können zu den aktuell wirksamen Bedingungen auch solche zählen, die im momentanen Umfeld, in dem die Person handelt, gar nicht sichtbar sind. Es mag sein, daß ein Prüfling z. B. von der Krankheit eines Familienmitgliedes belastet wird. Das heißt: Eine „Hintergrundsituation" kann in die Handlungssituation hineinwirken.

Schließlich heißt „aktuell" wirksam auch nicht, daß die Situation nicht zugleich überdauernd sein kann. Selbst wenn sie schon jahrelang besteht (z. B. bestimmte Arbeitsbedingungen), kann sie zu jedem Zeitpunkt aktuell wirksam bleiben. Etwas anderes sind hingegen vergangene Situationen, die nicht mehr andauern. Sie gelten nicht mehr als aktuell wirksame *Situations*bedingungen, denn sie sind bereits „Geschichte" – was allerdings heißen kann: Teil der Entwicklungsgeschichte. Sofern nämlich die vergangenen Situationen über Lernvorgänge „Spuren" in der Person hinterlassen haben, wirken sie sozusagen als *personale* Dispositionen fort.

Die Erläuterung von „aktuell wirksamen" Bedingungen bedeutet, daß man das Verhalten eines Menschen weit besser erklären und vorhersagen kann, wenn man nicht die objektive, sondern die subjektiv erlebte, die *„psychologische"* Situation zugrunde legt. Sie spielt daher in den Theorien zur Person-Situation-Interaktion die dominierende Rolle. Auch hierzu gibt es verschiedene Einteilungsgesichtspunkte (Lantermann 1980; Hoefert 1982).

So ist es beispielsweise möglich, daß für zwei Personen „die objektiv ‚gleiche' Situation, nämlich eine bestimmte Aufgabe zu lösen, ... in zwei verschiedene Klassen von Situationen fällt; für die eine Person ist es eine Situation, um die Aufgabe zu meistern und die eigene Tüchtigkeit zu bewähren, für die andere mag die Aufgabensituation lediglich eine Gelegenheit sein, soziale Anerkennung zu gewinnen, neben anderen Gelegenheiten, wie etwa in Gesellschaft das Wort zu führen" (Heckhausen 1980, S. 15). Umgekehrt können äußerlich sehr verschiedene Situationen für eine Person darin ähnlich sein, daß sie in ihnen ähnliche Ziele verfolgt. Daneben (vgl. Hoefert 1982) kann auch die Einschätzung der eigenen Kompetenzen zur Bewältigung einer Situation ein wichtiges Kriterium sein, nach welchem eine Person Situationen als ähnlich oder unterschiedlich klassifiziert (Situationen, die ich „kann", und solche, die ich „nicht kann").

Wie immer man die „psychologische Situation" charakterisieren mag – sie ist natürlich nicht mehr rein „situativ", denn in ihr „stecken" die personalen Merkmale bereits mit „drin". Sie sind es, die mitbestimmen, wie die Situation „wahrgenommen" oder „eingeschätzt" wird. Auch die oben erwähnten Begriffe „Auslösereiz" und „Hinweisreiz" (vorangehend) und „Bekräftigung" (nachfolgend) lassen sich nicht rein situativ definieren. Ob ein Situationselement die Funktion eines Auslösers oder einer Bekräftigung erlangen kann, hängt eben unter anderem auch von emotionalen Reaktionsbereitschaften bzw. Bedürfnislagen der Person ab.

So sehr für die Theoriebildung primär die psychologisch definierte Situation von Interesse ist, bei der Analyse konkreter *Praxisfälle* ist es (zumindest zunächst) sinnvoll, von den objektiven Gegebenheiten auszugehen, da nur sie für einen Außenstehenden erkennbar sind. Es ist z. B. leicht zu beobachten, gegenüber welchen Personen oder in Gegenwart welcher Personen jemand schimpft, prahlt, schweigt oder sonst ein Verhalten zeigt. Es ist meist auch erkennbar, in welcher Weise (zuwendend, abweisend usw.) die anderen Personen darauf reagieren. Es ist aber ein weiterer Schritt, herauszufinden, wie die Person diese Situationsbedingungen erlebt. Sofern sie dies nicht mitteilt, kann man es allenfalls zu erschließen versuchen.

Aus diesem Grunde sind in diesem Buch mit „Situation" die externen, zunächst unabhängig von der Person ermittelbaren Bedingungen gemeint.

c) Person und Situation: Ihr Gewicht, ihre Interaktion

Grundsätzlich ist davon auszugehen, daß am aktuellen Verhalten, Denken, Fühlen usw. sowohl die Person als auch die Situation einen Anteil haben. Es gibt allerdings Beispiele mit einem Übergewicht der einen oder der anderen Seite.

Personale Faktoren überwiegen z. B. ganz eindeutig bei krankhaften Erscheinungen wie endogenen Depressionen oder Wahnvorstellungen. Wenngleich situative Bedingungen (z. B. die Anwesenheit anderer) nicht völlig ihren Einfluß auf das Verhalten der betroffenen Menschen verlieren, ist es doch gerade ein Kennzeichen des „Krankhaften", daß diese Menschen nicht mehr flexibel auf wechselnde Situationen reagieren können, sondern bestimmte Prozesse rigide weiterlaufen. Man darf dies allerdings nicht dahin umkehren, daß starke Personabhängigkeit immer pathologisch sei. Sie kann auch so etwas wie Autonomie bedeuten, ggf. mit sehr positiven Zügen. Manche Menschen haben z. B. gerade dadurch für die Gesellschaft Wertvolles geleistet, daß sie von eigenen Normen und Einstellungen auch in „kritischen" Situationen nicht abwichen, wo ihre „flexiblen" Mitmenschen dies taten. (Möglicherweise wird ihnen die Eigenständigkeit aber von anderen, z. B. von politischen Gegnern, durchaus als Zeichen für „Verrücktheit" ausgelegt!) Auch weniger auffällige Verhaltensweisen (z. B. Ernährungsgewohnheiten, Rauchen usw.) sind meist primär personabhängig.

Demgegenüber sind andere Verhaltensweisen gewöhnlich stark *situationsbestimmt.* Man denke etwa an ritualisierte Veranstaltungen (z. B. Feierlichkeiten), an eingespielte Rollen- und Aufgabenverteilungen (z. B. Arzt – Patient, Arbeitsteilung im Büro), an das Verhalten im Straßenverkehr. So leicht wie in diesen Beispielen ist der Situationseinfluß jedoch nicht immer erkennbar, und zuweilen wird er erst durch präzise Forschungen zutage gefördert. Ein aufsehenerregendes Beispiel dafür haben die

„Bin ich ich oder bin ich die Situation?"

„Ich bin genau die gleiche Person wie zuvor, aber meine Lebens-Situation ist eine andere, und ich verhalte mich so anders, als ob ich eine andere Person wäre."

„Was bedeutet das alles?", so fragte ich mich oft erstaunt, als ob ich mir selbst fremd geworden wäre. Ich bin derselbe Mann, ich rauche dieselben idiotischen Zigaretten, trage ziemlich die gleiche Kleidung, höre dieselbe Musik und schaue mir dieselben Filme an. Es bedeutet, so fürchte ich, daß die Situation entscheidender ist als die Persönlichkeit; zumindest ist es in meinem Falle so oder scheint so zu sein. Die Situation, in der Du bist, bestimmt, wer Du bist... Und trotzdem muß ich ehrlich sagen, daß ich in meinem Inneren genau derselbe Mensch bin, der immer so vernünftig, souverän, lächelnd, hilfsbereit mit diesen vielen Egos umgegangen ist, die sich über ihr unausgefülltes Leben geärgert haben und so viel weniger glücklich waren als ich selbst.
S. Krim, New York Times, 18. 11. 1974

Der Autor des einleitenden Zitates arbeitete von 1961 bis 1965 als Lektor. Er beschreibt sich während dieser Zeit als kühl, rational, ruhig und nachsichtig im Umgang mit seinen Autoren. Er sagt, er habe seine eigenen Bedürfnisse nach Anerkennung zurückgestellt, weil sie für ihn unwichtig gewesen seien. Als er aber selbst Autor wurde, kam „ein anderes Ich, das ein eigenes Leben lebte" ans Tageslicht. Wenn es um die Anerkennung seiner eigenen Texte ging, wurde Krim aggressiv und ängstlich, trat arrogant und fordernd auf und konnte kaum noch wie früher einen objektiven oder sachlichen Standpunkt einnehmen [...]

Zwei Schlüsse drängen sich auf, wenn man sein eigenes Verhalten beobachtet und analysiert. Erstens: Unser Verhalten variiert mit der Situation, in der wir uns befinden. Wir verhalten uns im Beruf anders als auf einer Party. Es ist sogar ein Unterschied, ob wir die Party mit Fremden oder mit Freunden feiern, ob sie formell oder informell ist, ob nur Angehörige des gleichen Geschlechts dabei sind ober ob wir in gemischter Gesellschaft sind. Zweitens: Wir verhalten uns in solchen Situationen unterschiedlich und betrachten uns doch zugleich als ein und dieselbe Person. Man erlebt beides: Veränderung und Stabilität, unterschiedliches Verhalten und, dieselbe Person zu sein. Wäre mein Verhalten über alle Situationen hinweg immer gleich, so wäre es perfekt vorhersagbar; aber ich und die anderen würden sich wundern, warum ich so rigide wäre und mich in manchen Situationen so unangebracht verhalten würde. Und umgekehrt: Ohne erkennbare Konsistenz oder ohne Linie in meinem Verhalten würde ich oft wie ein Chamäleon erscheinen und hätte mit Gefühlen der Entpersonalisierung zu schaffen. Bei zuviel Flexibilität wüßte man nicht mehr, wer man ist oder ob man überhaupt eine Person ist. Die meisten Menschen stellen sich von Zeit zu Zeit solche Fragen, vorwiegend in der Pubertät, wenn es darum geht, eine Identität zu entwickeln, oder dann, wenn sie etwas tun, das „gar nicht zu einem paßt", und dann versuchen, ein solches Verhalten wieder mit dem in Einklang zu bringen, was sie von sich wissen und glauben.

Tafel 18: Zur Rolle der Person und der Situation (aus: Pervin 1981, S. 12 f.)

Experimente von Milgram (1974) geliefert, der den Nachweis erbrachte, daß extreme, folterähnliche Gewalthandlungen keineswegs Ausdruck individueller Personmerkmale wie „Sadismus“ sein müssen (den man z. B. SS-Leuten ziemlich pauschal zuzuschreiben neigte). Entgegen allen Voraussagen von Laien und Psychologen (!) konnte Milgram die große Mehrheit seiner Versuchspersonen zu solchen Handlungen bewegen – durch die Einbindung in eine Autoritätssituation. Der Situationsdruck provozierte ein „Gehorsamsverhalten“, das von den Persönlichkeitsmerkmalen der Versuchspersonen weitgehend unabhängig war.

Ein starkes Gewicht der Situation ist sicher besonders typisch für Verhalten im Kollektiv, evtl. gar einem organisierten Apparat. Es ist daher psychologisch nicht gleichzusetzen mit ähnlichem Verhalten eines einzelnen (s. auch Tafel 19). Allerdings: Auch noch so uniformes Verhalten setzt selbst-

Individuelle Aggression	*Kollektive Aggression*
Einzelne Person als Aggressor	Mehrere kooperierende Personen
Meist gegen einzelne Person gerichtet	Meist gegen anderes Kollektiv gerichtet, zuweilen gegen einzelne
Aggressor und Opfer kennen einander in der Regel	Aggressor und Opfer kennen einander häufig nicht, bleiben auch oft anonym
Aggression ist eigenmotiviert (aktiv oder reaktiv)	Aggression ist bei vielen Beteiligten „fremdmotiviert“ (Befehl, Vorbild, Belohnung usw.)
Häufig Hemmungen durch Angst vor Strafe und persönliche Einstellung	Hemmungen oft vermindert durch Anonymität, Verantwortungsverteilung, Gruppenideologie, Propaganda
Selbständige Entscheidung, Ausführung der „Gesamthandlung“	Entscheidungen oft über Befehlsstrukturen, geteilte oder diffuse Verantwortung, Arbeitsteilung
Lernen in „normaler“ Sozialisation	Bei organisierten Kollektiven vielfach systematische Schulung für Gewaltausübung

Tafel 19: Als Beispiel: Typische Unterschiede zwischen individueller und kollektiver Aggression. Aus mehreren Punkten wird deutlich, daß bei kollektiver Aggression „die anderen“ einen einflußreichen Situationsfaktor bilden, der bei individueller Aggression fehlt (aus: Nolting 1987, S. 157)

verständlich irgendwelche personalen Dispositionen voraus, nur daß diese dann recht weit verbreitet sein müssen.

Wie die Beispiele zeigen, gibt es typische Fälle von stark personbestimmtem wie von stark situationsbestimmtem Verhalten. Welche Verhaltensweisen was sind, kann aber zum Teil auch von Person zu Person verschieden sein: Jeder hat so seine eigenen „Konstanzen" (vgl. S. 77).

Davon abgesehen, legen manche Theoretiker generell das Schwergewicht auf die Person („das Innere"), andere auf die Situation („das Äußere") – eine Kontroverse, die grundsätzliche theoretische Positionen, ja Menschenbilder berührt und sich durch die Geschichte der Psychologie hindurchzieht. Doch wohl niemand würde prinzipiell eine Interaktion personaler *und* situativer Faktoren bestreiten.

Was aber ist mit „Interaktion" gemeint? Der Begriff ist ebenso mehrdeutig wie seine Übersetzung mit „Wechselwirkung". Folgende Bedeutungen kommen häufig vor:

1. Personale und situative Bedingungen *wirken zusammen*. Damit ist gemeint, daß sich beide ergänzen und zusammentreffen müssen, damit ein bestimmter Prozeß zustande kommt. Ihr Ergänzungsverhältnis könnte man etwa mit den Begriffen „Aktivierbarkeit" und „Anregung" bezeichnen. Wahrnehmungsfähigkeit und Sinnesreiz ergeben „Wahrnehmung", Ängstlichkeit und eine Bedrohung ergeben „Angst" usw. Eine „Interaktion" in diesem Sinne ist recht trivial.

2. Die zweite Bedeutung ist schon etwas komplizierter. Hier handelt es sich um das, was in statistischen Verfahren (für Eingeweihte: in der Varianzanalyse) als „Wechselwirkung" bezeichnet wird: nämlich eine *Wirkungsabhängigkeit*. Wie ein Faktor wirkt, welches Ergebnis er hervorbringt, hängt von weiteren Faktoren ab. So wie ein Medikament je nach den organischen Voraussetzungen der Patienten unterschiedliche Wirkungen haben kann, so kann etwa ein Lehrverfahren (situativ) je nach den personalen Dispositionen des jeweiligen Schülers (Vorkenntnisse, Interessen, Ängstlichkeit usw.) zu unterschiedlichen Lernleistungen führen. In einer Untersuchung sprachen z. B. ängstliche Collegestudenten auf eine lehrergelenkte Wissensvermittlung günstiger an als auf eine Diskussionsmethode, wenig ängstliche hingegen gerade umgekehrt (zit. bei Gage & Berliner 1986, S. 252). – Hinter solchen Wechselwirkungen dürfte wohl verschiedenartiges „Zusammenwirken" stecken. Dieselbe situative Bedingung (z. B. die Aufgabe, etwas selbständig zu lösen) kann für den einen eine Bedrohung sein, also mit dem Ängstlichkeitsmotiv „zusammenwirken", und für den anderen eine positive Herausforderung sein, also seine Erfolgszuversichtlichkeit ansprechen.

3. In der dritten Bedeutung ist Interaktion eine *wechselseitige Beeinflussung/Veränderung*. Sie wird als „dynamische" Interaktion, zuweilen auch

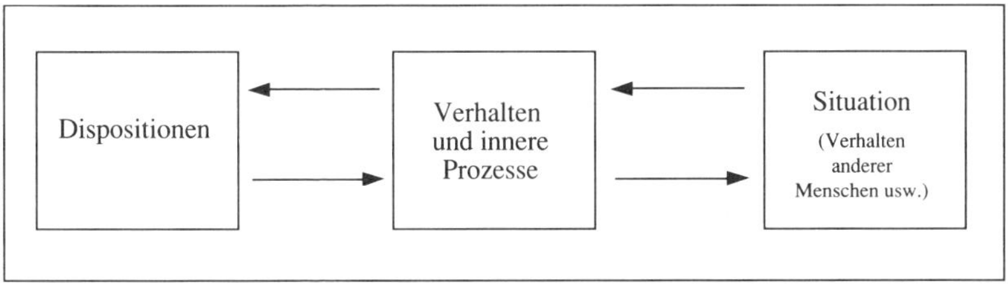

Tafel 20: Interaktion als wechselseitige Beeinflussung

als „Transaktion" bezeichnet. Wenn in der Literatur von „Person-Situation-Interaktion" oder „Person-Umwelt-Interaktion" die Rede ist, geht es heute meist um diese „dynamische". Wegen der Mehrdeutigkeit des Wortes „Person" muß man allerdings genau hinsehen, worauf es sich bezieht. In der Regel meint „Person" im Kontext von Interaktion einen Menschen mit seinem aktuellen Verhalten, Denken usw. Interaktion heißt dann: Menschen verändern durch ihr Verhalten die Situation, indem sie bestimmte Situationen aufsuchen und andere meiden, und indem sie Situationen gestalten (z. B. jemanden ansprechen, eine Arbeit verrichten usw.). Und umgekehrt bestimmt die Situation die aktuellen Prozesse in diesem Menschen mit (wie bereits erörtert).

Wenn man mit „Person" aber das Dispositionsgefüge meint, erweitert sich die Interaktion noch: Indirekt wirken die Dispositionen auf die Situation ein, denn Menschen wählen Situationen, die zu den eigenen Interessen, Fähigkeiten und anderen Dispositionen „passen", und sie gestalten sie entsprechend. Umgekehrt kann die Situation auch die Dispositionen verändern – das Individuum „lernt". Dieser Aspekt, daß Menschen als „veränderte Person" aus der Situation herauskommen, geht über die Interaktion als „aktuelles" Geschehen hinaus und berührt bereits die Personentwicklung.

Zu beachten ist, daß dynamische Interaktionen sehr häufig die Form von sich selbst erhaltenden *Kreisprozessen* annehmen. Beispielsweise mag ein Mensch durch seine triste Lebenssituation zu überhöhtem Alkoholkonsum veranlaßt werden. Aber umgekehrt beeinträchtigt er durch sein Trinken seine Lebenslage (beruflich, familiär), die wieder auf ihn zurückwirkt und so fort. Aus diesem Grunde wäre es auch eine Vereinfachung, würde man die Lebenssituation zur „Ursache" und den Alkoholismus zum „Symptom" erklären. Beides stimmt nur teilweise, denn jede Bedingung ist Ursache und Folge zugleich, und jede ist somit auch ein potentieller Ansatzpunkt, um den Kreisprozeß zu durchbrechen. Ein anderes Beispiel: Bei einem Menschen mit guten musikalischen Dispositionen mag ein musikalisches

Milieu ein Interesse stimulieren. Aber das Interesse führt auch dazu, daß der Mensch sich in „musikalische Situationen“ begibt oder sie selber herstellt (als Training usw.). Kreisprozesse dieser Art sind im psychischen Bereich eher die Regel als die Ausnahme!

4. Oftmals steht der Begriff der Interaktion als Kurzform für *soziale* Interaktion, für die wechselseitige Beeinflussung von Menschen. Im Grunde ist dies ein Spezialfall der Person-Situation-Interaktion, wobei hier andere Menschen bzw. ihr Verhalten die „Situation“ bilden. Bei der sozialen Interaktion hat man primär nur die aktuelle Verhalten-Verhalten-Wechselwirkung im Auge (rechte Hälfte von Tafel 20), während die personalen Dispositionen im Hintergrund bleiben (vgl. auch S. 58ff. über Kommunikation).

Literaturempfehlungen

Herrmann, Th.: Lehrbuch der empirischen Persönlichkeitsforschung. Göttingen: Hogrefe 1976 (4. Aufl. 1984).
Hoefert, H.-W. (Hrsg.): Person und Situation. Interaktionspsychologische Untersuchungen. Göttingen: Hogrefe 1982.

5. Personen variieren gemäß ihren Entwicklungsbedingungen

Von der „Person“ als individuellem Dispositionsgefüge haben wir zuvor gesprochen. Wie ist nun zu erklären, daß sich Menschen in ihren Dispositionen unterscheiden, daß in diesem Sinne „Personen variieren“? Der Blick richtet sich hier auf die Entstehung und Veränderung des Dispositionsgefüges, auf die Personentwicklung (vertikale Achse). Von den Prozessen, die dabei eine Rolle spielen, war bereits die Rede: Reifen und Lernen. Wie die aktuellen Prozesse können aber auch diese Entwicklungsprozesse in ihren konkreten Erscheinungsformen recht unterschiedlich aussehen. Und um die Faktoren, die für diese Unterschiedlichkeit verantwortlich sind, soll es im folgenden vorrangig gehen. Zunächst aber einige Bemerkungen, um die Begriffe „Person“ und „Entwicklung“ zusammenzuführen.

a) Personmerkmale als Entwicklungsstand

Wenn das Gefüge von Dispositionen sich im Laufe der Zeit verändert, so können wir die zu einem bestimmten Zeitpunkt anzutreffenden Personmerkmale als den gegenwärtigen Entwicklungsstand eines Menschen betrachten. Genau besehen, ist dieser „Stand“ nichts „Stehendes“, denn Menschen sind ständig in Entwicklung. Sie verläuft aber gewöhnlich so allmählich, daß man für einen gewissen Zeitraum von einem „Stand“ spricht.

Dieser Entwicklungsstand hat einen alterstypischen und einen individuellen Anteil. *Alterstypisch* ist er insoweit, als die Person Merkmale aufweist, die wir einfach deshalb erwarten würden, weil sie dieses oder jenes Alter erreicht hat. Dabei ist es übrigens nicht immer leicht zu bestimmen, ob etwas für alle Menschen alterstypisch ist oder nur innerhalb der Kultur oder Gesellschaft, die man überblickt. Aber auch in einer überschaubaren Population lassen sich für die meisten Merkmale allenfalls grobe Angaben darüber machen, was alterstypisch ist. Man kann sich zwar daran orientieren, was in der jeweiligen Altersstufe durchschnittlich zu finden ist, aber Durchschnittswerte sind Rechengrößen, sie sind für die realen Menschen nicht unbedingt typisch. Es wäre sogar möglich, daß kein einziger genau den Durchschnittswert hat. Auf die einzelnen Menschen bezogen, muß man vielmehr sagen: Es ist typisch, daß sie sich auf jeder Altersstufe erheblich voneinander unterscheiden. Abweichungen vom Durchschnitt sind insofern „normal“.

In eben dieser Variation zeigt sich nun der *individuelle* Anteil am jeweiligen Entwicklungsstand. Stark altersabhängige Phänomene wie Laufen, Sprechen, Pubertät usw. treten bei einigen früher, bei anderen später auf. Darüber hinaus weist jedes Individuum in jedem Alter in vielen Verhaltens- und Erlebensweisen ein eigenes Profil auf.

Da man sich Personmerkmale relativ zeitstabil vorstellt, ist eine naheliegende Frage, wieweit sich dies mit ständiger „Entwicklung“ verträgt. Es erscheint sinnvoll, die Persönlichkeitsentwicklung als Konstanz im Wandel zu verstehen: Gewisse Dispositionen (z. B. Intelligenzgrad, Extraversion, Musikalität) bleiben im Prinzip erhalten, aber ihre spezifischen Ausdrucksformen verändern sich im Lebenslauf. Allerdings ist es nicht möglich, in Prozenten anzugeben, wieviel in einem bestimmten Zeitraum gleich geblieben und wieviel verändert ist. Denn dazu müßte man wissen, was jeweils „das Gleiche“ ist. Doch was heißt z. B. Intelligenz bei einem dreijährigen Kind, bei einem zehnjährigen und bei einem Erwachsenen?

Wenn man aber, wie zumeist, Personmerkmale als etwas versteht, was einen Menschen von anderen *unterscheidet*, werden Aussagen über die Stabilität eher möglich. Jedes Merkmal wird dann in einer Weise definiert und gemessen, die der jeweiligen Altersstufe angemessen erscheint, und die Frage lautet: Wieweit verändert sich die Position, die ein Mensch bezüglich eines Merkmals innerhalb seiner Altersstufe einnimmt (dies ist unter anderem die Aussage des sog. Intelligenzquotienten). Wenn z. B. ein Kind mit drei Jahren so intelligent ist wie nur fünf Prozent seiner Altersgruppe, nimmt es dann mit 8 Jahren auch noch einen solchen Rangplatz ein oder einen niedrigeren oder noch höheren? Die Stabilität bezieht sich also auf den Vergleich mit anderen (differentielle Sichtweise, vgl. Asendorpf 1988). Solche Persönlichkeitsunterschiede könnten selbst dann stabil bleiben, wenn alle Menschen sich mit dem Alter stark verändern.

Ist dies tatsächlich zu finden? Sind in diesem (differentiellen) Sinne schon im Kindesalter Personmerkmale festgelegt? Oder können sie sich in allen Altersstufen noch erheblich ändern? Eine allgemeine Antwort ist kaum möglich, liegt aber sicher zwischen diesen beiden Extremen. Zwar mögen sich manche Dispositionen (z. B. Musikalität) vielleicht schon sehr früh zeigen und ein Leben lang charakteristisch bleiben. Aber das läßt sich nicht verallgemeinern. Eine neuere Auswertung von zahlreichen Längsschnittuntersuchungen legt eher nahe, daß die allgemeine Intelligenz ab ca. 8 Jahren ziemlich stabil ist, die meisten sozial-emotionalen Personmerkmale erst ab ca. 20 Jahren halbwegs stabil sind (Asendorpf 1988). Auch dies sind aber nur grobe Orientierungen aufgrund statistischer Wahrscheinlichkeit. Sie lassen keine Aussagen für jedes Merkmal und jeden einzelnen Menschen zu. Da sich auf jeder Altersstufe Menschen in gewissem Maße verändern können – nicht nur alterstypisch, sondern auch individuell –, ist es wohl sinnvoll, Personmerkmale immer nur als den „derzeitigen Entwicklungsstand" anzusehen.

b) Was die Entwicklung steuert: Anlage – Umwelt – Person selbst

Welche Bedingungen sorgen nun dafür, daß sich Menschen nicht nur überhaupt, sondern auch unterschiedlich und einzigartig entwickeln?

Hier stößt man sofort auf die klassische Frage nach dem Einfluß von Anlage und Umwelt. Dabei bezieht sich der Begriff der Anlage nur auf Erbanlagen (Gene) und sollte nicht mit „angeboren" gleichgesetzt werden. Denn „angeboren" und „vererbt" ist nicht dasselbe! Angeborene Merkmale können auch aus Umwelteinflüssen vor und während der Geburt stammen (z. B. Schädigungen durch Medikamente, Sauerstoffmangel usw.).

Zu den *Erbanlagen* gehören (a) die allgemeine genetische Ausstattung und (b) die individuelle genetische Ausstattung. Die *allgemeine* ist artspezifisch und erklärt das allen Menschen Gemeinsame. Die Gene steuern die alterstypische Entwicklung und die Ausbildung von eigenständigen biologischen Zyklen (z. B. Schlaf-Wach-Rhythmus). Nur indirekt – d. h. in Zusammenhang mit anderen Bedingungen – können die artspezifischen Anlagen auch individuelle Personmerkmale hervorrufen. Herrmann (1976) erwähnt in diesem Zusammenhang als Beispiel das Bedürfnis des Kleinkindes, sich an seine Mutter anzuklammern, das allgemeingenetisch determiniert sei und in jenen Fällen eine indirekte Bedingung für Entwicklungsschäden (sog. Hospitalismus) bilde, wo die natürlicherweise „vorgesehene" Antwort der Mutter ausbleibe. Bestimmte Umweltbedingungen rufen hier also eine abweichende Personentwicklung hervor, weil das allgemeine Genprogramm andere Umweltbedingungen verlangt. Demgegenüber sorgt die *individuelle* genetische Ausstattung sozusagen „direkt" für die Unterschiedlichkeit der Menschen.

Dafür sorgen natürlich genauso die *Umwelteinflüsse.* In ihrer Gesamtheit sind sie niemals auch nur für zwei Menschen völlig gleich. Es sind wohl einige universelle Umweltaspekte dabei, die alle oder fast alle Menschen teilen (z. B., unter Mitmenschen, und fast immer unter sprechenden Mitmenschen aufzuwachsen). Andere Umweltaspekte sind kulturspezifisch, andere sind familienspezifisch und werden nur von Geschwistern geteilt, und andere sind so personspezifisch, daß sich selbst eineiige Zwillinge, die in derselben Familie aufwachsen, darin unterscheiden (z. B. persönliche Erlebnisse mit anderen Menschen, eigener Freundeskreis, spezifische Behandlung durch Eltern und Geschwister, Ereignisse wie Krankheiten, Unfälle usw.). Gerade diese personspezifischen Umwelteinflüsse scheinen für soziale und emotionale Personmerkmale beträchtliches Gewicht zu haben (s. Asendorpf 1988).

Auf welchem Wege bestimmt die Umwelt die personalen Dispositionen mit? Während die Prozesse, in denen sich die Anlagen entfalten, als „Reifung" bezeichnet werden, faßt man die von der Umwelt gesteuerten Entwicklungsprozesse unter dem Begriff des „Lernens" zusammen – mit einer Einschränkung allerdings. Denn man muß *zwei Aspekte der Umwelt* unterscheiden:

- ○ die direkte physische Einwirkung auf den Organismus, z. B. durch die Ernährung, das Klima, durch Verletzungen usw.,
- ○ den Niederschlag von Informationen („Erfahrung").

Herrmann (1976) stellt in diesem Sinne die „materielle Umgebung" der „Lernumwelt" gegenüber. Beide sind nicht unbedingt gegenständlich unterscheidbar. Ein Unfall kann z. B. einerseits einen physischen Schaden hervorrufen, der die weitere Entwicklung verändert, *und* er kann andererseits psychologisch die Wirkung haben, daß man die Gefahren bestimmter Situationen anders einschätzt, sich vorsichtiger verhält usw.

In der Psychologie ist mit „Umwelt" fast immer die Lernumwelt gemeint. Wenn wir die jetzigen Personmerkmale eines Menschen aus seiner Lebensgeschichte erklären, verweisen wir damit auf die „Erfahrungen", die die Person in vergangenen Situationen gemacht hat. Die Vergangenheit kann freilich nicht mehr direkt, sondern nur über die „Spuren" wirken, die sie in der Person hinterlassen hat. Das heißt: Die (angeborene) Fähigkeit, Informationen zu speichern, also die Existenz eines „Gedächtnisses", ist Voraussetzung dafür, daß die Umwelt eine „Lernumwelt" sein kann.

Dieser simple Tatbestand, daß nicht die Vergangenheit als solche die gegenwärtigen Personmerkmale bestimmt, sondern die „jetzigen Spuren" der Vergangenheit, bedeutet auch, daß bestimmte frühere Umwelteinflüsse (z. B. der Verlust eines Menschen) nicht als direkte „Ursache" eines Entwicklungsergebnisses anzusehen sind. Welche „Spuren" sie hinterlassen, liegt nicht lediglich in ihnen selbst, sondern ebenso in ihrer „Verarbeitung", und die kann je nach den sonstigen gespeicherten Erfahrungen und den genetischen Bedingungen – mithin nach den zum kritischen Zeitpunkt bereits entwickelten Personmerkmalen – sehr unterschiedlich aussehen.

Des weiteren ist es im psychischen Bereich nicht selten, daß es zu „Verselbständigungsprozessen" kommt, d. h., daß eine Erfahrung zwar eine bestimmte Entwicklung „anstoßen" kann, sie dann aber nach eigenen Gesetzen weiterläuft und sich möglicherweise in Form eines Kreisprozesses selbst aufrechterhält. Die nebenstehende Figur stellt dies bildlich dar. Wenn wir noch einmal unser Alkoholismus-Beispiel (S. 87) aufgreifen, so wäre es aus der Entwicklungsperspektive ganz im Sinne dieses Schemas zu erweitern: Bestimmte Lebenserfahrungen (Konfliktsituationen, Mißerfolge, trinkfreudiges Milieu usw.) setzen einen Alkoholkonsum in Gang, der sich dann über die Suchtmechanismen und die suchtbedingte Verschlechterung der Lebenslage wie ein Schwungrad selber weiter vorantreibt – auch wenn die Ausgangserfahrungen möglicherweise gar nicht mehr bestehen.

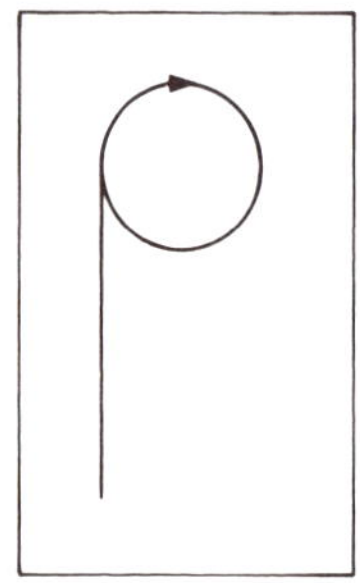

Verselbständigungsprozesse sind im Prinzip ein ganz normaler Vorgang der Persönlichkeitsentwicklung. Nach Allport (1959) kann ein Mensch neue, eigenständige Motive durch ein Handeln entwickeln, das zunächst ganz anders motiviert wurde. War das Handeln anfangs Mittel zum Zweck, wird es allmählich zum Selbstzweck (funktionelle Autonomie der Motive): Das Sparen in der Not verselbständigt sich zu einem dauerhaften Geiz; ein Handwerk zum Geldverdienen wird zu einem persönlich befriedigenden Interesse. Gerade Interessenentwicklungen sind typische Beispiele für Verselbständigungsprozesse. Den Anstoß können dabei auch Vorbilder oder zufällige Erfolge mit bestimmten Tätigkeiten geben. Sodann werden sich häufig das Interesse an der Aktivität und die zugehörigen Kenntnisse und Fertigkeiten gegenseitig fördern.

In solchen Fällen ist die frühere Erfahrung allenfalls ein „Ursprung" für einen bestimmten Aspekt der Persönlichkeitsentwicklung, ist aber für sich allein, d. h. ohne die aufrechterhaltenden und sich wechselseitig fördernden Bedingungen, keine „Ursache". Um bei Problemfällen Ansatzpunkte für gezielte Veränderungen zu finden, ist daher die Frage „Warum geht das Problem nicht weg?“ oftmals ergiebiger als die Frage „Wie ist es entstanden?“.

Die beschriebenen Abläufe machen es schwer, mit der Alternative „Anlage oder Umwelt“ als Quellen der Entwicklung auszukommen. Deshalb wird von verschiedenen Autoren die *Person selbst* als Faktor der eigenen Entwicklung hervorgehoben (vgl. Edelmann 1980; Asendorpf 1988). Vor allem folgende Funktionen sind zu nennen (einige wurden bereits vorher bei der Person-Situation-Interaktion erwähnt):

- Jeder Mensch beeinflußt und schafft sich zum Teil die Umwelt, von der seine Entwicklung mitbestimmt wird.
- Entsprechend den bereits entwickelten Personmerkmalen, also je nach den eigenen Motiven, Einstellungen, Fähigkeiten und anderen Dispositionen, sucht man bestimmte Lebenssituationen auf und meidet andere.
- Das Individuum wird nicht passiv von den Umweltereignissen „geprägt“, sondern es „verarbeitet“, interpretiert, bewertet sie.
- Menschen setzen gezielt Lernprozesse in Gang und steuern sie (z. B. Übung und Training, entdeckendes Lernen).

Man könnte zwar behaupten, all dies sei selbst wiederum das Produkt von Anlage und Umwelt. Doch würde dies nichts daran ändern, daß das „Produkt“ zugleich eine treibende Kraft ist. Schwierig bleibt es allerdings, diesen Entwicklungsfaktor abzugrenzen und seinen Anteil quantitativ zu erfassen. So sind denn auch in der Literatur Zahlenangaben nur für Anlage und Umwelt zu finden, nicht für die „Person selbst“.

Die Angaben über den prozentualen Anteil von Anlage und Umwelt beziehen sich übrigens *nicht* auf einzelne Menschen oder auf die Entwicklung von Menschen überhaupt, sondern immer nur auf die *Unterschiede* in der Entwicklung. Daß Menschen Denkfähigkeit oder Leistungsstreben entwickeln, kann man nicht beispielsweise zu 70 Prozent auf Gene und zu 30 Prozent auf die Umwelt zurückführen. Das wäre so unsinnig, wie wenn man darüber stritte, ob der Magen oder die Nahrung den größeren Anteil an der Verdauung hat. Ebensowenig kann man „die Intelligenz von Fritz B.“ auf Erbe und Umwelt verteilen. Wenn ein Mensch einen Intelligenzquotienten von 80 und ein anderer von 120 hat, so hat bei jedem von ihnen die Umwelt zu 100 Prozent mitgewirkt, und die Gene ebenso. Aber man kann fragen, woher der Unterschied kommt. Und hierfür könnte der Anteil der Gene null sein, sofern es nämlich eineiige Zwillinge sind. Das Mißverständnis über den „Anteil“ von Erbe und Umwelt tritt möglicherweise so leicht auf, weil das Wort „Unterschied“ gewöhnlich weggelassen wird. Richtig ist also: Man kann ungefähr abschätzen, welchen Anteil genetische Unterschiede und Umweltunterschiede an den Persönlichkeitsunterschieden haben. Solche Schätzungen beruhen auf dem Vergleich von verschiedenen Verwandt-

Worum es beim Erbe-Umwelt-Problem geht – und worum es nicht geht

„Oft wird die Frage, wie groß der relative Einfluß von Erbe (Genotyp) und Umwelt auf die menschliche Entwicklung sei, als *trivial* bezeichnet: Da immer beide Faktoren gegeben sein müssen, sei es müßig, ihre relative Bedeutsamkeit abschätzen zu wollen. Ein Genotyp könne ja nicht ohne Umwelt wirksam werden, und eine Umwelt allein könne ja ohne Genotyp auch keinen Menschen zustande bringen.

Diese Antwort ist zwar richtig, beantwortet aber die falsche Frage. Natürlich läßt sich der relative Einfluß von Genotyp und Umwelt auf ein Merkmal eines *einzelnen Menschen* nicht abschätzen; eine Aussage wie „die Intelligenz eines Erwachsenen ist zu 60% durch seine Gene und zu 40% durch seine Umwelt bedingt" ist offensichtlicher Unsinn, denn Gene und Umwelten wirken immer gemeinsam und addieren sich nicht. Aber das ist gar nicht die interessante Frage. Diese ist vielmehr, wie stark die *existierenden Unterschiede zwischen Menschen* durch Erbe bzw. Umwelt bedingt sind. Diese differentielle Fragestellung ist sinnvoll. Denn es gibt Unterschiede wie z. B., *welche* Blutgruppe jemand hat, die ausschließlich genetisch bedingt sind, und andere Unterschiede wie z. B., *welche* Sprache jemand spricht, die ausschließlich umweltbedingt sind. Die Frage ist also nicht, wie es überhaupt zu einer Blutgruppe kommt oder warum jemand überhaupt eine Sprache erlernt (hierbei wirken Genotyp und Umwelt untrennbar zusammen), sondern wie es bei Menschen zu unterschiedlichen Blutgruppen kommt bzw. warum Menschen, die eine Sprache sprechen, eine ganz bestimmte Sprache sprechen."

Tafel 21: Zum Erbe-Umwelt-Problem (aus: Asendorpf 1988, S. 245)

schaftsgraden (unter anderem eineiige Zwillinge und Adoptivgeschwister) und werden an großen Stichproben von Menschen gewonnen. Die Schätzwerte gelten allerdings nur für die jeweils untersuchten Populationen; das sind bisher fast ausschließlich westliche Industrienationen (je größer die vorkommenden Umweltunterschiede, z. B. beste Bildung neben Analphabetentum, um so höher steigt ihr „Anteil" an Entwicklungsunterschieden). Wie die bisherige Forschung gezeigt hat, sind die Gewichtsprozente unterschiedlich, je nachdem, um welches Merkmal es geht. So scheint bei der allgemeinen Intelligenz der genetische Anteil höher zu sein als gewöhnlich bei sozialen und emotionalen Merkmalen. Das Bild ist aber keineswegs vollständig; viele Einzelergebnisse stehen noch aus.

Geht es nicht um die Unterschiedlichkeit, sondern um die Entwicklung jedes Menschen für sich, so lassen sich, wie gesagt, die Anteile von Anlage und Umwelt (und der Person selbst) nicht auseinanderrechnen. Sie wirken in jedem Fall untrennbar zusammen; eines ist aufs andere angewiesen. Anders ist Entwicklung nicht möglich. So können bestimmte Aspekte der Lernumwelt erst nach Ablauf eines bestimmten Teils des Anlageprogramms, also erst auf der Basis eines entsprechenden Reifestandes, wirksam werden (man denke etwa an die Sprachentwicklung). Der Reifestand bestimmt auch mit, welche Umwelten das Individuum aufsucht oder welche Förderung und Erziehung die Personen der Umwelt für sinnvoll halten.

Literaturempfehlungen

Asendorpf, J.: Keiner wie der andere. Wie Persönlichkeitsunterschiede entstehen. München: Piper 1988.

Edelmann, W.: Entwicklungspsychologie. Ein einführendes Arbeitsbuch. München: Kösel 1980.

6. Integrierendes Modell zum psychischen System

Wir möchten nun die zuvor erörterten Aspekte des psychischen Systems zu einem Gesamtgefüge integrieren. Dabei greifen wir auf das Grundmodell zurück, das am Anfang dieses Kapitels stand (S. 38) und füllen es mit Kernpunkten aus den vorangehenden Ausführungen. So ergibt sich das Schema von Tafel 22. Erläuterungen:

1. Wie bisher bilden die beiden Achsen des aktuellen Person-Situation-Bezuges (horizontal) und der Personentwicklung (vertikal) die Grobstruktur.

2. Im Zentrum stehen die *aktuellen Prozesse*. Sie sind nach zwei Strängen geordnet: einen aufnehmenden, situationsverarbeitenden (Wahrnehmung, erfassendes Denken, Emotion) und einen einwirkenden, situationsverändernden (Motivation, planendes/problemlösendes Denken, Verhalten). Nicht dargestellt ist in der Graphik die Möglichkeit, daß diese Prozesse sich außer auf die umgebende Situation auch auf die aktuellen Prozesse selbst beziehen können (z. B. ein aufkommendes Gefühl wahrnehmen) bzw. auf die eigene Person als Dispositionsgefüge (z. B. Nachdenken über eigene „Eigenschaften"). Hier geht es also um Erscheinungen wie Selbstwahrnehmung, Selbstreflexion, Selbststeuerung.

3. Die aktuellen Prozesse werden zum Teil bestimmt durch die aktuelle *Situation*. Sie ist in dem Schema nach dem zeitlichen Aspekt differenziert, das heißt in vorangehende Situationsfaktoren (= Anreger) und nachfol-

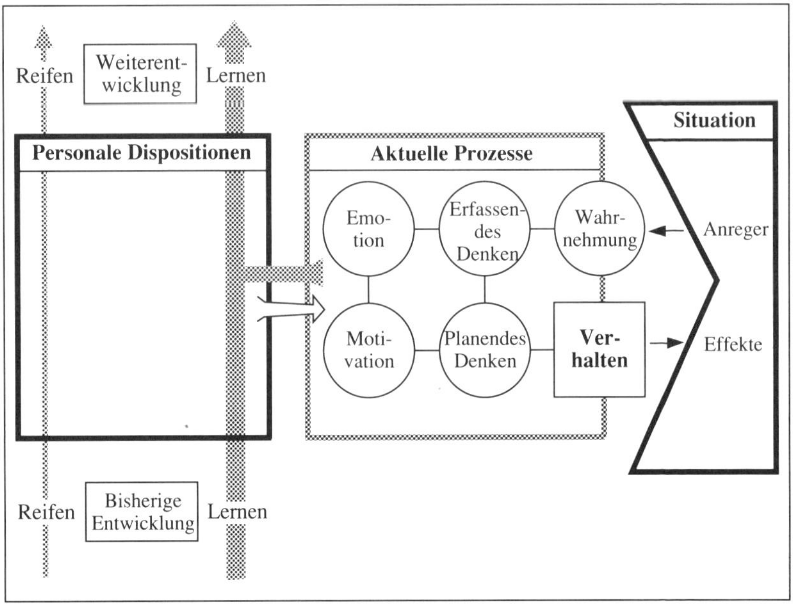

Tafel 22: Integrierendes Modell zu grundlegenden Aspekten des psychischen Systems

gende (= Effekte). Inhaltlich könnte es sich bei diesen Faktoren um andere Menschen und ihr Verhalten handeln (soziale Situation), um geistig-kulturelle Faktoren (z. B. bestimmte Themen oder Aufgaben), um materielle Güter, um räumliche, klimatische und andere Bedingungen.

4. Die aktuellen Prozesse werden weiterhin von den *personalen Dispositionen* mitbestimmt: Menschen unterscheiden sich darin, wieweit sie zu bestimmten Prozessen „neigen", welche Prozesse bei ihnen leicht oder schwer aktivierbar sind. Personale Dispositionen lassen sich in unterschiedlicher Weise unterteilen. Man könnte jedem Grundprozeß in jeder Erscheinungsform (z. B. jeder Art von Gefühl) jeweils eine entsprechende Disposition zuordnen. Zur Beschreibung von Menschen werden jedoch gewöhnlich Dispositionen herangezogen, die sich auf einen mehr oder minder großen Komplex von Prozessen beziehen. Dies gilt nicht nur für „Eigenschaften", sondern auch für Begriffe wie Motiv, Einstellung usw. (als „Kräfte") oder Kompetenz, Fähigkeit, Fertigkeit usw. (als „Werkzeugfunktionen").

5. Personale Dispositionen unterliegen einer *Entwicklung,* d. h., sie machen situationsüberdauernde Veränderungen durch (vertikale Achse). Die Veränderungen beruhen zum Teil auf anlagebedingten Reifungsprozessen,

zum Teil auf Lernprozessen, die von der Umwelt und der Person selbst gesteuert werden. Dabei ist Lernen zu verstehen als die „Nachwirkung" aktueller Prozesse (Pfeil nach links und in die Vertikale).

Das integrierende Modell beansprucht nicht, eine eigene psychologische Theorie darzustellen, sondern lediglich, weitgehend akzeptierte Komponenten psychischen Geschehens zu einer überschaubaren Struktur zusammenzufassen. Insofern versteht es sich als ziemlich theorieneutral. Das Modell sagt also nichts darüber, welche Aspekte die „wichtigsten" sind und wo der Hauptmotor psychischen Geschehens sitzt. Es läßt beispielsweise offen, welches Gewicht man den situativen und welches den personalen Faktoren für das Verhalten und Erleben geben sollte, welchen Anteil Reifungsprozesse und welchen Anteil Lernprozesse an der psychischen Entwicklung haben, ob „Motivation" im Kern „unbewußt" oder voller gedanklicher Prozesse ist usw. usw. In diesen und vielen anderen Punkten werden die Ansichten der Vertreter verschiedener Richtungen auseinandergehen (s. Kapitel 6).

Ähnliches ist für die Analyse von Praxisfällen zu sagen. Unterschiedlich kann z. B. sein, welchen Raum ein explorierendes Gespräch über innere Prozesse einnimmt oder die Erfassung der objektiven Situationsfaktoren oder die Persönlichkeitsdiagnostik oder die Rückschau auf die Vergangenheit.

Fortsetzen werden sich die Unterschiede bei der Frage, wo Ansatzpunkte für gezielte Veränderungen liegen: in der Veränderung der Situation oder der Person, und bei Personveränderungen vor allem in der gedanklichen Beschäftigung mit eigenen Dispositionen oder in der Einübung neuer Verhaltensgewohnheiten für bestimmte Situationen oder in was sonst? (Mehr zur Verwendung des Modells in Kapitel 8.)

7. Betrachtungsweisen zum psychischen System: Gebiete und Richtungen

In diesem Kapitel wurden verschiedene Aspekte psychischen Geschehens erörtert, die sozusagen den „psychischen Organismus" schlechthin charakterisieren. Wie bereits erwähnt, ist allerdings die Psychologie als Wissenschaft nicht dasselbe wie ihr Gegenstand. Die Wissenschaft kann mit diesem Gegenstand in verschiedener Weise „umgehen". Eine typische Art dieses Umgangs ist es, nicht alle genannten Aspekte gleichzeitig oder mit gleicher Intensität zu betrachten, sondern einige stärker und andere schwächer. Je nach der Schwerpunktbildung ergeben sich dann verschiedene

„Gebiete" der Psychologie. Einige Gebiete („Grundlagengebiete") leiten ihren Gegenstand aus dem einen oder anderen der zuvor genannten grundlegenden Aspekte her (z. B. Entwicklung). Andere Gebiete hingegen werden aufgrund von Fragestellungen gebildet, die sich nicht aus dem psychischen Geschehen selbst ergeben, sondern aus bestimmten Lebensproblemen oder beruflichen Anforderungen (z. B. Pädagogische Psychologie).

Des weiteren wird psychisches Geschehen von Psychologen mit unterschiedlichen „Theorie-Augen" betrachtet. Das heißt, es gibt unterschiedliche Auffassungen darüber, wie man sich sozusagen die „Funktionsweise" des Systems vorzustellen hat, also beispielsweise welche Art von Dispositionen eine „Person" ausmachen, welche Faktoren welche Entwicklungen vorantreiben, wie Motivationsprozesse zustande kommen usw. Solche Lehrmeinungen oder Richtungen bestimmen die wissenschaftlichen Kontroversen; sie sind aber keine „Gebiete" im vorher beschriebenen Sinne, sondern bestimmte Deutungsweisen.

Zusammengefaßt sind dies drei Typen von Blickwinkeln, unter denen das psychische System häufig betrachtet wird und die in der psychologischen Literatur daher immer wieder vorkommen:

- Fragestellungen, die sich direkt auf das psychische System beziehen (systembezogene bzw. Grundlagengebiete),
- Fragestellungen, die sich aus Praxisanforderungen ergeben (praxisbezogene oder Anwendungsgebiete),
- bestimmte theoretische Sichtweisen („Richtungen", „Schulen").

Sie werden im Folgenden näher behandelt.

> Anders als dieses Kapitel, das einen geschlossenen Überblick zum psychischen System geben sollte, sind die *folgenden Kapitel 4, 5 und 6* nicht dafür gedacht, sie alle nacheinander durchzulesen. Sinnvoller ist eine interessengeleitete Auswahl. Diese könnte durchaus mit den Theorierichtungen (Kap. 6) statt mit Gebieten (Kap. 4 und 5) beginnen. Fast jeder „Blickwinkel" enthält Bezüge zu anderen, zu vorangehenden wie späteren.

Kapitel 4
Systembezogene Betrachtungsweisen (Grundlagengebiete)

1. Schwerpunkt „Die Prozesse an sich“: Allgemeine Psychologie

Thema der Allgemeinen Psychologie sind die allgemeingültigen Gesetzmäßigkeiten des psychischen Geschehens. Von zwischenmenschlichen Unterschieden absehend interessiert sie sich gerade für das grundlegend Gleiche, das Gemeinsame im psychischen Geschehen der Menschen.

Im einzelnen beschäftigt sich die Allgemeine Psychologie mit den schon dargestellten Grundprozessen im psychischen System, also mit dem Wahrnehmen, dem Denken, der Motivation und Emotion sowie mit Lern- bzw. Gedächtnisprozessen. Dies ist überwiegend in den Lehrbüchern zu finden. Neuerdings werden auch Vorgänge wie Sprache, Kommunikation sowie Handlungsplanung und -steuerung untersucht. Die Allgemeine Psychologie abstrahiert dabei notwendigerweise von der Wirklichkeit des Alltags, wo psychisches Geschehen an konkrete Personen und Situationen gebunden ist, die ja immer in gewissen Maße verschieden sind.

Ihr Ziel ist es, eine umfassende allgemeingültige Theorie des Menschen zu entwickeln, also theoretische Konstrukte zu entwerfen, mit denen die Grundprozesse in ihren allgemeinen Abläufen und in ihrem Zusammenwirken beschrieben und erklärt werden können. Allgemeinpsychologische Forschung ist ausgesprochene Grundlagenforschung.

Kennzeichnend für das methodische Vorgehen der Allgemeinen Psychologie ist das *Experiment.* Im Experiment, das üblicherweise im psychologischen Labor stattfindet, können unterschiedliche Reizbedingungen, die auf den menschlichen (oder bei tierexperimentellen Untersuchungen auf den tierischen) Organismus wirken sollen, absichtlich und planmäßig hergestellt werden. Ziel solcher Experimente ist es, Veränderungen im psychischen Geschehen („abhängige Variable“) auf die Variation genau festgelegter Reizbedingungen („unabhängige Variable“) zurückzuführen. Hierzu ist es notwendig, den Einfluß anderer, „störender“ Reizbedingungen zu kontrollieren. Außerdem muß man die individuelle Variation kontrollieren, die jede Versuchsperson durch ihre Dispositionen in das Experiment mit hineinbringt. Man arbeitet daher mit mehr oder minder großen Stichproben von Versuchspersonen und sorgt z. B. dafür, daß die Experimentalgruppe, die einem bestimmten Einfluß ausgesetzt wird, und die Kontrollgruppe (die ihm nicht ausgesetzt wird) untereinander voll vergleichbar sind. In der Regel wird dies durch eine zufällige Aufteilung der Versuchspersonen auf die beiden Gruppen erreicht. Hinweise zur Planung und Durchführung von Experimenten gibt die psychologische Methodenlehre, die in Verbindung mit neuentwickelten statistischen Verfahren die Auswertung komplexer Versuchspläne ermöglicht.

Ein Beispiel soll das allgemeinpsychologische Vorgehen verdeutlichen. Lernt man Begriffe auswendig (z. B. Namen der Länder Afrikas) und überprüft in bestimmten Zeitabständen, was vom Gelernten noch erhalten geblieben ist, so kann man feststellen, daß anfangs sehr schnell, später jedoch immer langsamer vergessen wird. Der größte Teil wird in den ersten 24 Stunden vergessen. Der Verlauf des Vergessens ist charakteristisch: Aufgezeichnet ergibt sich eine typische *Vergessenskurve.* In Tafel 23 ist sie für das Behalten von einer Serie gelernter Wörter wiedergegeben. Allgemeinpsychologische Fragen sind hier: Ist der Verlauf bei jedem Lernmaterial gleich, oder ändert sich die Kurve in Abhängigkeit von der Länge oder Sinnhaftigkeit des zu lernenden Materials? Welche Rolle spielen zwischen-

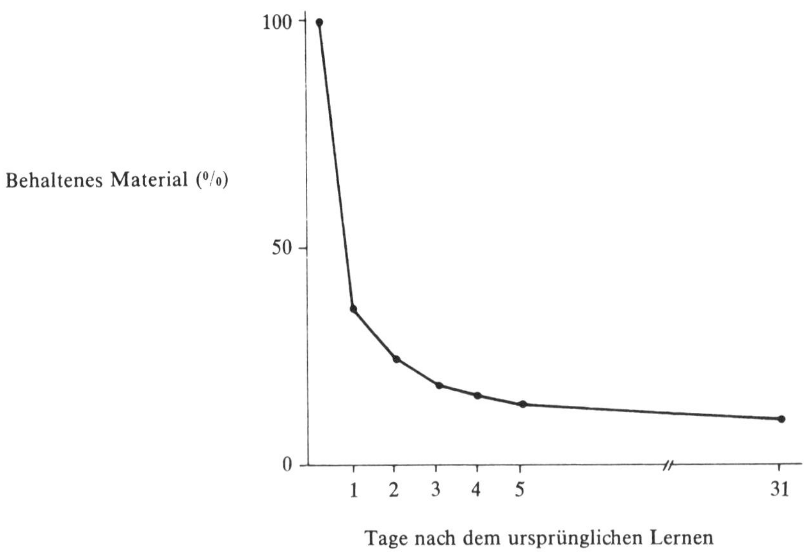

Tafel 23: Vergessenskurve nach Ebbinghaus (1885) für das Serienlernen (aus: Angermeier 1977, S. 272 f.)

zeitliche stille Wiederholungen? Welche Folgerungen sind über zugrundeliegende kognitive Prozesse der Informationsverarbeitung möglich?

Die Allgemeine Psychologie beschäftigt sich aber nicht nur mit einzelnen dieser Grundprozesse, sondern auch mit komplexerem psychischen Geschehen, welches auf dem Zusammenwirken der verschiedenen Grundprozesse beruht. Genannt seien hier etwa das komplexe realitätsnahe Problemlösen, bei dem kognitive (d. h. Wahrnehmungs-, Gedächtnis-, Denkprozesse) und emotional-motivationale Prozesse zusammenwirken sowie Vorgänge der Handlungsregulierung oder Verhaltenssteuerung. Die Berücksichtigung vieler Komponenten des psychischen Geschehens mündet dann gegebenenfalls in die Konstruktion allgemeiner Funktionsmodelle, die zwar zu komplex sind, um sie als Ganze zu überprüfen, die aber eine hilfreiche Leitlinie für die Analyse und Formulierung von Hypothesen bieten.

Insgesamt richtet sich die Allgemeine Psychologie an der empirisch-analytischen Forschungstradition der Naturwissenschaften aus. Dies hat unter anderem auch zu mathematisch formalisierten Modellvorstellungen geführt. Darüber hinaus ist es in der Kognitionsforschung zu einer Verbindung mit neurophysiologischen Theorien aus der Medizin gekommen, um den Zusammenhang der kognitiven Aktivität mit den zugrundeliegenden zentralnervösen Prozessen aufzuklären. Weiterhin ist eine Orientierung an Modellen festzustellen, die von der Informatik entwickelt worden sind. So gibt es Versuche, Prozesse und Strukturen der kognitiven Aktivität des Menschen in Analogie zur Arbeitsweise eines Computers zu verstehen.

Literaturempfehlungen

Lüer, G. (Hrsg.): Allgemeine experimentelle Psychologie. Einführung in die methodischen Grundlagen mit praktischen Übungen für das experimentelle Praktikum. München: UTB 1987.

Schönpflug, W. & Schönpflug, U.: Psychologie. Allgemeine Psychologie und ihre Verzweigungen in die Entwicklungs-, Persönlichkeits- und Sozialpsychologie. München: Psychologie Verlags Union 1983 (2., durchges. Aufl. 1989).

Spada, H. (Hrsg.): Lehrbuch Allgemeine Psychologie. Bern: Huber 1990.

2. Schwerpunkt „Unterschiedlichkeit der Personen“: Persönlichkeits-/Differentielle Psychologie

Daß Menschen sich in ihrem Erleben und Verhalten voneinander unterscheiden, ist jedem klar. Die überwiegende Anzahl der Menschen empfindet sich auch selbst als individuell, als einzigartige, unverwechselbare Persönlichkeit. In einzelnen Verhaltensweisen oder -bereichen mögen sie anderen Menschen sehr ähneln (haben sie z. B. die gleichen Interessen, Anschauungen etc.). In ihrer „Persönlichkeit", in der Organisation ihrer gesamten Dispositionen sind sie jedoch einmalig.

Mit diesen Unterschieden beschäftigen sich die Persönlichkeitspsychologie und die Differentielle Psychologie. Ziel der Persönlichkeitspsychologie ist es, die Unterschiedlichkeit der „ganzen" Person zu beschreiben, zu verstehen bzw. zu erklären und vorherzusagen. Die Differentielle Psychologie konzentriert sich eher auf einzelne Persönlichkeitsaspekte. Dementsprechend findet man Lehrbücher, in denen vorrangig Theorien dargestellt werden, die die gesamte Persönlichkeit zum Inhalt haben, und andere, die sich mit einzelnen Dispositionen und den Problemen ihrer Messung beschäftigen.

Wollen wir Menschen trotz ihrer Einmaligkeit nach psychologischen Gesichtspunkten vergleichen, dann müssen gemeinsame Beschreibungsgesichtspunkte gefunden werden, anhand derer sie sich unterscheiden lassen. Sonst bliebe nur die Möglichkeit, jeden Menschen als jeweils einzigartigen, unvergleichlichen Menschen zu charakterisieren. Die Frage ist also: Gibt es für alle Individuen oder doch zumindest für möglichst viele von ihnen gemeinsame Beschreibungsmerkmale, nach denen sie sich in ihren individuellen, für die Person spezifischen Ausprägungen miteinander vergleichen lassen?

Die Aufgabe, die sich hier der Wissenschaft stellt, ist uns aus unserem alltäglichen Leben durchaus vertraut: Wir benutzen dort zumeist mehr oder weniger abstrakte Eigenschaftsbegriffe (z. B. sensibel, warmherzig, eingebildet etc.), um unsere Mitmenschen zusammenfassend zu beschreiben. Diese Eigenschaftsbeschreibungen beruhen in der Regel auf unsystematischen, gelegentlichen Beobachtungen. Im Einzelfall kann es sich auch um sehr präzise und nachvollziehbare Beschreibungen handeln, wie wir sie z. B. aus der schöngeistigen Literatur kennen. Aufgabe der Wissenschaft ist es hingegen, in erster Linie eine übertragbare Systematik zur Beschreibung von Personen zu schaffen.

In der *Persönlichkeitspsychologie* sind sehr viele und sehr verschiedenartige Theorien entwickelt worden. Um zu einer Übersicht und Ordnung zu gelangen, werden in den Lehrbüchern gewöhnlich zwei Wege eingeschlagen. Zum einen werden einzelne Theorien dargestellt und anhand vorgegebener Kriterien verglichen. Zum anderen werden aufgrund ähnlicher Merkmale Theorien zu Gruppen zusammengefaßt.

Beim Vergleich einzelner Theorien werden vor allem Kriterien herangezogen wie diese:

- Welches Gewicht wird jeweils der „Person", der „Situation" sowie ihrer „Interaktion" beigemessen?
- Wird die Persönlichkeit von ihrer statischen Struktur her betrachtet, oder

wird sie vornehmlich als Prozeß, als sich veränderndes System verstanden?
- Stehen mehr die bewußten inneren Prozesse im Mittelpunkt oder eher unbewußte Prozesse und Strukturen.

Häufiger anzutreffen sind Überblicke, in denen Theorien verschiedener Autoren zu Gruppen mit mehreren gemeinsamen Merkmalen zusammengefaßt werden. So wird vielfach unterschieden in *psychodynamische, eigenschaftstheoretische, phänomenologische* und *lerntheoretische* Theorien (vgl. Mischel 1979; Angleitner 1980; Fisseni 1984). Im Folgenden orientieren wir uns an dieser Einteilung und beziehen zugleich die vorher genannten Vergleichskriterien mit ein.

Die *psychodynamischen* Theorien, als deren bekannteste Vertreter die Tiefenpsychologen Sigmund Freud, Alfred Adler und Carl Gustav Jung zu nennen sind, messen der unbewußten Determination des Erlebens und Verhaltens durch Triebe und Bedürfnisse, der Reifung und der frühkindlichen Erfahrung besondere Bedeutung bei. Den Aufbau der Person verstehen alle diese Theorien ähnlich wie Freud und lehnen sich mehr oder weniger an das von ihm entwickelte Strukturmodell des „psychischen Apparates“ mit den psychischen Instanzen des „Es“, „Ich“ und „Über-Ich“ an. Sie gewichten die Person weit höher als die Situation und betonen sowohl die Struktur wie die Prozeßhaftigkeit der Person.

Eigenschaftstheoretische Ansätze erklären beobachtbares Verhalten bzw. die aktuellen Prozesse durch mehr oder weniger umfassende Dispositionen, die mit Eigenschaftsbegriffen benannt werden. Es handelt sich dabei um Beschreibungen, die durch Einschätzung aufgrund mehrerer Beobachtungen zustande kommen. Da verschiedene Verhaltens- und Erlebnisweisen durch eine solche zusammenfassende Beschreibung auf etwas Gemeinsames zurückgeführt werden, ergibt sich für die Personbeschreibung der große Vorteil einer Reduktion der Komplexität des Erlebens und Verhaltens. Diese Reduktion ist aber auch eine interpretierende Abstraktion. Das „Gemeinsame“ ist in den aktuellen Prozessen bzw. Verhaltensweisen *so* nicht vorhanden. Es ist eine gedankliche Abstraktion, ein „hypothetisches Konstrukt“, unter dem wir tatsächlich Verschiedenes, wenn auch Ähnliches und Zusammengehöriges subsumieren. Einige Autoren gehen trotzdem davon aus, daß diese Eigenschaften – obwohl nicht direkt beobachtbar – im Individuum tatsächlich vorhanden sind, also reale Größen im Sinne neuropsychischer Strukturen darstellen. Mehrheitlich wird aber die Auffassung vertreten, diese Dispositionen seien theoretische Hilfskonstruktionen, die der Forscher erfindet – nicht findet! –, um die beobachtbaren Konsistenzen im Erleben und Verhalten von Individuen beschreiben und auch erklären zu können. Persönlichkeit ist ein sehr allgemeines theoretisches Konstrukt,

„dessen hinreichende, empirisch kontrollierte Präzisierung – wenn überhaupt – erst in ferner Zukunft zu erwarten ist“ (Herrmann 1976, S. 40).

Bedeutende Vertreter neuerer eigenschaftstheoretischer Auffassungen der Persönlichkeit sind R. B. Cattell, J. P. Guilford und H. J. Eysenck. In ihren faktorenanalytischen Untersuchungen haben sie als eine der grundlegenden Dimensionen zur Persönlichkeitsbeschreibung die der „Extraversion vs. Introversion“ ermittelt. Mit ihr wird die Unterschiedlichkeit der Menschen hinsichtlich ihrer Aktivität, Geselligkeit, Selbstbehauptung und sozialen Anpassung erfaßt.

Die Eigenschaftstheorien halten ebenfalls Personfaktoren für wichtiger als Situationsfaktoren, konzentrieren sich dabei aber auf statische bzw. strukturelle Aspekte. Hinsichtlich der Bedeutung bewußter bzw. unbewußter Determination des Verhaltens sind sie indifferent.

Vor allem durch die *phänomenologischen Theorien* wird eine andere Position vertreten. Sie gehen von der Person als „real existierendem seelischen Sein“ aus und sehen in ihr das intentional tätige Subjekt (vgl. Graumann & Metraux 1977). Die Person ist dabei Subjekt seiner Existenz, das aufgrund eigener Entscheidungen handelt. Die Persönlichkeit eines Menschen ist dann die Summe seiner individuellen Entscheidungen, die er in Anbetracht seiner personalen und situativen Möglichkeiten getroffen hat. Eigenschaften einer Person werden danach nicht „erfunden“, sondern die Forschung muß sie „entdecken“ (vgl. Maslow 1973). In den phänomenologischen Theorien wird einerseits die Beziehung des Individuums zu sich selbst hervorgehoben, wobei das Selbstkonzept („Selbstbild“) von besonderer Bedeutung ist. Andererseits interessiert sie die Beziehung des Individuums zu seiner Um- und Mitwelt, genauer: wie diese wahrgenommen und interpretiert wird. Diese Theorien legen ebenso wie die vorgenannten das Schwergewicht auf die Person, betonen dabei aber besonders die Bewußtheit psychischen Geschehens und heben den Prozeßcharakter der Persönlichkeit hervor. Vertreter phänomenologischer Persönlichkeitstheorien finden wir heutzutage vorwiegend in der humanistisch orientierten Psychologie und ihren existentialistischen Varianten, so z. B. bei Abraham Maslow, Carl R. Rogers oder Rollo May.

Die *lerntheoretischen* Konzeptionen entstammen der behavioristischen Richtung. In den klassischen Ansätzen wird Persönlichkeit gleichgesetzt mit dem Verhaltensrepertoire, welches das Individuum im Laufe seiner Lerngeschichte aufgrund von Bekräftigungen erworben hat. Dieses Verhaltensrepertoire, „Habit-System“ genannt, besteht aus einzelnen Gewohnheiten („Habits“), die durch bestimmte Reize aktiviert werden (vgl. Bergius 1977).

Zunehmend werden in den letzten Jahren auch kognitive Elemente in die behavioristische Analyse des Verhaltens und seiner Erklärung mit einbezogen. Habits können dann auch bestimmte „Wahrnehmungsgewohnheiten" sein wie etwa, viele Situationen als leistungsbezogen wahrzunehmen oder das Auftreten bestimmter Umweltereignisse zu erwarten. Zwar bleiben auch diese inneren Prozesse in ein Reiz-Reaktions-Schema eingebettet: „Situation" ist jetzt aber nicht mehr nur objektiv, nach physikalischen Größen bestimmbar, sondern auch die subjektiv, vom Individuum wahrgenommene und interpretierte Situation. Hierauf aufbauende Persönlichkeitstheorien werden als *lerntheoretisch-interaktionistische* Theorien bezeichnet, weil sie Erleben und Verhalten aus der Interaktion („Wechselwirkung") von Person- und Situationsmerkmalen erklären. Sie zählen zu den neuesten Ansätzen in der Persönlichkeitspsychologie (z. B. Mischel 1973). Ihre wesentlichen Gemeinsamkeiten lassen sich wie folgt zusammenfassen:

- „Das Individuum wird als aktiv angesehen,
- Verhalten wird als eine Funktion eines kontinuierlichen Prozesses zwischen Individuum und der Situation, in der das Individuum sich befindet, gesehen (mit Feedback-Mechanismus),
- Kognitive Faktoren sind die wesentlich wichtigen Determinanten des Verhaltens, aber auch emotionale Faktoren spielen eine Rolle.

1. **Kompetenzen**
1.1 **motorisch-physische**
(z. B. psychomotorische Koordination, Reaktionsgeschwindigkeit, Handgeschicklichkeit)
1.2 **kognitiv-intellektuelle**
(z. B. Gedächtnisumfang, räumliche Vorstellung, Sprachverständnis, Rechenfertigkeit, logisches Denken)

2. **Persönlichkeit im engeren Sinne**
2.1 **Motive**
(z. B. Bedürfnisse nach Geselligkeit, Leistung; Interessen für bestimmte Sachgebiete; soziale Einstellungen wie Sympathie, Vertrauen, Zuneigung; politische, ökonomische, religiöse Werthaltungen)
2.2 **Gefühlsneigungen**
(z. B. zu Heiterkeit, Furcht, Ärger, Widerwille, Verachtung)
2.3 **Verhaltens- und Erlebensstil**
(z. B. Extraversion, emotionale Stabilität, Feinfühligkeit, Ernst und Unabhängigkeit der Meinungsbildung)
2.4 **Selbstbild**
(wie Menschen sich selbst beschreiben; häufig nach Merkmalen wie Willenskraft, Extraversion, Gefühlsbetontheit, emotionale Stabilität)

Tafel 24: Gliederung der Persönlichkeit in Bereiche und Merkmalsdimensionen (in Anlehnung an Seitz 1977; mit Ergänzungen aus Pawlik 1979 und Schneewind 1982)

– Vor allem wichtig zur Verhaltensbestimmung ist die psychologische Bedeutung und Interpretation (meaning) der Situation durch das Individuum." (Angleitner 1980, S. 173)

In der *Differentiellen Psychologie,* die sich auf spezifische Aspekte der Persönlichkeit konzentriert, werden nach Sader (1980, S. 61 f., S. 73 f.) häufig folgende Merkmale untersucht: Intelligenz, Aggressivität, Ängstlichkeit, Leistungsmotiv und Attraktivität. Daneben gibt es vernachlässigte Themen wie Sexualität, Sadismus, Masochismus und Machtstreben. Dispositionen aus dem Bereich positiver zwischenmenschlicher Beziehungen, wie das Gesellungsmotiv, hilfreiches Verhalten, Dankbarkeit oder Vertrauen, finden erst in jüngster Zeit verstärkt Beachtung.

Diese und andere Aspekte der Persönlichkeit lassen sich nach mehreren Gesichtspunkten gliedern. Je nach theoretischem Standpunkt und Forschungsabsicht wird man dem einen oder anderen den Vorzug geben. Im vorigen Kapitel (s. S. 79) haben wir als zwei mögliche Hauptgruppen „Kompetenzen, Fähigkeiten/Fertigkeiten usw." und „Motive, Einstellungen usw." genannt. Tafel 24 gibt einen erweiterten Überblick über eine Auswahl von Merkmalen, die in der Literatur häufig genannt werden.

Wie zu erkennen ist, beschränkt sich die Differentielle Psychologie nicht nur auf den emotional-motivationalen Bereich, während in den Persönlichkeitstheorien hierauf der Schwerpunkt gelegt wird.

Individuen unterscheiden sich durch ihre Ausprägungen auf diesen Dispositionen; darin besteht ihre Individualität. Rein rechnerisch könnten z. B. schon durch 10 solcher Merkmalsdimensionen mit jeweils 10 Ausprägungsgraden 10 Milliarden (!) Menschen unterschiedlich beschrieben werden.

Literaturempfehlungen

Amelang, M. & Bartussek, D.: Differentielle Psychologie und Persönlichkeitsforschung. Stuttgart: Kohlhammer, 2., verbess. u. erw. Aufl. 1985.

Pervin, L. A.: Persönlichkeitstheorien. München: Reinhardt, 2., neubearb. Aufl. 1987.

Schneewind, K. A.: Persönlichkeitstheorien. I. Alltagspsychologie und mechanistische Ansätze u. Persönlichkeitstheorien II. Organismische und dialektische Ansätze. Darmstadt: Wissenschaftliche Buchgesellschaft 1982; 1984.

3. Schwerpunkt „Entwicklung der Person": Entwicklungspsychologie

Entwicklung bedeutet Veränderung in der Zeit. In unserem integrierenden Modell ist dieser Aspekt durch die vertikale Achse, die Zeitachse, berücksichtigt. Die individuellen Dispositionen der Person verändern sich und mit ihnen die aktuellen Prozesse. Die Veränderungen sind qualitativer und/ oder quantitativer Art. Es braucht sich dabei aber nicht notwendigerweise um eine positive Entwicklung zu handeln. Denken wir nur an die „Fehlentwicklung". Die *Entwicklungspsychologie* beschäftigt sich mit solchen Veränderungen des psychischen Geschehens, „die sinnvollerweise auf die Zeitdimension Lebensalter bezogen werden können" (Montada 1987, S. 6), wobei alle Altersstufen, nicht nur Kindheit und Jugendalter (!), zu ihrem Gegenstand gehören. Nicht als Thema der Entwicklungspsychologie gelten Veränderungen durch spezielle, nicht alterstypische Einflüsse, wie die berufliche Situation, familiäre Belastungen, Trainings, Psychotherapie u. a. m. (siehe Klinische Psychologie, Pädagogische Psychologie).

Die Entwicklungspsychologie hat zwei wesentliche Aufgaben: erstens, den Entwicklungsprozeß als einen lebenslaufbezogenen Veränderungsprozeß zu beschreiben, und zweitens, den Entwicklungsvorgang zu erklären. Das Alter als solches kann nicht als Erklärung von Entwicklung herangezogen werden, da es selbst nichts verursacht oder bedingt. Das Alter kann daher nur zu einer zeitlichen Ordnung der Beschreibung des Entwicklungsverlaufs herangezogen werden.

Die *Beschreibung* der Entwicklung wird häufig nach *Lebensabschnitten bzw. -phasen* gegliedert. In einer Zusammenschau werden dann Kleinkindalter, Kindheit, Jugendalter, Erwachsenenalter und Alter aufeinanderfolgend in den psychologisch wichtigen Aspekten dargestellt (vgl. Nickel, 1979, 1982; Oerter & Montada 1987). Eine andere typische Beschreibung ist die nach *Funktionsbereichen*. In den Lehrbüchern finden wir dann Themen wie: die Entwicklung der Wahrnehmung, des Denkens, der Motivation/Emotion, der Motorik, der Sprache (also die Entwicklung der so oder anders unterschiedenen aktuellen Prozesse; vgl. Oerter 1984). Als berühmtes Beispiel sei die kognitive Entwicklung nach Piaget in einer knappen Übersicht wiedergegeben (s. Tafel 25). Darüber hinaus kann die Entwicklung unter vielen weiteren Fragestellungen beschrieben werden, z. B. solchen, die eigentlich nicht einzelne Funktionen oder Subsysteme, sondern das psychische Gesamtsystem „im Hinblick auf..." betreffen. Hier ist zum einen die Persönlichkeitsentwicklung zu nennen (Herausbildung der individuellen Eigenart), zum anderen Problemstellungen wie die Entwicklung des Spie-

> Wilhelm Busch über
>
> **Identitätsentwicklung**
>
> „Früher, da ich unerfahren
> und bescheidner war als heute,
> hatten meine höchste Achtung
> andre Leute.
> Später traf ich auf der Weide
> außer mir noch mehre Kälber
> und nun schätz ich, sozusagen
> erst mich selber."
>
> (Kritik des Herzens)

Ungefähres Alter	Entwicklungsstadium	Beschreibung
Geburt bis 2 Jahre	Sensomotorische Periode	Der Säugling lernt, sich selber von der Umwelt zu unterscheiden; er sucht Stimulation und strebt nach der Wiederholung interessanter Ereignisse. Durch Manipulation mit Objekten entsteht das Gegenstandsschema: Dinge bleiben „dieselben“ trotz Veränderung in Raum und Zeit.
2–7 Jahre	Präoperationale Periode	Beginn des Symbolgebrauchs, Spracherwerb.
2–4 Jahre	(Egozentrische Phase)	Das Kind ist noch unfähig, den Gesichtspunkt anderer einzunehmen; klassifiziert Dinge nach nur einer Haupteigenschaft.
4–7 Jahre	(Intuitive Phase)	Beginnt in Klassen und Relationen zu denken, mit Zahlen zu operieren. Diese Operationen sind aber noch rein „anschaulich“.
7–11 Jahre	Periode der konkreten Operationen	Beherrscht in konkreten Situationen logische Operationen wie Umkehrbarkeit, Klassifikation, Herstellen von Rangordnungen.
11–15 Jahre	Periode der formalen Operationen	Übergang zum abstrakten Denken, Fähigkeit zum Testen von Hypothesen („Gedankenexperimente“).

Tafel 25: Piagets Stadien der kognitiven Entwicklung (aus: Legewie & Ehlers 1986, S. 248)

Säuglingsalter
Jungen und Mädchen interessieren sich nur für sich selbst.

Frühe Kindheit
Kinder suchen Kontakt zu anderen Kindern unabhängig vom Geschlecht des Spielgefährten.

Um das 8. Lebensjahr
Jungen bevorzugen Jungen beim Spielen, und Mädchen spielen lieber mit Mädchen.

10 bis 12 Jahre
Jungen- und Mädchengruppen lehnen einander ab.

13 bis 14 Jahre
Mädchen fangen an, sich für Jungen zu interessieren und ihre Aufmerksamkeit auf sich zu lenken. Jungen sind zurückhaltend.

14 bis 16 Jahre
Auch Jungen beginnen, sich für Mädchen zu interessieren, die ersten Paarbeziehungen beginnen.

Vom 16. Lebensjahr an
Es ist üblich, in Paaren auszugehen.

Tafel 26: Überblick über die sieben wichtigsten Phasen in der Entwicklung sozialer Beziehungen zwischen Jungen und Mädchen (nach Cole 1961, S. 407; aus: Seiffge-Krenke 1989, S. 255)

lens oder des sozialen Verhaltens. Einen Aspekt sozialen Verhaltens veranschaulicht Tafel 26; zu einem Aspekt der Persönlichkeitsentwicklung siehe den Vers von Wilhelm Busch.

Zur *Erklärung,* also der Frage, welche Faktoren die Entwicklung vorantreiben, haben sich verschiedene Auffassungen herausgebildet. Mit Riegel (1981) können wir vier Erklärungsgesichtspunkte unterscheiden (s. Tafel 27), je nachdem, ob die Person oder die Umwelt als aktiv oder passiv am Entwicklungsgeschehen beteiligt gesehen wird. Wie leicht zu erkennen ist, leben in diesen vier Auffassungen die Faktoren wieder auf, die wir als Quellen der Entwicklung bezeichnet haben: Anlage – Umwelt – Person selbst. Es ergeben sich folgende Positionen (vgl. auch Montada 1987, S. 76 ff.).

Endogenistische Theorien: Weder Umwelt noch Individuum sind aktiv an der Entwicklung beteiligt. Entwicklung ergibt sich aus der Reifung bzw. aus Anlageprogrammen. Aufgabe der Umwelt ist es, geeignete „entwicklungsangemessene" Bedingungen herzustellen, die diesen Reifungsprozeß nicht stören, die z. B. die Kinder nicht unter-, aber auch nicht überfordern. Viele Phasenlehren der Entwicklung stützen sich auf diese reifungstheoretische Annahme.

Person	Umwelt	
	passiv	aktiv
passiv	endogenistische Theorien	exogenistische Theorien
aktiv	konstruktivistische Theorien	interaktionistische Theorien

Tafel 27: Erklärungspositionen der Entwicklung nach Riegel (1981, leicht verändert aus: Montada 1982, S. 24)

Exogenistische Theorien: Entwicklung steht unter der Kontrolle einer aktiven Umwelt. Die auf den Menschen einwirkenden Reize, die entweder dem Verhalten vorausgehen oder ihm folgen, werden als Ursachen der Veränderung gesehen. Diese Position ist typisch für die lerntheoretische Erklärung der Entwicklung, wie sie der Behaviorismus (s. S. 154 ff.) gibt. Der Mensch kommt als „Tabula rasa" auf die Welt. Was er wird, wird er durch Erfahrung, der er passiv ausgesetzt ist.

Konstruktivistische Stadientheorien: Der Mensch steht in einem aktiven Austausch mit der passiven Umwelt. Er reagiert auf die Umwelt nicht mechanisch, sondern vermittelt durch seine Sicht der Dinge, durch seine Interpretation der Wirklichkeit. Wirklichkeit ist in diesem Verständnis nie eine objektive, sondern durch das Individuum aufgrund seiner Erfahrung subjektiv konstruierte Wirklichkeit. Piaget ist ein Vertreter dieser Gruppe von Entwicklungspsychologen. Seiner Auffassung gemäß entwickelt sich das aktive Individuum in Form von „Selbstkonstruktionen", indem es auf der jeweiligen Entwicklungsstufe seine Umwelt selbsttätig begreift nach den ihm zur Verfügung stehenden Erkenntnis- und Handlungsmöglichkeiten. Die Umwelt bleibt dabei in einer eher passiven Rolle, sie determiniert die Entwicklung nicht direkt.

Interaktionistische Entwicklungstheorien: Ausgangspunkt ist das Gesamtsystem: Mensch – Umwelt. Mensch und Umwelt sind aktiv am Entwicklungsgeschehen beteiligt, sie verändern sich und wirken aufeinander im Sinne einer Wechselwirkung. Das Individuum verarbeitet die wahrgenommene Wirklichkeit nicht nur in subjektiver Weise, sondern ihr entsprechend greift es auch handelnd in seine Umwelt ein und verändert sie. Diese beeinflußt wiederum die Person und so fort in „dynamischer reziproker Wechselwirkung" (vgl. S. 86).

In der exogenistischen und interaktionstheoretischen Position wird der Umwelteinfluß als Entwicklungsfaktor stark betont. Aus ihnen lassen sich daher auch gut solche Entwicklungsprozesse erklären, die gemeinhin als *„Sozialisationsprozesse"* bezeichnet werden und mit denen die Vorgänge des Hineinwachsens in die Gesellschaft, die „Sozialwerdung" des Menschen, gemeint sind. Sie umfassen also den sozialbezogenen Aspekt der Entwicklung und die gesellschaftlichen Einflüsse auf die Entwicklung des Erlebens und Verhaltens. Wir können auch von einer „sozialen Prägung" der Dispositionen sprechen oder allgemeiner von der „sozialen Persönlichkeitsentwicklung" als Thema der Sozialisation (vgl. Hurrelmann & Ulich 1982). Beispiele sind etwa die geschlechtsspezifische Sozialisation, in der das geschlechtstypische Erleben und Verhalten erworben wird, oder die politische Sozialisation, in der politische Einstellungen und Verhaltensweisen erworben und verändert werden. Diese Sozialisationsprozesse werden, wie der Entwicklungsverlauf, als das ganze Leben umspannend angesehen. Wesentliche „Instanzen" der Sozialisation sind die Familie („primäre Sozialisation"), Schule und Gleichaltrige („sekundäre Sozialisation") sowie Arbeit und Beruf („tertiäre Sozialisation"). Je nach theoretischer Position (s. o.) wird der Vorgang des Erwerbs gesellschaftlich erwünschter und akzeptierter Erlebens- und Verhaltensweisen anders erklärt: als eine aktive Auseinandersetzung des Individuums mit der aktiv beeinflussenden Umwelt, eben jenen „Sozialisationsinstanzen"; oder als passive Formung durch unterschiedliche gesellschaftliche Einflüsse.

Neben der Beschreibung und Erklärung der Entwicklung beschäftigt sich die Entwicklungspsychologie auch mit Fragen der *Vorhersage* und *Veränderung* von Entwicklungsverläufen. Solche Problemstellungen erwachsen ihr vielfach aus der Praxis (vgl. auch Hetzer u. a. 1989). Nach Montada und Schmitt (1982, S. 679) können wir vier anwendungsbezogene Aufgabenstellungen der Entwicklungspsychologie unterscheiden:

1. Vorhersage von Stabilität und Veränderung von Merkmalen und Verhaltensweisen:

In vielen Lebensbereichen sind solche Kenntnisse wichtig, so z. B. in der Rechtsprechung bei der Kriminalitäts- oder Bewährungsprognose oder im pädagogischen Bereich. Eltern interessiert häufig, was aus ihren Kindern werden wird: Wenn das Kind einen kleinen Diebstahl begangen hat, wird es dann später kriminell? Bleibt die intellektuelle Leistungsfähigkeit des Kindes auch im späteren Alter erhalten? Gibt sich die Schüchternheit des Adoleszenten im Erwachsenenalter wieder?

2. Begründung von Entwicklungszielen und Interventionszielen:
   Die Entwicklungspsychologie kann zur Begründung solcher Ziele beitragen, z. B. zum Sinn und Nutzen von frühkindlichen Förderungsmaßnahmen oder einer Vorbereitung auf ein aktives Leben im Alter.
3. Ermittlung und Bewertung von Entwicklungsbedingungen:
   Vielfach ergibt sich die Frage, wie aktuell wirksame Entwicklungsbedingungen (z. B. Krankenhausaufenthalt eines Kindes, Arbeitslosigkeit eines Erwachsenen, Ehescheidung) oder auch länger zurückliegende (z. B. traumatische Kindheitserlebnisse) für den Entwicklungsstand und die weitere Entwicklung zu bewerten sind.
4. Planung und Evaluation von Interventionsmaßnahmen:
   In vielfältiger Weise wird in die Lebensläufe von Menschen eingegriffen: Eltern schicken ihre Kinder auf bestimmte weiterführende Schulen; ein verhaltensgestörtes Kind bekommt auf Anraten eines Psychologen eine Therapie, ein anderes kommt in eine Pflegefamilie etc. Von der angewandten Entwicklungspsychologie können Prognosen über die Auswirkungen von solchen und anderen Interventionen erwartet werden. Sie überschneidet sich mit der Pädagogischen und Klinischen Psychologie.

Literaturempfehlungen

Mietzel, G.: Wege in die Entwicklungspsychologie. Kindheit und Jugend. München: Psychologie Verlags Union 1989.

Oerter, R. & Montada, L. (Hrsg.): Entwicklungspsychologie. Ein Lehrbuch. München: Psychologie Verlags Union, 2., erw. u. überarb. Aufl. 1987.

Wieczerkowski, W. & zur Oeveste, H. (Hrsg.): Lehrbuch der Entwicklungspsychologie. 3 Bände. Düsseldorf: Schwann 1982.

4. Schwerpunkt „Interaktion mit anderen" (Situationsbereich I): Sozialpsychologie

Aus der Interaktion der Menschen untereinander ergibt sich für die psychologische Betrachtung eine soziale, d. h. eine zwischen- oder auch mitmenschliche, Perspektive. Ihr Gegenstand und damit Gegenstand der Sozialpsychologie sind die „Erfahrungen von Personen in sozialen Situationen und deren nachhaltige Auswirkungen auf die beteiligten Personen“ (Brandstätter 1983, S. 37f.) Ihre Aufgabe ist der Versuch, „zu verstehen und zu erklären, wie das Denken, Fühlen und Verhalten von Individuen durch die reale, vorgestellte oder implizite Gegenwart anderer beeinflußt wird“ (Allport 1968, zit. n. Graumann 1974, S. 336).

Typische Themen, die von ihr untersucht werden, lassen sich in Anlehnung an Bornewasser u. a. (1979, S. 17f.) und Bierhoff (1984) folgendermaßen gliedern: 1. soziale Kognitionen; 2. soziale Einstellungen; 3. Gruppenprozesse; 4. soziale Interaktion und Kommunikation; 5. Sozialisation und 6. spezielle soziale Verhaltensweisen und ihre Motive.

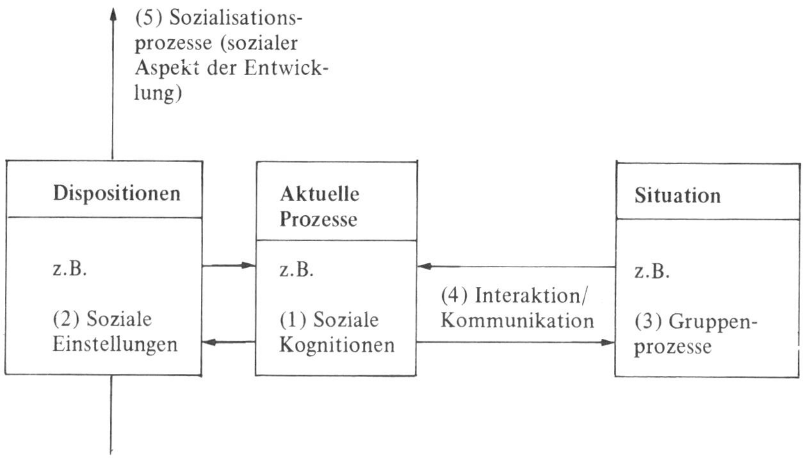

Tafel 28: Typische Themengebiete der Sozialpsychologie und ihre Schwerpunkte im integrierenden Modell von S. 96

Vor einer näheren Erläuterung sollen sie dem integrierenden Modell zugeordnet werden. Der Schwerpunkt der Sozialpsychologie liegt eindeutig auf der horizontalen Ebene (Ausnahme: Sozialisationsprozesse). „Soziale Kognitionen“ lassen sich je nach Fragestellung den aktuellen Prozessen oder den Dispositionen zuordnen; „soziale Einstellungen“ sind als Dispositionen zu verstehen. Wird mehr das Umfeld – die „Anderen“ – ins Blickfeld genommen, wird das Thema der „Gruppe“ relevant. Im Zwischenfeld zwischen Person und Umfeld kann man die Themen der „Interaktion“ und „Kommunikation“ ansiedeln. Die „Sozialisation“ betrifft die vertikale Achse, d. h. den Entwicklungsaspekt (s. Tafel 28). Die „speziellen sozialen

Verhaltensweisen und ihre Motive“ haben mit mehreren oder allen Segmenten des integrierenden Modells zu tun.

Im folgenden wird etwas ausführlicher auf die Themenstellungen der Sozialpsychologie eingegangen.

1. *Soziale Kognitionen:* Hier geht es um die Analyse von Prozessen und Strukturen der „Personwahrnehmung“, um das soziale Verstehen und die soziale Urteilsbildung, um die Zuschreibung („Attribution“) von Eigenschaften und Intentionen auf sich selbst und andere Personen im Zusammenhang mit sozialen Interaktionen.

In der „Personwahrnehmung“ wird etwa untersucht, wie sich Menschen in der sozialen Interaktion ein „Bild“ von der anderen Person machen: Sie scheinen dazu zu neigen, sich relativ schnell – oftmals aufgrund weniger und kaum gesicherter Information – ein Bild zu machen. Wenige Informationen werden zu einem Bild vervollständigt, da feste Erwartungen darüber bestehen, welche Merkmale zusammengehören (z. B. „Wer lügt, stiehlt auch“). Diese Verknüpfung von Eigenschaften zu einem „Bild“ der Persönlichkeit in der Vorstellung des Beobachters („implizite Persönlichkeitstheorie“) kann auch Konsequenzen für das Verhalten gegenüber der wahrgenommenen Person haben.

2. *Soziale Einstellungen:* Hier geht es um den Erwerb und die Veränderung von Einstellungen, ihre Messung und um den Zusammenhang von Einstellungen und Verhalten. Dieser Forschungsbereich überschneidet sich z. T. mit dem der „sozialen Kognitionen“.

Witte (1977, S.103) kennzeichnet Einstellung folgendermaßen: „Eine Einstellung eines psychologischen Subjektes gegenüber einem psychologischen Objekt ist eine sozial vermittelte Stellungnahme diesem Objekt gegenüber, durch die in systematischer Weise Prozesse im Bereich des Erkennens, Erlebens und Handelns ausgelöst werden.“ Einstellungsobjekte sind z. B. Kirche und Religion, Ausländer, Geburtenkontrolle, Fernsehen, Umweltschutz, Genußmittel etc. Mit „Stellungnahme“ ist in erster Linie gemeint, daß Menschen den Gegenständen der sozialen Welt gegenüber gefühlsmäßig mehr oder weniger positiv oder negativ „eingestellt“ sind, also Sympathie und Abneigungen empfinden. Daneben gehört zur Einstellung auch eine kognitive Komponente – ein „Bild“ des anderen Menschen, eine „Meinung“ oder „Überzeugung“ zu Fragen des menschlichen Zusammenlebens. Vielfach wird auch noch eine verhaltensbezogene Komponente hinzugerechnet, d. h. die Tendenz, übereinstimmend mit den entsprechenden Emotionen und Kognitionen zu handeln. Diese Tendenz ist aber nicht gleichzusetzen mit tatsächlichem Verhalten.

Die psychologische Funktion von Einstellungen besteht vor allem darin, daß sie (a) die Komplexität der wahrgenommenen Umwelt reduzieren und dem Individuum helfen, sich schnell zurechtzufinden; (b) die zwischenmenschliche Orientierung erleichtern; (c) zur Rechtfertigung des Verhaltens dienen können.

Einen klassischen Schwerpunkt sozialpsychologischer Einstellungsforschung bilden die Arbeiten zu rassischen Vorurteilen und Sterotypen. In neuerer Zeit stehen Untersuchungen im Vordergrund, die die Rolle der Kognitionen hervorheben, z. B. die Rolle des Selbstbildes in der Relation von Einstellung und Verhalten.

3. *Gruppenprozesse:* Hier werden die sozialen Interaktionen in den Gruppen, Institutionen und Organisationen behandelt, ebenso die Entwicklung von Gruppennormen und Rollenerwartungen. Von Interesse sind für die Sozialpsychologie vor allem Fragen der Entstehung von Gruppen, der Leistungsfähigkeit von Gruppen (im Vergleich zu der von einzelnen), der Determinanten des Gruppenzusammenhalts („Gruppenkohäsion"), der Gruppenübereinstimmung („Gruppenkonformität") und der Gruppenstruktur. Wir haben es hier mit einer betont situationsorientierten Betrachtung zu tun: die Beeinflussung des einzelnen durch die anderen. Genaugenommen ist die Interaktion in der „Gruppe" nur ein Spezialfall der Interaktion mit „anderen", freilich ein sehr bedeutsamer.

Was sind nun aber Gruppen, was ihre charakteristischen Merkmale? Mit Schneider (1973, S. 16ff.) können sechs Kriterien angeführt werden: (1) Kriterium der Mitgliedszahl: Es müssen mindestens zwei sein. (2) Kriterium der Interaktion: Zwischen den Mitgliedern muß eine wechselseitige Beeinflussung stattfinden. (3) Kriterium der Strukturierung: Die Beziehungen der Mitglieder untereinander führen zu einer Aufgabenteilung und Rangordnung innerhalb der Gruppe. (4) Kriterium der gemeinsamen Norm: In der Gruppe bilden sich gemeinsame Auffassungen darüber, welche Verhaltensweisen erwünscht sind, welche nicht und welche Ziele die Gruppe anstreben will. Auf Mitglieder, die sich abweichend von der Gruppennorm verhalten, wird meist ‚Konformitätsdruck' ausgeübt, oder sie werden ausgeschlossen. (5) Kriterium des Gruppenbewußtseins: In der Gruppe bildet sich ein Zusammengehörigkeitsgefühl aus. Die eigene Gruppe wird zur „Ingroup", die andere zur „Outgroup". (6) Kriterium der Dauer: Die Beziehungen müssen über eine gewisse Zeit bestehen.

Es gibt zudem verschiedene Arten von Gruppen, z. B. Verwandtschaftsgruppen (Familie), Beschäftigungsgruppen (Arbeitsgruppe), Freundschafts- und Interessengruppen („Clique"). Menschen gehören in der Regel gleichzeitig mehreren Gruppen an. In manchen sind sie Mitglieder („Mitgliedschaftsgruppe"), anderen fühlen sie sich in ihren Einstellungen zugehörig („Bezugsgruppe"); beides kann zusammenfallen, muß aber nicht.

Von den vielen Gruppen, in denen Menschen Mitglieder sind und/oder denen sie sich zugehörig fühlen, kommt der Familie eine besondere Bedeutung zu. Sie ist als „Primärgruppe" die erste, in die Menschen hineinwachsen, von der sie beeinflußt werden und die sie durch ihr Verhalten mitgestalten.

4. *Soziale Interaktion und Kommunikation:* Hierzu gehört die Untersuchung von sprachlichen und nichtsprachlichen Formen der Interaktion und des mit ihnen verbundenen Informations- und Bedeutungsaustausches in ihrer sozialen Eingebundenheit. So ist z. B. sozialpsychologisch von Interesse, wie sich soziale Normen und Kommunikationskonstellationen (z. B. Vorstellungsgespräch; Partygeplauder) auf den Kommunikationsverlauf auswirken. Auf seiten der personalen Dispositionen haben die kulturell geprägten Kommunikationsfertigkeiten Beachtung gefunden, denn soziale Kommunikation stellt sich als ein kompliziertes Zusammenspiel verbaler und nonverbaler Signale dar: „Eine Sprache wird nicht nur mit Wörtern, sondern mit dem ganzen Körper gesprochen", wie Forgas (1987, S. 133) schreibt. Die Forschungsergebnisse zeigen, daß mit non-verbalen Zeichen (z. B. Kopfnicken, Blickkontakt, Körperhaltung) der Ablauf eines Gesprächs gesteuert, der emotionale Zustand übermittelt und dem Gegenüber wichtige Hinweise gegeben werden, wie verbale Äußerungen zu verstehen sind.

Auf die grundlegende Bedeutung der Kommunikation haben wir schon im Kapitel 3 hingewiesen, wo wir sie den aktuellen Prozessen zugeordnet und als einen elementaren Aspekt zwischenmenschlichen Verhaltens bezeichnet haben (s. S. 58).

5. *Sozialisation:* Hier werden die Entstehung und Veränderung sozialen Verhaltens und sozialer Einstellungen im Verlauf der Entwicklung abgehandelt, z. B. Sozialisation in verschiedenen Feldern (Familie, Schule, Beruf), geschlechtsspezifische Sozialisation, gesellschaftliche Klassen und Schichten als Sozialisationsfaktoren. Der Aspekt der Sozialisationsprozesse ist in unserer Systematik unter „Entwicklungspsychologie" besprochen worden als der sozialbezogene Aspekt der Entwicklung (s. S. 111).

6. *Spezielle soziale Verhaltensweisen und ihre Motive:* Als wichtige Erscheinungsformen des sozialen Verhaltens, die immer wieder untersucht worden sind, gelten nach Bierhoff (1984):

a) Streben nach Geselligkeit (d. h. Suchen nach Kontakt und emotionalen Bindungen),

b) interpersonale Attraktion (d. h. zwischenmenschliche Zuneigung oder Ablehnung),

c) hilfreiches Verhalten (d. h. dem Mitmenschen freiwillig, ohne dienstliche Verpflichtung eine Wohltat erweisen),

d) Streben nach Gerechtigkeit (d. h., Fairneß im sozialen Miteinander der Menschen zu erreichen suchen),

e) Aggression (d. h. Verhalten, das die Schädigung anderer intendiert),

f) Streben nach Kontrolle und Handlungsfreiheit (d. h., bedeutungsvolle

Lebensereignisse und Handlungsfolgen selbst zu kontrollieren, „Herr des eigenen Schicksals“ zu sein).

In jedem der sechs übergeordneten Themengebiete gibt es eine Vielzahl von theoretischen Ansätzen, mit denen die beobachtbaren Phänomene beschrieben und erklärt werden. Im dreibändigen Werk der Theorien der Sozialpsychologie von Frey und Irle (1984/1985) werden allein 29 Ansätze aufgeführt! Übergreifend lassen sich aber einige Grundströmungen in der sozialpsychologischen Theoriebildung feststellen. Von ihnen sind besonders die behavioristisch und kognitivistisch orientierten Sichtweisen zu nennen. (Zur Erörterung dieser und weiterer grundsätzlicher Theorierichtungen vgl. auch Mertens & Fuchs 1978.)

Die theoretische Heterogenität und die inhaltliche Vielfalt der Forschungsgegenstände hat zur Folge, daß die Lehrbücher Akzente setzen. Einige sind primär aus theoretischer Sicht geschrieben, andere konzentrieren sich stärker auf eine thematische Darstellung, behandeln die einzelnen Inhalte aber mit sehr unterschiedlichem Gewicht. Dies macht es nicht leicht, sich einen Überblick über sozialpsychologische Forschung und ihre Ergebnisse zu verschaffen.

Literaturempfehlungen

Forgas, J. P.: Sozialpsychologie. Eine Einführung in die Psychologie der sozialen Interaktion. München: Psychologie Verlags Union 1986.

Frey, D. & Greif, S. (Hrsg.): Sozialpsychologie. Ein Handbuch in Schlüsselbegriffen. München: Psychologie Verlags Union, 2., erw. Aufl. 1987.

Lück, H. E.: Psychologie sozialer Prozesse. Eine Einführung in das Selbststudium der Sozialpsychologie. Opladen: Leske & Budrich 1985.

5. Schwerpunkt „Materielle Umwelt“ (Situationsbereich II): Ökologische Psychologie

Wir betrachten hier psychisches Geschehen in bezug auf die konkrete dingliche Umwelt. Ebenso wie die soziale Umwelt liefert die materielle die inhaltlichen Komponenten der „Situationen“, in denen sich unser Handeln vollzieht. Diese Umwelt fungiert dabei nicht als Kulisse, sondern als „Anreger“ wie als „Ergebnis“, d. h. als auf uns einwirkendes wie von uns verändertes, gestaltetes und genutztes Medium. Beispiele: Eine Person stellt die Möbel in ihrer Wohnung um; diese veränderte Umwelt wirkt als neue Situation auf die Person ein: Sie fühlt sich wohler. Die Umgestaltung eines Wiesengeländes am Stadtrand in eine weitläufige Parklandschaft ermuntert viele Bürger zu Spaziergängen und zum Aufenthalt in der freien Natur.

Die Umwelt können wir theoretisch verstehen als ein System verschiedener, untereinander in Zusammenhang stehender „Ebenen", die wiederum unterschiedlichen soziokulturellen Einflußgrößen ausgesetzt sind. Solche Ebenen sind z. B „Zimmer", „Wohnung", „Haus", „Wohnblock", „Stadtteil" etc. Im weiteren zählen dazu das Land, in dem man lebt, der Erdteil und die Welt als der umfassendste Lebensraum. „Welt" stellt eine sehr abstrakte Umweltgegebenheit dar, auf die der einzelne praktisch keine Einflußmöglichkeit hat, die aber z. T. ganz konkrete Auswirkungen auf sein Erleben und Verhalten haben kann: die weltumspannende Bedrohung durch die sich abzeichnende Klimaveränderung ist dafür ein Beispiel.

Die konkrete Umwelt ist – bezogen auf die Menschen, die in ihr leben – letztlich immer eine soziokulturelle Umwelt. Für uns Europäer mag z. B. der „Urwald" als ein Beispiel natürlicher Umwelt gelten. Für die in ihm lebenden Menschen ist er dagegen eine Umwelt mit vielen überlebenswichtigen Bedeutungen, mit ganz spezifischen, sozial vermittelten Handlungs- und Entfaltungsmöglichkeiten, die uns Außenstehenden vollkommen unbekannt sind, die wir auch nicht wahrnehmen können, es sei denn, wir lernten, die Umwelt mit den „Augen der Eingeborenen" zu sehen. Umwelt, so betrachtet, ist immer eine kulturell gebundende Umwelt der Menschen, die in ihr leben.

Die Perspektive der Psychologie, die dieses Thema für das psychische Geschehen thematisiert, wird als *Ökologische Psychologie* bezeichnet (vgl. Mogel 1984). Ihr Ansatz ist entsprechend der „Mensch in seiner symbolisch überformten oder vermittelten Umwelt" (Graumann 1978, S. 9). Sie untersucht die oben beispielhaft benannten wechselseitigen Beziehungen des sogenannten „Mensch-Umwelt-Systems".

Themenstellungen der Ökologischen Psychologie beinhalten neben diesen grundsätzlichen, allgemeinpsychologisch orientierten Fragestellungen des Mensch-Umwelt-Systems Bereiche wie die Entwicklung in den verschiedenen Lebensaltern und ihr Bezug zur Umwelt oder die soziale Interaktion in verschiedenen Umweltgegebenheiten (z. B. geben die Sitzordnung im Hörsaal, der Beichtstuhl oder das Zugabteil unterschiedliche Rahmenbedingungen für die Kommunikation ab). Im weiteren werden die Beziehungen zur Umwelt in spezifischen ökologischen Kontexten untersucht, z. B. der Stadt, der Wohn-, der Arbeits- und Freizeitumwelt (vgl. Graumann, 1978).

Viele der Lebenssituationen sind neben den physikalischen Umweltmerkmalen auch sozial und gesellschaftlich strukturiert, zumeist sind in ihnen auch andere Menschen zugegen. Dadurch wird die ökopsychologische Analyse sehr komplex und verbindet sich vor allem mit sozialpsychologisch relevanten Tatbeständen (s. Tafel 29).

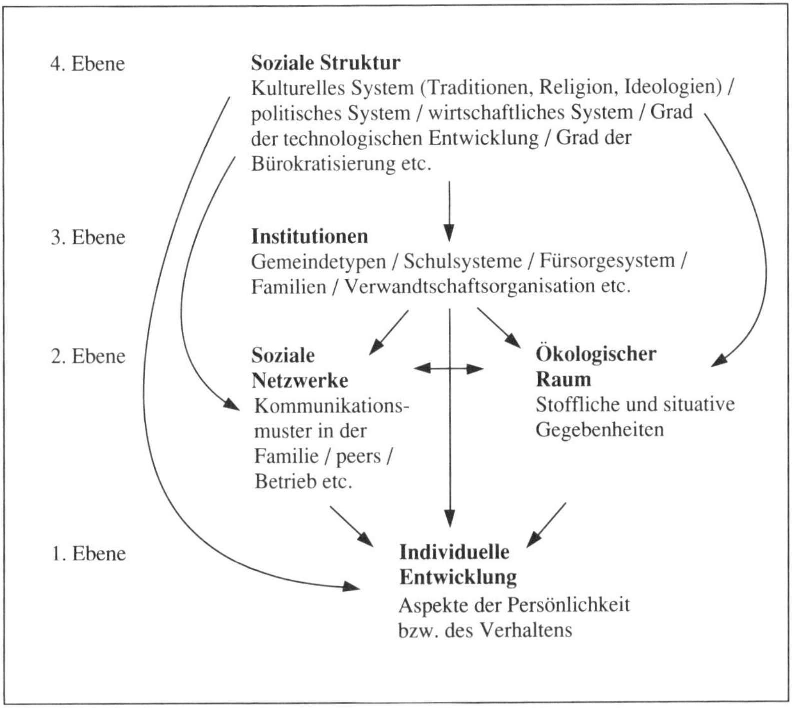

Tafel 29: Bronfenbrenners Modell der Hierarchie von Umwelten, gleichzeitig dargestellt als Mehrebenenmodell (aus: Bertram 1979, S. 212)

Hatte Kruse (1974, S. 7 ff.) die traditionelle Psychologie als „umweltvergessen" charakterisiert, weil sie sich der ökologischen Fragestellungen nur zögernd angenommen hatte, so ist neuerdings eine „Ökologisierung der Psychologie" bzw. eine „ökologische Wende" in der Psychologie zu beobachten (vgl. Schneewind u. a. 1983), die sich quer zu den üblichen Teildisziplinen der Psychologie vollzieht. Damit wird deutlich, daß die ökologische Perspektive als systembezogene anzusehen ist und insofern zu den Grundlagengebieten gezählt werden kann (vgl. Mogel 1984, S. 62 ff.)

Demgegenüber bezeichnet die *Umweltpsychologie* einem Vorschlag Pawliks (1975; vgl. auch Kaminski 1976) zufolge die psychologische Forschung und Praxis, die sich mit konkreten Umweltproblemen beschäftigt (z. B. Lärmauswirkungen, Umweltverschmutzung, Wohnbedürfnissen, -formen -situationen). Sie gehört damit zu den Anwendungsgebieten der Psychologie (s. u.), wobei die Übergänge aber fließend sind. Sie arbeitet mit verschiedenen psychologischen und nichtpsychologischen Disziplinen (z. B. Soziologie, Architektur, Medizin) bei der Lösung der Aufgaben zusammen. Um ein Beispiel aus der Architektur zu geben: Es hat sich gezeigt, daß die subjektive Wahrnehmung und Bewertung baulicher Strukturen erheblich zu Problemen wie Isolation, Vereinsamung, Überforderung, Ängstlichkeit, Aggressivität, Vandalismus und Kriminalität beitragen kann. Problematische Sachverhalte sind u. a.: „Gleichförmigkeit/Monotonie baulicher Formen; Wohnen in hohen Stockwerken; soziale Enge in zu kleinen Räumen; anonyme/unkontrollierte Räume/Flächen (Flure, Höfe, Vorplätze); Unübersichtlichkeit von Bauten bzw. Räumen; mangelnde Isolierung gegenüber störenden Immissionen; Zerschneidung von Quartieren durch Verkehrswege“ (Rohrmann 1988, S. 268).

Die Umweltgestaltung könnte hier auch zur Prävention von delinquentem Verhalten, und zur Förderung psychischer Gesundheit beitragen. So könnte z. B. schon die Grundrißplanung einer Wohnung dazu beitragen, Konflikte zu entschärfen, die aus den unterschiedlichen Wohnbedürfnissen von Eltern und Kindern entstehen. Sie müßte dazu in ihren Entwürfen für die einzelnen Bewohner z. B. eine möglichst große räumliche Autonomie vorsehen (vgl. Rohrmann 1988, S. 271).

Literaturempfehlungen

Flade, A.: Wohnen psychologisch betrachtet. Bern: Huber 1987.
Miller, R.: Einführung in die ökologische Psychologie. Opladen: Leske & Budrich 1986.
Mogel, H.: Ökopsychologie. Stuttgart: Kohlhammer 1984.

6. Schwerpunkt „Beziehungen zwischen körperlichen und psychischen Vorgängen“: Psychophysiologie u. a.

Mit dieser Perspektive ist die Beziehung psychischen Geschehens zu seinem körperlichen Substrat gemeint: Psychisches Geschehen ist untrennbar mit physiologischem verbunden, hat darin seine materielle Entsprechung.

In diesem Forschungsfeld werden also Zusammenhänge von psychischen und physiologischen Vorgängen und Zuständen untersucht. Daß solche Zusammenhänge existieren, ist uns aus der Selbstbeobachtung bekannt: Z. B. kommen wir in bestimmten psychischen Verfassungen „ins Schwitzen“, haben wir ein „flaues Gefühl“ im Magen, werden wir „rot“, bekommen wir „Herzklopfen“ usw.

Am Beispiel der „Angst“ kann der Zusammenhang genauer verdeutlicht werden (s. Tafel 30). Dabei handelt es sich nur um eine grobe Charakteri-

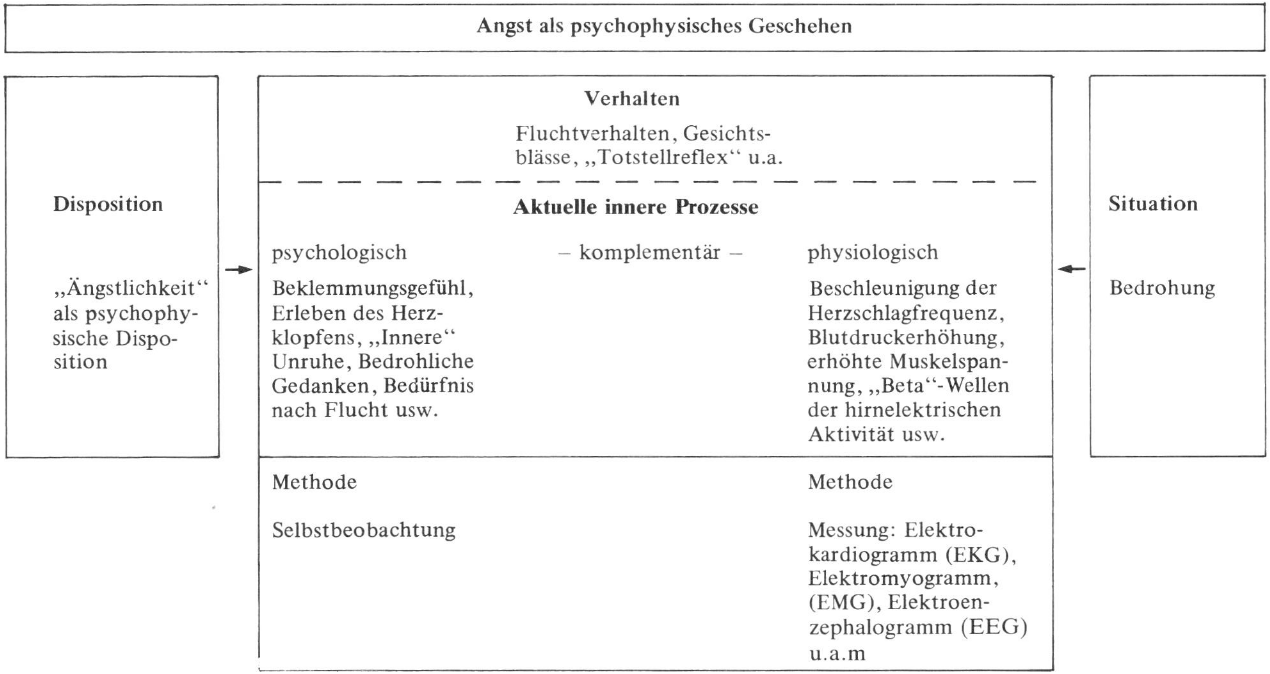

Tafel 30: Angst als psychophysisches Geschehen. Aktuelle Prozesse, dispositionelle und situative Bedingungen

sierung; die psychophysische „Gleichzeitigkeit“ ist in Wirklichkeit ein komplizierteres Beziehungsgefüge mit Veränderung im Zeitverlauf und mit starker individueller Ausgestaltung.

Für die Erforschung des Zusammenhangs physiologischer und psychologischer Variablen gibt es verschiedene Schwerpunktbildungen mit verschiedenen Bezeichnungen: Psychosomatik, Neuropsychologie, Physiologische Psychologie, Psychophysiologie.

Psychosomatik bezeichnet eine Forschungsrichtung, die körperliche Erkrankungen (z. B. Asthma, Magengeschwür, Bluthochdruck) in Entstehung und Entwicklung ursächlich mit psychischen Konflikten in Zusammenhang bringt. *Neuropsychologie* und *Physiologische Psychologie* können als weitgehend synonym angesehen werden (vgl. Fahrenberg 1979). Beiden geht es um die Suche nach grundlegenden neurobiologischen Mechanismen, die den Bewußtseinsprozessen und dem Verhalten zugrunde liegen. Beide sind überwiegend allgemeinpsychologisch orientiert und arbeiten in der Regel tierexperimentell im kontrollierten Laborversuch. Die *Psychophysiologie* arbeitet eher differentiell-psychologisch, vorwiegend mit Menschen unter Einbeziehung physiologischer und/oder biochemischer Vorgänge, wie z. B. der muskulären Aktivität und der elektrischen Hirnrindenpotentiale (vgl. Schandry 1988, S. 614). Ihr zentrales Themengebiet ist die „Aktivierung“ bzw. „Aktivation“. Jedes psychische Geschehen ist in irgendeiner Form durch psychophysische Aktivierung (Prozesse) und Aktivation (Zustände) charakterisiert. Einfachere Aktivierungsprozesse sind das Erröten oder Reflexe, wie z. B. der Lid- oder Pupillarreflex. Sehr komplexe Aktivierungsprozesse beinhalten Gefühle wie Freude, Trauer und Motivationen (wie etwa die Leistungsmotivation). Sie sind in erheblichem Umfang durch die jeweilige Person mitbestimmt, d. h. sehr individuell. So konnten z. B. „Ärger“ und „Furcht“ als aktuelle Prozesse in verschiedenen Untersuchungen auf physiologischer Ebene bislang nicht eindeutig unterschieden werden, weil diese Prozesse auf physiologischem Niveau sehr stark interindividuell variieren. In bezug auf grundlegende Persönlichkeitsdimensionen (z. B. emotionale Labilität/Neurotizismus, Extraversion/Introversion) ergibt sich ein ähnliches, z. T. widersprüchliches Bild (s. hierzu wie im übrigen Fahrenberg 1979). Für die Dispositionen der „emotionalen Labilität“ zeigten sich z. B. folgende Zusammenhänge: Je emotional labiler sich Versuchspersonen schildern (je mißgestimmter, reizbarer, grüblerischer, kontaktgestörter), desto intensiver erleben sie körperliche Beschwerden. Auf der Ebene der Selbstbeobachtung bzw. der Erlebnisebene besteht also zwischen beiden ein deutlicher Zusammenhang. Versuche allerdings, die Versuchspersonen, die sich als emotional labil schildern, auch auf physiologischer Ebene objektiv anhand von Meßwerten zu charakterisieren, sind bisher erfolglos geblieben. Sie haben weder höhere Ruhewerte noch höhere

Monismus (= ein Prinzip)	Spiritualismus	Körpergeschehen ist ein Epiphänomen (Wirkung, Widerspiegelung, Produkt) psychischen Geschehens
	Materialismus	Psychisches Geschehen ist ein Epiphänomen des Körpergeschehens
Dualismus (= zwei Prinzipien)	Interaktionismus	Körpergeschehen und psychisches Geschehen beeinflussen sich gegenseitig
	Parallelismus	Körpergeschehen und psychisches Geschehen laufen beide exakt parallel, aber völlig unabhängig voneinander in perfekter Harmonie
Kompromiß	Identität/Doppelaspekt	Psychisches und Körpergeschehen sind zwei Aspekte eines Prinzips

Tafel 31: Grundlegende Auffassungen zum „Leib-Seele-Problem"

Reaktionswerte, wie man nach ihren Erlebnisschilderungen über ihre körperlichen Symptome vielleicht hätte erwarten können.

Weitere wichtige Themen der Psychophysiologie sind nach Schandry (1988, p. 616f.): (1) Untersuchung des Verlaufs und der Anpassung vegetativer und zentralnervöser Reaktionen auf neue Reize („Orientierungsreaktion des Organismus"); (2) Untersuchung der willentlichen Steuerung vegetativer, zentralnervöser und muskulärer Prozesse („Bio-Feedback"); (3) Untersuchung der hirnelektrischen Potentiale bei Gedächtnis-, Aufmerksamkeits- und Sprachverarbeitungsprozessen („Kognitive Psychophysiologie").

Zur Zeit gibt es noch keine umfassenden Theorien oder Modelle der empirisch beobachtbaren psychophysischen Zusammenhänge. Die Beziehungen sind offenbar sehr verwickelt und erfordern komplizierte Versuchsplanungen und aufwendige statistische Auswertungsverfahren. Hinzu treten Probleme durch die Unterschiedlichkeit der Methodik der beteiligten Bezugswissenschaften (hauptsächlich Psychologie, Neurologie, Physiologie). Neue Analysetechniken, die insbesondere die zentralnervösen Prozesse genauer erfassen, werden es aber möglich machen, die Interaktion von Gehirnprozessen und Verhalten auf qualitativ höherem Niveau zu untersuchen (vgl. Schandry 1988).

Grundsätzlich ungelöst bleibt bei allen Forschungsansatzen die Frage, wie die Beziehung zwischen physischem und psychischem Geschehen zu verstehen ist, wie „Psyche“ und „Soma“, „Körper“ und „Geist“, „Leib“ und „Seele“, wie also geistig-immaterielle Vorgänge mit körperlich-materiellen zusammenwirken können. Dieses Problem, bekannt als das „Leib-Seele-Problem“, hat nicht erst die Psychologie beschäftigt, sondern die ganze abendländische Philosophie. Von ihr sind verschiedene Lösungen entwickelt worden, die in Tafel 31 kurz skizziert sind. Die psychologische Theoriebildung ist davon stark beeinflußt worden. Eine verbreitete Auffassung in der modernen Psychologie wird von Janke (1976) vertreten. Er meint, somatische und psychische Prozesse seien nichts Unterschiedliches. Die Trennung von Psychischem und Physischem sei mithin völlig willkürlich: „Wir sind nur gewohnt, bestimmte Aktivitäten einmal in der Sprache der Physiologie und zum andern in der Sprache der Psychologie zu beschreiben. (. . .) Psychische Prozesse sind Gesamtaktivitäten des Organismus, die nach einem Prinzip, das wir bis heute nicht voll begreifen können, aus der Integration des organismischen Teilsystems (insbesondere des Gehirns) resultieren. Mit dieser Ansicht erübrigt sich eine Diskussion über das ‚Leib-Seele-Problem‘.“ (S. 3)

Literaturempfehlungen

Guttmann, G.: Lehrbuch der Neuropsychologie. Bern: Huber, 3., überarb. u. erg. Aufl. 1982.

Schandry, R.: Lehrbuch der Psychophysiologie. Körperliche Indikatoren psychischen Geschehens. München: Psychologie Verlags Union, 2., überarb. u. erw. Aufl. 1989.

Uexküll, Th. v., Adler, R., Herrmann, J. M., Köhle, K., Schonecke, O. & Wesiak, W. (Hrsg.): Psychosomatische Medizin. München: Urban & Schwarzenberg, 3., neubearb. u. erweiterte Aufl., 1986.

Kapitel 5
Praxisbezogene Betrachtungsweisen (Anwendungsgebiete)

Arnold (1987, S. 91) spricht von *Angewandter Psychologie* „dort, wo Psychologie mit den Mitteln der Wissenschaft für die Praxis fruchtbar gemacht wird". Sieht man Angewandte Psychologie von der Praxis her, kann man mit Rosenstiel und Neumann (1988, S. 212) sagen: Ihre Aufgabe besteht darin, „Fragestellungen, die aus der Praxis kommen, auf der Grundlage psychologischer Theoriebildung mit wissenschaftlichen Methoden zu beantworten, um daraus Empfehlungen ... für das praktische Handeln abzuleiten". Typische Praxisbereiche betreffen: „psychische Störungen", „Erziehung und Unterricht", „Arbeit und Beruf", „Gesundheit und Krankheit". Mit ihnen werden wir uns anschließend ausführlicher befassen. Zunächst aber einige andere Beispiele in Kurzform, um die „Buntheit" des Spektrums Angewandter Psychologie zu illustrieren.

1. Vielfalt der Praxisfelder: Von Werbung bis Gerichtsverfahren

Werbepsychologie: Befaßt sich mit den psychologischen Grundlagen der Werbung und ihrer Wirkungsweise. Werbung wird als Kommunikationsmaßnahme verstanden, die den Absatz von Produkten (Ideen, Güter, Dienstleistungen) steigern soll (Absatzwerbung). Analysiert werden Werbemittel (z. B. „Rundfunkspots), Werbebeträger (z. B. Radio), Gestaltungsmittel (z. B. zeitliche Länge, Verständlichkeit, Emotionalitätsgehalt), Werbeziele (z. B. Erhöhung des Bekanntheitsgrades der Verpackung, Schaffung positiver Einstellungen zum Werbeobjekt). Weitere Aufgaben bestehen in der Messung und Erklärung der Werbewirkung. Werbepsychologie ist Teil der Marktpsychologie, die die psychologischen Aspekte weiterer absatzpolitischer Maßnahmen untersucht, insbesondere Preispolitik, Produktgestaltung, Konzeption der Absatzwege (Six 1983; Neumann & Rosenstiel 1988; Clemens-Ziegler & Pawlowsky 1988).

Verkehrspsychologie: Befaßt sich mit dem Verkehrsverhalten. Aufgaben sind gegeben in der Analyse z. B. von Gefahrensituationen; Untersuchung bestimmter Bedingungen, die durch Verkehrsordnung, Straße und Fahrzeug gegeben sind (z. B. die unterschiedliche Wahrnehmbarkeit von Rück-, Brems- oder Blinklichtanlagen; Wahrnehmung von Verkehrszeichen); Entwicklung von Konzepten für die Fahrausbildung, die Verkehrserziehung und -aufklärung; Untersuchungen zur Fahrtüchtigkeit und zur Fahreignung (vgl. Klebelsberg 1982; Hoyos 1980).

Sportpsychologie: Befaßt sich mit den Voraussetzungen, Verlaufsformen und Veränderungen psychischen Geschehens im Sport. Themen sind: Fragen der sportlichen Leistung (Entwicklungsmöglichkeiten und -hemmungen, Förderung der sportlichen Leistung); Ausarbeitung psychologischer Trainingsmethoden (z. B. mentales Training); Analysen psychischer Beanspruchung in Wettkampfsituationen (z. B. in der Vorstartphase); schulsportliche Probleme (z. B. Ausbildungs- und Unterrichtsbedingungen); gesundheitspsychologische Aspekte (z. B. die therapeutische und präventive Funktion des Sports); Analye und Erfassung motorischer Lern- und Entwicklungsprozesse sowie psychomotorischer Funktionsstörungen (vgl. Thomas 1982; Bierhoff-Alfermann 1986).

Tourismuspsychologie: Befaßt sich mit der Beschreibung und Erklärung touristischen Verhaltens. Aufgabenbereiche sind z. B. Erstellung von Urlaubertypologien; Untersuchung von Urlaubserwartungen/-wünschen; Erhebung von Einstellungen gegenüber Urlaubsregionen; Reisetypen etc.; Analyse sozialer Interaktionen der Reisenden untereinander und mit den Einheimischen; Klärung der Frage, inwieweit durch Urlaub psychische Kosten oder therapeutischer Nutzen für Reisende und „Bereiste" entstehen. Zukünftig wird das Forschungsfeld des Abbaus von Vorurteilen gegenüber Einheimischen und des Aufbaus humaner Kommunikation mit ihnen an Bedeutung gewinnen. Die Tourismuspsychologie ist erst in der Entwicklung begriffen. Sie arbeitet mit anderen Tourismus-Wissenschaften (z. B. Ökonomie, Anthropologie, Soziologie) und der Tourismus-Praxis zusammen (vgl. Kagelmann 1988).

Forensische Psychologie: Befaßt sich mit gutachterlichen Stellungnahmen in rechtsförmigen Verfahren zum Vorliegen bzw. Nichtvorliegen gesetzlicher Tatbestandsmerkmale. Sie kommt zum Zuge im Sozialrecht (z. B. Ansprüche auf Behandlung an die gesetzliche Krankenversicherung bei psychischen Störungen, vorzeitiger Berentung); Vormundschafts- und Kindschaftsrecht (z. B. Erteilung der elterlichen Sorge nach einer Ehescheidung); im Straßenverkehrsrecht (Erstellung medizinisch-psychologischer

Anwendungsgebiet Arbeit und Beruf
- Organisation, Organisationsstruktur und Organisationsentwicklung
- Personalauslese, Training und Personalentwicklung in Organisationen
- Individuum und Organisation
- Gestaltung von Mensch-Maschine-Systemen
- Arbeitsstrukturierung und Arbeitsanalyse
- Arbeitsschutz
- Neue Technologien: Mensch-Computer-Interaktion
- Berufswahl und Laufbahnentwicklung

Anwendungsgebiet Markt, Werbung, Volkswirtschaft
- Werbung, Öffentlichkeitsarbeit und Marketing
- Konsum- und Kaufverhalten
- Volkswirtschaft und ökonomische Verhaltensforschung

Anwendungsgebiet Umwelt
- Gestaltung von Umwelt
- Das Entsorgungsproblem
- Umweltstreß
- Psychologie des Energiesparens
- Transport und Verkehr

Anwendungsgebiet Öffentlichkeit und Gesellschaft
- Politik
- Recht
- Militär und Polizei

Anwendungsgebiet Gesundheit
- Gemeinde
- Gesundheit und Medizin
- Belastung, Beanspruchung, Fehlanpassung und ihre Folgen
- Alter und Altern

Anwendungsgebiet Kultur und Freizeit
- Kultur und Religion
- Musik
- Tourismus
- Medien und Massenkommunikation
- Sport und Freizeit
- Freizeit

Allgemeine Probleme
- Versuchsplanung mit Evaluation
- Grundlagenforschung und Anwendung
- Entscheidungshilfesysteme
- Das Berufsbild des Psychologen

Tafel 32: Spektrum der Angewandten Psychologie (ohne Klinische und Pädagogische Psychologie) (nach Frey, Hoyos & Stahlberg 1988)

Gutachten über die Fahrtüchtigkeit); in einem Strafverfahren (z. B. Beurteilung der Glaubwürdigkeit von Zeugen, Schuldfähigkeit, Entwicklungsstand eines Jugendlichen); im Strafvollzug (begutachtende, prognostische als auch therapeutische Aufgaben) (vgl. Liebel & Uslar 1975; Wegener 1981)

Eine Vorstellung von der Vielgestaltigkeit der Anwendungsgebiete gibt die Tafel 32.

Auch diese Auflistung ließe sich fortführen. Sie kann auch nicht erschöpfend sein, denn die Anforderungen aus der Praxis ändern sich ständig: Mit dem gesellschaftlichen und technischen Wandel entwickeln sich neue Aufgaben und Praxisbezüge, in denen psychische Phänomene eine Rolle spielen.

Wir nennen die Anwendungsgebiete auch „praxisbezogene Betrachtungsweisen", um deutlich zu machen, daß wir es nicht mit neuen psychischen Vorgängen zu tun haben, sondern nur eine andere *Perspektive* wählen: Psychische Phänomene werden im Hinblick auf Anforderungen in speziellen Praxisfeldern untersucht. Entsprechend unserem integrierenden Modell können diese Besonderheiten sowohl in der Situation des Praxisfeldes liegen als auch in den personalen Dispositionen der beteiligten Individuen.

Typische Situationen sind z. B. in der Fabrik der Arbeitsplatz am Fließband, im Krankenhaus das Krankenzimmer auf der Station, in der Schule das Klassenzimmer, in der Stadt das Einkaufszentrum. In diesen Praxisbereichen agieren Personen in bestimmten Rollen oder Funktionen, so als Arbeiter, als Patienten, als Schüler, als Konsumenten.

Trotz der praxisbezogenen Perspektive könnten die angewandten Psychologien in gewissem Sinne auch zu den Grundlagengebieten gerechnet werden, weil sie überhaupt erst einmal psychologische Problemstellungen dieser „Lebenswirklichkeiten" thematisieren und damit der Forschung erschließen. Umgekehrt haben manche Grundlagengebiete sich selbst auch in den Bereich angewandter Psychologie hineinentwickelt. Man spricht dann z. B. von einer Angewandten Entwicklungspsychologie oder Angewandten Sozialpsychologie. Im Schwerpunkt „Materielle Umwelt" haben wir schon unterschieden zwischen einer stärker grundlagenorientierten „Ökologischen Psychologie" und einer stärker anwendungsbezogenen „Umweltpsychologie". Zwischen Grundlagendisziplinen und angewandten Psychologien besteht also keine strikte Trennung, eher ein Ergänzungsverhältnis.

In ihrer Gesamtheit ist Angewandte Psychologie ethischen Beurteilungen ausgesetzt. Indem sie für die Praxis fruchtbar werden will, muß sie sich u. a. auch fragen, welchen Zielen und Interessen diese Praxis dient. Denken wir nur an die Funktion der Psychologie in der Werbung oder an die Psychologie im Dienste der Kriegsführung. Psychologie wird zudem nicht nur von Psychologen angewandt, auch fachfremde Berufsvertreter bedienen sich psychologischer Erkenntnisse.

Hiermit werden grundsätzliche Fragen berührt, etwa die, ob der Forscher für die Anwendung seiner Ergebnisse mitverantwortlich ist. Wir kennen das Problem besonders aus der Atomphysik: War Robert Oppenheimer, der maßgeblich zur Entwicklung der Atombombe beigetragen hat, auch mitverantwortlich für den Einsatz der Atombombe in Hiroshima und Nagasaki? Wir können solche Fragen hier nur am Rande erwähnen. Sie reichen weit über die Psychologie hinaus.

Literaturempfehlungen

Benesch, H.: Angewandte Psychologie. (Band 8 zu: Krech, D. & Crutchfield, R. S. u. a.: Grundlagen der Psychologie) München: Psychologie Verlags Union 1985.
Benesch, H. & Dorsch, F. (Hrsg.): Berufsaufgaben und Praxis des Psychologen. München: Reinhardt, 2., völlig neu überarb. Aufl. 1984.
Frey, D.; Hoyos, C. Graf & Stahlberg D. (Hrsg.): Angewandte Psychologie. Ein Lehrbuch. München: Psychologie Verlags Union 1988.

2. Psychische Störungen: Klinische Psychologie

Die Klinische Psychologie wird zwar nicht einheitlich definiert, gemeinsame Tendenz der meisten Definitionen ist jedoch, daß sie sich mit der Beschreibung, Erklärung und Veränderung „psychischer Störungen“ oder „psychischer Probleme“ beschäftigt. Allerdings gibt es auch Störungen des psychischen Geschehens, die Ausdruck einer körperlichen Erkrankung (z. B. des Nervensystems) sind und für die die Psychiatrie „zuständig“ ist. Die Klinische Psychologie befaßt sich dagegen primär mit psychischen Störungen, die auch „psychisch bedingt“ sind (durch Erfahrungen mit Mitmenschen, mit Leistungsanforderungen usw.). In manchen Fällen ist allerdings unklar und kontrovers, was „rein“ psychisch und was im Kern körperlich bedingt ist. Jedenfalls ist der Übergang zwischen Psychiatrie und Klinischer Psychologie manchmal fließend.

Weiterhin erweist es sich als sehr schwierig, zu definieren, was eine psychische „Störung“ ist. Viele Autoren heben das Leiden des betreffenden Menschen hervor: Ein Mensch, der an sich selbst leidet (z. B. wegen starker Ängste oder Depressionen), ist „gestört“. Aber man kann auch die Perspektive der Außenstehenden einnehmen, die sich vielleicht ebenfalls als „Betroffene“ fühlen (z. B. bei antisozialem Verhalten) und das Verhalten als gestört bewerten – die Familienangehörigen, die Lehrer, die „Gesellschaft“. Klinische Psychologen berücksichtigen gewöhnlich beide Perspektiven und gehen im übrigen in der Mehrzahl davon aus, daß der Übergang von „normal“ zu „gestört“ fließend ist.

Typische Störungen, mit denen sich Klinische Psychologen in der Praxis beschäftigen, sind unter anderem: ausgeprägte Ängste, Selbstunsicherheit, Lern- und Leistungsstörungen, depressive Verstimmungen, ausgeprägt aggressives Verhalten, Beziehungsprobleme, aber auch – meist in Zusammenarbeit mit Medizinern – Suchtprobleme, psychotische Erscheinungen (z. B. Schizophrenie) oder psychosomatische Krankheiten.

Zwischen verschiedenen Typen von „Störungen“ oder „Problemen“ gibt es vielfältige Übergänge und Verbindungen. Das macht es schwer, zu einer allgemein akzeptierten Einteilung psychischer Störungen zu gelangen.

Zwar gibt es mit dem amerikanischen „Diagnostic and Statistical Manual of Mental Disorders" (DSM-III-R, deutsche Ausgabe 1989) ein umfangreiches und inzwischen relativ verbreitetes Klassifikationssystem. Doch sind die Einteilungen, in denen klinische Psychologen denken, auch von der jeweiligen theoretischen „Schule" abhängig.

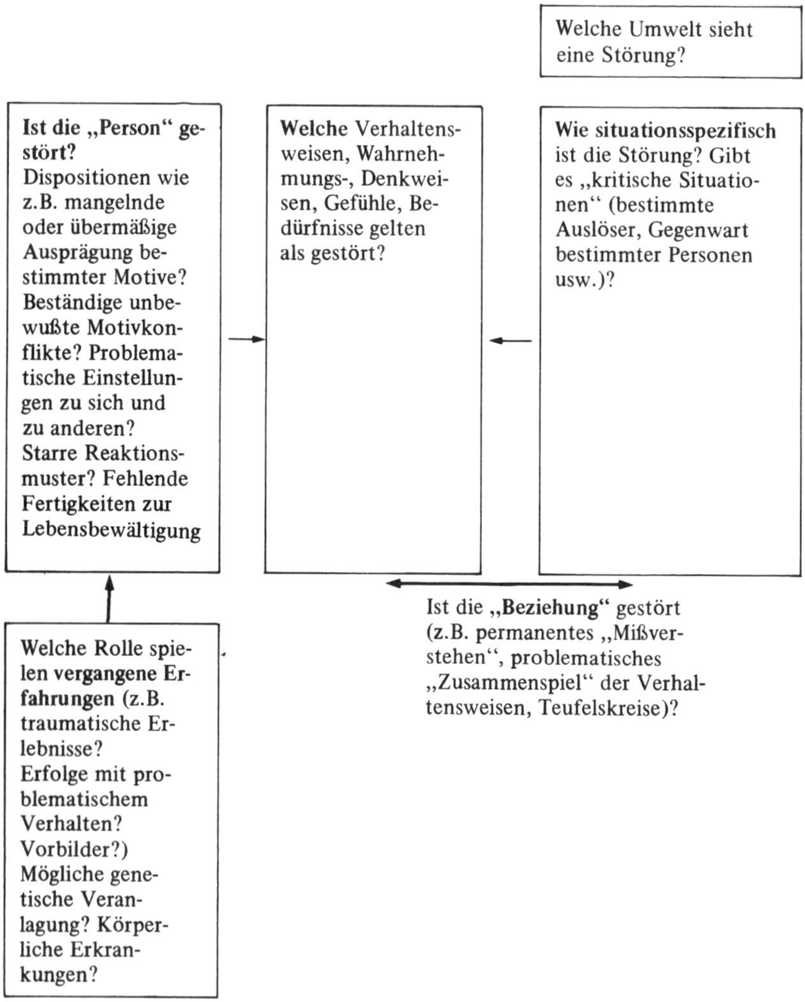

Tafel 33: Einige Fragen zur Beschreibung und Erklärung psychischer Störungen

Überhaupt ist die Klinische Psychologie wie kein anderes praxisbezogenes Gebiet von der Konkurrenz *unterschiedlicher theoretischer Standpunkte* beherrscht. Hier können lediglich einige Gesichtspunkte erwähnt werden, nach denen sich die Hauptrichtungen unterscheiden.

Wenn wir uns dabei an unserem integrierenden Modell grundlegender Aspekte des psychischen Systems orientieren (vgl. hierzu Tafel 33), so ergibt sich eine erste wichtige Charakterisierung aus der Frage, wieweit und in welcher Weise die Störung als ein Problem der „Person" betrachtet wird. Obwohl die *personale* Seite auf den ersten Blick besonders auffällig ist und im allgemeinen auch nur von einer Störung gesprochen wird, wenn die problematischen Verhaltens- und Erlebensformen bei einem Individuum längere Zeit andauern, gibt es doch Sichtweisen, die diesen Aspekt zumindest relativieren.

Zum einen kann die „gestörte" Disposition auf eine enge, *situationsspezifische* Reaktionsweise begrenzt sein (z. B. Angst vor Spinnen, Wutausbrüche des Kindes bei einem Nein der Mutter). Dieser situative Aspekt wird besonders von der (aus behavioristischer Tradition abgeleiteten) Verhaltenstherapie beachtet, und zwar auch dann, wenn es sich um generalisiertere und komplexere Störungen handelt als bei den obigen Beispielen (z. B. Selbstunsicherheit); sie werden in „kleinere Komponenten" aufgegliedert.

Zum anderen kann die Störung ein Problem *sozialer Interaktion* sein. Dieser Gedanke ist vor allem für Probleme in Familien, Zweierbeziehungen, Erziehung usw. von Interesse, wo mehrere Personen ein „soziales System" bilden. Hier sind möglicherweise nicht einzelne Personen gestört (jede mag für sich als normal und vernünftig gelten), sondern ihre *Beziehung* zueinander, die Art ihrer wechselseitigen Beeinflussung. Danach existiert das Problem nicht ohne die jeweiligen anderen. Solche Auffassungen werden vor allem von „Kommunikations"- und „System"-Theoretikern vertreten (vgl. Watzlawick u. a. 1969; im Überblick Schlippe 1987). Der Gedanke der Wechselseitigkeit ist aber auch in Richtungen aufgegriffen worden, die zugleich an der individuellen „Gestörtheit" der beteiligten Personen festhalten, wie in der Psychoanalyse (vgl. Richter 1970; Wirsching & Stierlin 1982).

Ansätze mit ausgeprägter *Person*-Orientierung nehmen an, daß im Individuum Eigenheiten des psychischen Geschehens vorliegen, die gegenüber dem „Normalen" qualitativ andersartig sind. Man spricht bei dieser Auffassung auch vom „intrapsychischen Krankheitsmodell" (analog zum organischen), während die vorangehenden Ansätze von einem „psychosozialen Störungsmodell" ausgehen.

Besonders typisch ist dies für die Psychoanalyse und andere tiefenpsychologische Ansätze (vgl. Kap. 6), die fortdauernde unbewußte – und daher unbewältigte – Konflikte für den Grund der Persönlichkeitsstörung halten.

Deren Ursprung wird wiederum in mehr oder weniger traumatischen Erfahrungen der frühen Lebensjahre gesehen, wobei von vorrangiger Bedeutung ist, wie sich die Beziehungen zu den Eltern und anderen Familienmitgliedern in der Person subjektiv niedergeschlagen haben. Die Wirkung der vergangenen Umwelt erhält hier also besonderes Gewicht, während die gegenwärtige Umwelt gewissermaßen als „Reaktivierer" der unbewußt verarbeiteten Erfahrung fungiert. Demgegenüber halten die rein interaktionsorientierten Auffassungen das Wechselspiel mit der gegenwärtigen Umwelt für das Wesentlichere.

Andere Ansätze, die der sog. Humanistischen Psychologie zugerechnet werden, konzentrieren sich ebenfalls auf das Individuum, auf seine blokkierten Selbstverwirklichungstendenzen, sein verzerrtes Selbstbild usw. (vgl. etwa Rogers 1978; Perls 1976). Sie gehen jedoch nicht von einem eigenen Bereich des Unbewußten aus, sondern von unterschiedlichen Graden des bewußten und genauen Erlebens von eigenen Gefühlen, Bedürfnissen und Konflikten. Und sie beschäftigen sich mehr mit der Gegenwart als mit der Vergangenheit.

Mit der jeweiligen Theorie zur Erklärung der Störungen hängen auch die *Formen der Therapie* zusammen. Ihre Vielfalt ist mittlerweile kaum noch zu überschauen. So werden im Handbuch von Corsini (1983, deutsche Ausgabe) 70 Therapieformen beschrieben. Sie lassen sich allerdings nach mehreren Richtungen gruppieren, und viele Therapien haben nur geringe Verbreitung gefunden (zum Überblick s. Kriz 1989; Revenstorf 1982 ff.; Petzold 1984).

Die meisten Therapieformen, vor allem solche aus tiefenpsychologischen und humanistischen Richtungen, beschäftigen sich in erster Linie mit psychischen „Kräften", das heißt mit Motivationen und Emotionen. Sie versuchen, den Klienten zur gezielten Auseinandersetzung mit eigenen Gefühlen, Bedürfnissen, Lebenszielen, mit Einstellungen und Werthaltungen zu sich selbst und zur Umwelt anzuregen, wobei Konflikte, also der Widerstreit verschiedener Kräfte, von besonderem Interesse sind.

Zu den humanistischen Ansätzen gehören unter anderem die klientenzentrierte Gesprächspsychotherapie und die Gestalttherapie. Die Gesprächstherapeuten bemühen sich, aus den Mitteilungen der Klienten das subjektive Erleben, insbesondere die Gefühle, herauszuhören und aufzugreifen (einfühlendes Verstehen), um so die „Selbstexploration" zu fördern; daneben wird eine menschlich „echte" und wertschätzende Haltung betont (Rogers 1978). Die Gestalttherapie (Perls 1976) richtet ihr Augenmerk stärker auf das nichtsprachliche Ausdrucks-Verhalten der Klienten (Körperhaltung, Mimik) bei Klärung der Bedürfnisse, Gefühle usw.

Die von Freud begründete Psychoanalyse – die bekannteste tiefenpsychologische Therapie – betont stärker als die humanistischen Ansätze die

Bewußtmachung von Vergangenem und Unbewußtem. Dies geschieht unter anderem durch das Deuten von Träumen, von „freien Assoziationen" und Handlungsweisen des Klienten als Zeichen unbewußter Vorgänge.

Die aus der behavioristischen Richtung stammende Verhaltenstherapie legt – in den Termini unserer groben Einteilung von Dispositionen (S. 79) – den Akzent weniger auf die Motivseite als auf die verfügbaren Kompetenzen und Gewohnheiten. Die Art und Weise, wie das Individuum auf bestimmte Situationen reagiert, ist eine Frage des „Verhaltensrepertoires", und daher versucht die Therapie „falsche" eingeschliffene Verhaltensgewohnheiten und emotionale Reaktionen abzubauen sowie „Verhaltensdefizite" auszugleichen, das heißt: neue Fertigkeiten der Situationsbewältigung aufzubauen. Die Therapie hat daher meist einen trainingsartigen Charakter. Bei diesem Umlernprozeß macht man sich vor allem die früher beschriebenen Lernarten des klassischen Konditionierens, des Bekräftigungslernens und des Modellernens zunutze, mit denen die Störungen auch erklärt werden (zum Methodenspektrum der Verhaltenstherapie s. Fliegel u. a. 1981). In neuerer Zeit haben sich auch „kognitive Verhaltenstherapien" oder kurz „kognitive Therapien" entwickelt. Sie legen den Schwerpunkt auf Denkvorgänge bei der Situationsverarbeitung und -bewältigung. Unter anderem versuchen sie, zu realistischeren Bewertungen der Umwelt und der eigenen Person sowie zur Handlungssteuerung durch Selbstinstruktionen oder Problemlösungsstrategien anzuleiten. Eine bekannte Form kognitiver Therapie ist die Rational-Emotive Therapie von Ellis (1977), die sich auf das Analysieren und Verändern des „inneren Selbstgespräches" konzentriert.

Interaktionsorientierte Therapien interessieren sich nicht primär für die einzelne Person, sondern für ein ganzes „Interaktionssystem" (meist die Familie). Behandelt wird daher das Individuum *samt* seinem zugehörigen Umfeld (also den „anderen" als typischer „Situationsbedingung"). Viele dieser Therapien sind zugleich durchaus einer der vorangehenden Richtungen verhaftet (z. B. psychoanalytische oder klientenzentrierte Familientherapie). Andere Ansätze haben hingegen ihre eigenen Methoden (z. B. paradoxe Anweisungen) entwickelt (vgl. Watzlawick u. a. 1969; Selvini-Palazzoli u. a. 1978).

Die Übergänge zwischen den Therapieschulen sind häufig fließend, und in der Praxis hängt es maßgeblich vom jeweiligen Therapeuten ab, was in der Therapie, die unter dem Namen einer bestimmten Richtung durchgeführt wird, tatsächlich geschieht. Es ist oft kaum möglich, einzelne Therapieausschnitte einer bestimmten Richtung zuzuordnen (vgl. Schelp & Kemmler 1988). Im übrigen gibt es auch zahlreiche Vorschläge für eine Integration verschiedener Ansätze (s. etwa Petzold 1982; Howe 1982; Jaeggi 1983).

Allerdings sind mögliche Maßnahmen bei psychischen Problemen nicht auf Psychotherapie im engeren Sinne beschränkt. Auch Sozialarbeit, Elternberatung, schulische Maßnahmen, Selbsthilfegruppen usw. gehören dazu. Viele Mitmenschen und viele Institutionen des täglichen Lebens können ggf. zur Verminderung und Prävention psychischer Störungen beitragen (vgl. Sommer & Ernst 1977; Keupp & Rerrich 1982).

Literaturempfehlungen

Davison, G. C. & Neale, J. M.: Klinische Psychologie. Ein Lehrbuch. München: Psychologie Verlags Union, 3., neubearb. u. erw. Aufl. 1988.

Kriz, J.: Grundkonzepte der Psychotherapie. Eine Einführung. München: Psychologie Verlags Union, 2., durchgeseh. Aufl. 1989.

Pfingsten, U.: Klinische Psychologie. Stuttgart: Kohlhammer 1985.

3. Erziehung und Unterricht: Pädagogische Psychologie

„Im Sinne einer Minimaldefinition, die nur solche Momente aufgreift, die unumstritten sind, kann die Pädagogische Psychologie als die Erforschung der Erziehungswirklichkeit mit den Methoden der Psychologie umschrieben werden. Da es Erziehung wesentlich mit der Anbahnung oder Veränderung von Verhaltens-, Erlebens- und Urteilsweisen beim Menschen, überwiegend also mit Lernprozessen zu tun hat, macht die Erforschung menschlichen Lernens unter Berücksichtigung individual- und sozialpsychologischer Bedingungen des Lernens das Kernstück der Pädagogischen Psychologie aus." (Ewert 1974, S. 183 f.)

Die „Erziehungswirklichkeit", von der die Rede ist, beschränkt sich nicht auf Elternhaus und Schule, sondern bezieht sich z. B. auch auf Heimerziehung, Erwachsenenbildung usw.; und der Begriff der „Erziehung" ist hier als Oberbegriff zu verstehen, der Unterricht u. ä. mit einschließt. Die gemeinsame typische pädagogische Blickrichtung läßt sich in unserem Zwei-Achsen-Modell etwa in der dargestellten Weise abbilden (s. Tafel 34): Eine „pädagogische Situation" soll personale Dispositionen auf bestimmte Ziele hin verändern (vgl. „Verändern als Förderung", S. 187 f.).

Zur Erziehungswirklichkeit gehört allerdings nicht nur das, was pädagogisch beabsichtigt ist, sondern auch Unzulänglichkeiten und unerwünschte Effekte. So kann man denn umfassend „pädagogische Situationen" und die in ihnen eintretenden „pädagogisch relevanten Effekte" als Gegenstand der Pädagogischen Psychologie ansehen (Weidenmann & Krapp 1986).

Allerdings ist damit die *psychologische* Seite diese Gegenstandes noch nicht deutlich genug gekennzeichnet. Denn was „pädagogisch relevant" ist,

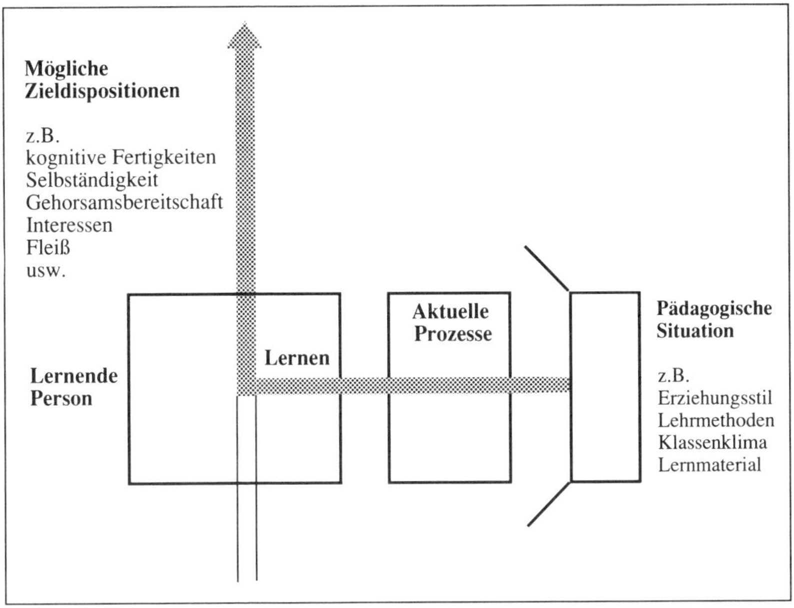

Tafel 34: Die „pädagogische Perspektive“: Welche pädagogischen Situationen lösen Prozesse aus, durch die angestrebte Dispositionen erlernt werden?

ist letztlich nur normativ zu entscheiden, also von Zielvorstellungen über das Wünschenswerte her; die Erziehungsziele aber (was „sollen“ wir „anstreben“?) sind primär ein Thema der *Pädagogik*. Das gleiche gilt für Fragen der Erziehungsinstitutionen (z. B. des Schulwesens), der Lehrpläne und anderer Aspekte „pädagogischer Situationen“ usw. Wo also liegt das Psychologische?

Das Interesse der Pädagogischen Psychologie richtet sich vorrangig auf die Vorgänge in den „Akteuren“ des pädagogischen Feldes:

- Nach welchen Gesetzmäßigkeiten laufen die Lernprozesse ab? Welche Veränderungen werden über welche Prozesse hervorgebracht?
- Welche Dispositionen, z. B. welche Fähigkeiten und Motive, müssen Lernende mitbringen, damit die intendierten Lernprozesse ablaufen können? Inwiefern sind diese Voraussetzungen altersspezifisch?
- Welche Verhaltensweisen, einschließlich der Anwendung bestimmter „Methoden“, müssen die „Lernvermittler“ (Eltern, Lehrer usw.) realisieren, um die angestrebten Lernprozesse in Gang zusetzen?
- Welche Wechselbeziehungen (Interaktionen) bestehen zwischen den verschiedenen Beteiligten?

Mit diesen Fragen greift die Pädagogische Psychologie naturgemäß auf andere system- und praxisbezogene Betrachtungsweisen zurück. In der Literatur dominieren dabei vor allem die Lernpsychologie (allgemeinpsychologisch), die Entwicklungspsychologie und die Sozialpsychologie. Aber auch die Differentielle Psychologie hat ihre Bedeutung, insbesondere bei der Beschreibung von Schülermerkmalen (z. B. Fähigkeitsunterschiede). Anleihen werden weiterhin bei der Klinischen Psychologie gemacht, da im pädagogischen Feld bekanntlich eine Vielzahl von „Lern- und Verhaltensstörungen" auftritt. Im übrigen werden in unterschiedlichsten Zusammenhängen auch diagnostische Methoden verwendet („Diagnostik" wird oft auch als ein „Gebiet" der Psychologie bezeichnet).

Das heißt nun nicht, daß die Pädagogische Psychologie keine eigenen Fragestellungen bearbeitet. Diese ergeben sich selbstverständlich aus den besonderen Erscheinungsformen und Problemen der „Erziehungswirklichkeit". Ordnet man typische Themen der Pädagogischen Psychologie nach Art von Tafel 35, so kommt ihr spezifisches Profil wohl am stärksten in den beiden oberen Kästen zum Ausdruck. Die Gliederung in eine linke und eine rechte Hälfte berücksichtigt, daß in den Erziehungswissenschaften (von denen die Pädagogische Psychologie ein Teil ist) meist zwei Typen von Erziehungswirklichkeit im Vordergrund stehen: „Unterricht" und „Erziehung". Hier ist dann *„Erziehung"* nicht mehr Oberbegriff, sondern hat eine engere Bedeutung: Ihr Schwerpunkt liegt auf sozial-emotionalen Aspekten, während *„Unterricht"* primär die Förderung von Leistungen im Auge hat. In gewissem Grade lassen sich diese Schwerpunkte den Sozialisationsinstanzen Schule und Familie zuordnen. Allerdings betreibt die Schule immer auch „Erziehung" (und sei es nur im Dienste eines reibungslosen Unterrichts), und in der Familie wird vielfach auch „unterrichtet". Die gemeinsame Perspektive beider Schwerpunkte ist die menschliche Entwicklung, genauer: die Förderung von Entwicklung.

Die Einführungen und Lehrbücher zur Pädagogischen Psychologie unterscheiden sich zum Teil recht erheblich darin, welche Inhalte sie ausführlich berücksichtigen, welche weniger und welche gar nicht. Schon die Gewichtung der beiden Bereiche Unterricht und Erziehung ist unterschiedlich. Manche Bücher befassen sich primär mit Unterricht und kognitivem Lernen (z. B. Gage & Berliner 1986; Mietzel 1986), andere primär mit Erziehung und sozial-emotionalem Lernen (z. B. Tausch & Tausch 1979; Fittkau 1983; Heinelt 1983) und wieder andere in etwa gleichem Maße mit beiden Seiten (Weinert u. a. 1974; Heller & Nickel 1976/1978; Dietrich 1984; Weidenmann u. a. 1986).

Einige Beispiele sollen nun verdeutlichen, wie die Pädagogische Psychologie einerseits auf grundlegende Inhalte zurückgreift, andererseits auch ihre spezifischen Akzente setzt.

		Schwerpunkt: Unterrichten	Schwerpunkt: Erziehen	
Alters- und Zeitperspektive	**I.** **Entwicklung und Sozialisation** Faktoren der Entwicklung, insbes. Umwelteinflüsse – Altersabschnitte – Entwicklungsreihen (z. B. des Denkens, des sozialen Verhaltens usw.) – Diagnostik: z. B. Einschulungsdiagnosen	**II.** **Lehren und schulisches Lernen** Kognitives Lernen – Produktives Denken – Lerntechniken Lehrverfahren – Lernmotivation – individuelle Unterschiede im Lernen – Diagnostik: Leistungsmessung, Fähigkeitsdiagnosen u.a.m.	**III.** **Soziale Interaktion in der Erziehung** Familiäre Erziehung – Lehrer-Schüler-Interaktion – Gruppenprozesse in der Schulklasse – Kommunikationstraining – Diagnostik: Beobachtungssysteme, Soziometrie u.a.m.	„Normale" Abläufe
		Grundlegende Aspekte		
		IV. **Lernschwierigkeiten** Arten und Bedingungen von Lernschwierigkeiten – Einzelfallhilfe, Beratung – Prävention in der Schule – Diagnostik: Leistungs-, Fähigkeits-, Persönlichkeitsdiagnosen u.a.m.	**V.** **Verhaltensauffälligkeiten** Arten und Bedingungen von Verhaltensauffälligkeiten – Beratung, Therapieformen – Prävention im Erziehungsfeld – Diagnostik: Verhaltensbeobachtung, -beurteilung, Persönlichkeitstests u.a.m.	„Schwierigkeiten"

Tafel 35: Mögliche Strukturierung des Gebietes Pädagogische Psychologie

Erstes Beispiel: Person und Situation. Vom „Lerner" aus gesehen gehören zur Situation alle externen pädagogischen Bedingungen wie das Erzieherverhalten, die Mitschüler, die Lernmaterialien, die gestellten Aufgaben usw. Als „personal" sind die Fähigkeiten, Interessen, Vorkenntnisse usw. des jeweiligen Lerners anzusehen. Vom Erzieher aus gesehen wären das Verhalten der Lerner, das Verhalten anderer Miterzieher, aber auch – wie für die Lerner – die Größe der Lerngruppe, die Lernmaterialien usw. zu den situativen Einflüssen zu rechnen, während als personale Aspekte unter anderem die pädagogischen Einstellungen und das erzieherische/unterrichtliche Verhaltensrepertoire von Interesse sind.

Zweites Beispiel: Motivation. Im Prinzip handelt es sich bei der Motivation um ein Geschehen, das für jede Art von Verhalten größte Bedeutung hat. Doch wenn z. B. Lehrer von „Motivation" reden, meinen sie gewöhnlich „Lernmotivation" oder noch genauer: Motivation für schulische (!) Lernaktivitäten. Vorwiegend unter diesem Blickwinkel werden denn auch in der Pädagogischen Psychologie Motivationsvorgänge beleuchtet. Das Wort „Blickwinkel" deutet an, daß die Motivation zum schulischen Lernen (oder zum zielgerichteten Lernen überhaupt) an sich nicht eigener Art ist (auch Angst, Liebe oder Haß kann Menschen zum Lernen veranlassen), daß faktisch aber vornehmlich solche Lern-Motivationen betrachtet werden, die Pädagogen für besonders wichtig halten, wie etwa Leistungsmotivation, Sachinteresse und Neugier. Untersucht wird hier unter anderem, wie man sie anregen kann (z. B. durch welche Art von Aufgaben) oder wie man Lernmotive (als personale Disposition) verändern kann (z. B. wie man Mißerfolgsängstlichkeit schwächen und Erfolgszuversicht stärken kann; vgl. z. B. Weßling-Lünnemann 1985).

Drittes Beispiel: Lernübertragung (Transfer). Wie früher dargestellt (vgl. S. 72 ff.), ist die Lernübertragung ein generelles Phänomen des Lernens. Im Rahmen von „Unterricht" sind aber ganz bestimmte Transferleistungen von Interesse: etwa der positive Transfer von mathematischen Regeln auf neue Aufgaben oder die breite Anwendung allgemeiner Problemlösestrategien. Zu untersuchen, welche Lernbedingungen solche erwünschten Transferleistungen fördern, ist ein Forschungsthema der Pädagogischen Psychologie. So hat sich unter anderem gezeigt, daß es nicht möglich ist, über das Lernen bestimmter Inhalte (z. B. alte Sprachen oder Mathematik) einen inhaltsunspezifischen Transfer (etwa logisches Denken schlechthin) zu erreichen, während mit dem Lernen von Vorgehensweisen wie Lerntechniken oder Problemlösestrategien relativ weite Bereiche erfaßt werden können. Als wichtig für die individuelle Befähigung zu solchen und anderen Transferleistungen hat sich erwiesen, daß das Übertragen an möglichst verschiedenartigen Beispielen geübt wird (s. Gage & Berliner 1986).

Einige Themen scheinen ihrem Namen nach auf den ersten Blick recht weit von den grundlegenden Aspekten entfernt zu sein, beispielsweise „Lehrmethoden" oder „Erziehungsstile". Doch auch sie lassen sich nach allgemeineren Aspekten aufschlüsseln wie etwa: Lernprozesse, Kommunikation, Dispositionen des Erziehers und des Lerners usw.

Immer wieder wird man gerade bei solchen praxisnahen Themen bestätigt finden, daß es kaum einmal lineare Ursache-Wirkungs-Beziehungen gibt („Maßnahme A wirkt so, B wirkt so"), aus denen man feste Handlungsrezepte ableiten könnte. Jeder einzelne Faktor ist in ein mehr oder minder *komplexes Bedingungsgefüge* eingebunden. Nehmen wir als Beispiel die Wahl von Lehrmethoden: Hier ist zum einen zu berücksichtigen, welche Art von Lernziel man verfolgt (vgl. S. 32 ff. zu den Lernzielebenen von Bloom). Denn was sich z. B. für die Vermittlung reproduzierbaren Sachwissens als ökonomische Methode erweist, mag für die Entwicklung von Fähigkeiten zur selbständigen Problemanalyse gänzlich ungeeignet sein und umgekehrt. Zum anderen sind bei der Methodenwahl auch Dispositionen des jeweiligen Lerners zu beachten (z. B. intellektuelle Fähigkeiten, Vorkenntnisse, Interessen, Mißerfolgs- oder Erfolgsorientierung usw.). Denn was für Schüler A optimal ist, ist es nicht unbedingt auch für Schüler B. Die

Kenntnis solcher Wechselwirkungen kann vielleicht dazu Anlaß geben, die pädagogische Praxis vielfältig und flexibel zu gestalten. Allerdings ist es kaum möglich, alle relevanten Bedingungen und ihre Wechselwirkungen (sofern sie überhaupt bekannt sind) zu überschauen und im praktischen Handeln zu berücksichtigen. So mag denn die Pädagogische Psychologie zwar wichtige wissenschaftliche Orientierungshilfen geben, aber mit so einem komplexen Geschehen wie Erziehung und Unterricht umzugehen kann nicht einfach angewandte Wissenschaft sein, sondern bleibt in gewissem Grade immer eine Art „Kunst" (s. Gage 1979).

Weit weniger als etwa die Klinische Psychologie wird die Pädagogische Psychologie von Kontroversen zwischen den *theoretischen Strömungen* beherrscht. Doch selbstverständlich sind diese auch hier wiederzufinden, insbesondere bei der sozial-emotionalen Seite (der Erziehung im engeren Sinne). Einflußreiche Beiträge kommen unter anderem von der „personenzentrierten" Richtung, die sich von der „klientenzentrierten" Therapie von Carl Rogers herleitet (vgl. S. 132 sowie S. 160f. über Humanistische Psychologie). Sie betont menschliche Haltungen wie Wärme, Akzeptanz und Echtheit, die Einfühlung in das Erleben des Kindes bzw. Kommunikationspartners („aktives Zuhören"), das Mitteilen eigener Empfindungen („Ich-Botschaften") und das gleichberechtigte Aushandeln von Konfliktlösungen (vgl. Tausch & Tausch 1979; Gordon 1972). Vom Behaviorismus und seiner Lernpsychologie stammen Techniken zur pädagogischen „Verhaltensmodifikation" (z. B. Adameit u. a. 1983). Anfangs war dies in erster Linie der richtige Einsatz von positiver Bekräftigung, Nichtbekräftigung und Bestrafung. Inzwischen ist auch die Verhaltensmodifikation „kognitiver" geworden, wodurch die bewußte Problemerklärung, die Selbststeuerung, Selbstbewertung usw. mehr Gewicht erhalten (z. B. Perrez u. a. 1985; Petermann 1987) – wie überhaupt kognitivistische Sichtweisen in verschiedenen Bereichen der Pädagogischen Psychologie erheblich an Einfluß gewonnen haben (etwa Hofer 1986; Steiner 1988). Ähnliches gilt auch für „interaktionistische" und „systemische" Ansätze, die das Verhalten aller Mitglieder eines „Systems" (z. B. einer Schulklasse, eines Lehrerkollegiums, einer Familie) als eng verflochtenes Gesamtgefüge betrachten, das auch nur gemeinsam und kooperativ (statt individuell) zu verändern ist (zur Theorie s. z. B. Brunner & Huber 1989; zur Praxis Redlich & Schley 1982).

Literaturempfehlungen:

Fittkau, B. (Hrsg.): Pädagogisch-psychologische Hilfen für Erziehung, Unterricht und Beratung. Band 1 und 2. Braunschweig: Westermann-Pedersen 1983.

Wahl, D., Weiner, F. E. & Huber, G. L.: Psychologie für die Schulpraxis. Ein handlungsorientiertes Lehrbuch für Lehrer. München: Kösel 1984.

Weidenmann, B., Krapp, A. u. a. (Hrsg.): Pädagogische Psychologie. Ein Lehrbuch. München: Psychologie Verlags Union 1986.

4. Arbeit und Beruf: Arbeits-, Betriebs- und Organisationspsychologie

Die Praxisfelder „Arbeit“, „Betrieb“ und „Organisation“ gehören eng zusamen. Die *Organisationspsychologie* behandelt das „Erleben und Verhalten von Menschen in Organisationen in ihren unterschiedlichen Rollen als spezifische Funktionsträger“ (Rosenstiel & Neumann 1988, S. 507). Zu den Organisationen zählen z. B. Schulen, Parteien, Kirchen, Verwaltungen und Betriebe. Die *Betriebspsychologie* kann demnach als Spezialfall der Organisationspsychologie gelten. Die *Arbeitspsychologie* ist auch eng mit der Organisationspsychologie verbunden, da Arbeit typischerweise in Arbeitsorganisationen geleistet wird. Während aber die Arbeitspsychologie ihr Augenmerk auf Probleme der wechselseitigen Anpassung von Mensch und Arbeit richtet, stehen bei der Organisationspsychologie Fragen der Personalführung und Kommunikation im Vordergrund (vgl. Semmer & Volpert 1988).

Schwerpunkte der *Arbeitspsychologie* sind zum Teil *personenbezogene* Problemstellungen. Bei ihnen geht es z. B. um Feststellung der beruflichen Eignung und optimale Selektion der Bewerber; es geht um Maßnahmen zur Verbesserung der Arbeitszufriedenheit und -motivation und um Fragen der Aus- und Weiterbildung der Mitarbeiter.

Bei der *Eignungsfeststellung* beispielsweise, die naturgemäß differentiellpsychologisch orientiert ist, wird eine Aussage darüber getroffen, ob der Bewerber die individuellen Voraussetzungen mitbringt, die die berufliche Tätigkeit erfordert. Hierzu werden Ergebnisse von Leistungs- und Persönlichkeitstests herangezogen sowie Resultate von Interviews und Gruppendiskussionen. Zur Ermittlung der Anforderungen, nach denen die Eignung gemessen werden soll, werden z. B. genaue Tätigkeitsanalysen und psychologische Merkmalszuschreibungen der im Beruf Tätigen herangezogen. Die Aufgabe besteht dann in einer optimalen Zuordnung des Dispositionsgefüges eines bestimmten Bewerbers zum Anforderungsprofil der beruflichen Tätigkeit. Die *Auslese* ist von der Eignung zu trennen, da in sie auch nichtpsychologische Kriterien mit eingehen (z. B. Ertragslage des Unternehmens, Rationalisierungsmaßnahmen).

Auf die materielle *Situation* beziehen sich solche Fragestellungen, die die betriebliche Arbeitstätigkeit und ihre Rahmenbedingungen zum Gegenstand haben. Hierzu zählen vor allem die Analyse des Anforderungsprofils der Arbeitstätigkeit („Arbeitsanalyse“) und die Untersuchung sowie Gestaltung der Arbeitsbedingungen („Arbeitsgestaltung“, z. B. räumliche Bedingungen, Licht/Beleuchtung, Farbe, Lärm, Klima).

Weiterhin beschäftigt sich die Arbeitspsychologie mit der Ermittlung und

Beseitigung von Unfallursachen sowie mit Problemen der Arbeitsbelastung (z. B. durch Überstunden, Schichtarbeit, hohe Arbeitsintensität, geringe Handlungs- und Entscheidungsspielräume, Monotonie) und ihren Folgen. Die Folgen können psychischer Art (z. B. Beeinträchtigung der intellektuellen Flexibilität) oder psychophysischer Art sein (z. B. Ermüdung, psychosomatische Störung). So wurde z. B. festgestellt, daß Schichtarbeiter ein bis zu achtmal höheres Risiko haben, an Magengeschwüren zu erkranken, als Arbeiter unter regulären Bedingungen (vgl. Frieling & Sonntag 1987, S. 123 ff.). In neuerer Zeit wird der Frage, wie Individuen die Arbeitsbelastungen bewältigen („Coping"), vermehrt Aufmerksamkeit geschenkt.

Entsprechend den Wandlungen der Arbeitswelt verändert auch die Arbeitspsychologie ihr Profil: Immer mehr Menschen sind in Verwaltung und Dienstleistungungsbereichen beschäftigt, wo planerische und koordinierende Tätigkeiten die früher vorherrschenden körperlichen Tätigkeiten in der Produktion abgelöst haben und die Datenverarbeitung eine immer bedeutendere Rolle zu spielen beginnt. Die Arbeitsgestaltung im „Mensch-Maschine-System" entwickelt sich dadurch in vielen Bereichen immer mehr zur Gestaltung einer „Mensch-Computer-Interaktion" im Verbundsystem der Organisationsstruktur (vgl. Zimolong u. a. 1988).

Schwerpunkte der *Organisationspsychologie* sind nach Rosenstiel u. a. 1986, S. 20) die Interaktion des Individuums mit der ihm gestellten Aufgabe (z. T. identisch mit Aufgaben der Arbeitspsychologie); Interaktion der Individuen, insbesondere in den organisatorisch vorgegebenen Rollen (Vorgesetzter, Nachgeordneter, Gleichgestellter), und Interaktion von Individuum und Gruppe und umfassender Organisation. Themen, die Gruppen betreffen, behandeln häufig Fragen der Personalführung, der Gestaltung von Arbeitsgruppen und ihrer inneren Aufgabenteilung, der Lösung von Sachproblemen und der Bewältigung sozialer Konflikte in Organisationen (vgl. Rosenstiel u. a. 1986; Greif 1983, S. 26 ff.). Themen, die die Organisation betreffen, behandeln z. B. die Einstellungen zur Organisation in ihrer Gesamtheit („Organisationsklima"). Hinzugekommen sind Fragestellungen, die sich mit Sozialisationseffekten von Organisationen auf die einzelnen Mitglieder beschäftigen. Neuerdings wird auch verstärkt die Organisation als Ganzes in ihrem Aufbau und Ablauf beachtet, und es werden Möglichkeiten der *Organisationsentwicklung* erörtert (Gebert 1974; Sievers 1977). – Insgesamt gesehen behandelt die Organisationspsychologie also Fragestellungen, die primär sozialpsychologisch ausgerichtet sind.

In der Arbeits-, Betriebs- und Organisationspsychologie sind verschiedene theoretische Positionen vertreten worden. Seit einiger Zeit haben auch hier kognitivistische Ansätze sehr an Bedeutung gewonnen (vgl. Frieling & Sonntag 1987).

Literaturempfehlungen

Gebert, D. & Rosenstiel, L. von: Organisationspsychologie. Person und Organisation. Stuttgart: Kohlhammer, 2., erw. u. verbess. Aufl. 1989.
Greif, S., Holling, H. & Nicholson, N. (Hrsg.): Arbeits- und Organisationspsychologie. Internationales Handbuch in Schlüsselbegriffen. München: Psychologie Verlags Union 1989.
Schmale, H.: Psychologie der Arbeit. Stuttgart: Klett-Cotta 1983.

5. Krankheit und Gesundheit: Medizinische Psychologie

Die Medizinische Psychologie beschäftigt sich mit dem „Gesamtbereich von psychologischen Tatsachen als Ursache, Folge oder auch Begleiterscheinung von Krankheit und Gesundheit" (Beckmann 1982, S. 115). Sie ist damit sehr eng mit der „Gesundheitspsychologie" und „Verhaltensmedizin" verbunden (Lütjen & Frey 1987; 1989). Zuweilen wird Medizinische Psychologie auch enger gesehen und als Wissenschaft verstanden, die Verhalten und Erleben aller Kommunikationspartner im ärztlichen Berufsfeld (vor allem Patienten, Angehörige, Pflegepersonal, Ärzte) zum Gegenstand hat (vgl. Huppmann 1988). Anders als die Klinische Psychologie ist ihr Gegenstand nicht primär das abnorme Erleben und Verhalten und dessen Behandlung im Sinne von Beratung und Therapie. Es gibt allerdings Überschneidungen, und zuweilen wird die Medizinische Psychologie auch als ein Teilgebiet der Klinischen Psychologie aufgefaßt.

Um die Bedeutung dieses psychologischen Ansatzes im Bereich von Gesundheit und Krankheit erkennen zu können, muß man sich klarmachen, daß Krankheit wie auch Gesundheit nicht auf rein somatisches Geschehen reduziert werden kann. Kranksein und Gesundsein sind an erlebende und sich verhaltende Personen gebunden: Es sind Menschen, die erkranken oder gesund sind, nicht einfach nur ein körperlicher Organismus. Gesundheit und Krankheit sind deshalb immer zugleich in ihren psychischen, sozialen und physischen Bezügen zu sehen.

Im folgenden werden einige Aspekte der obigen Bestimmung der Medizinischen Psychologie näher erläutert:

Wenn man nach psychischen *Ursachen* von Erkrankungen fragt, denkt man sicherlich zuerst an die psychosomatischen Kranhkeiten. In ihnen wird inadäquate Erlebnisverarbeitung mit funktionalen Störungen (z. B. Lähmungen) oder auch Organschädigungen (z. B. Magengeschwüren) in einen Zusammenhang gebracht. Psychosomatische „Spezifitätstheorien", die von psychoanalytisch beeinflußten Theoretikern vertreten werden, nehmen an, daß die Art der körperlichen Erkrankung sich bestimmten unbewußten frühkindlichen Konflikten zuordnen lasse. In den sog. „Non-Spezifitäts-

Theorien“ wird hingegen behauptet, daß die körperliche Symptomatik mit einer erworbenen oder angeborenen Verletzlichkeit („Vulnerabilität“) bestimmter Organsysteme zu erklären sei, nicht aber mit einer bestimmten Art von Konflikten. In neuerer Zeit wird vor allem das *Streß-Konzept* als intergrierender nichtspezifischer Ansatz zur Erklärung psychosomatischer Erkrankungen beachtet.

Streß ist dabei eine Reaktion des Organismus auf eine Anforderungssituation, an die eine Anpassung erschwert oder unmöglich ist. Als Auslöser („Stressoren“) kommen in Betracht: äußere Reize (Lärm, Gefahrensituationen, Leistungsanforderungen), soziale Reize (soziale Isolation, zwischenmenschliche Probleme) oder akute innere Konflikte. Treten gravierende Stressoren ein (z. B. Tod des Lebenspartners), kann man feststellen, daß daraufhin häufiger psychosomatische Erkrankungen ausbrechen. Gleiches gilt z. B. auch für Arbeitssituationen, die dem Arbeitnehmer nur wenig Kontrollmöglichkeiten über den Arbeitsverlauf bieten (vgl. Schandry 1989, S. 81). Es hat sich aber gezeigt, daß solch ein Zusammenhang nicht regelhaft eintritt. Vermittelnd wirken hier unterschiedliche personale Faktoren (z. B. Neigung zu depressiven Verstimmungen und Hilflosigkeitserlebnissen) sowie die oben angedeuteten „Vulnerabilitäten“.

Andere verursachende Momente von Erkrankungen können im eigenen Verhalten liegen: Menschen schädigen ihre Gesundheit auch durch eigenes risikohaftes Verhalten, indem sie sich (a) falsch ernähren, (b) im Übermaß Genußmittel zu sich nehmen, (c) sich kaum oder nur einseitig körperlich bewegen, (d) unzureichende Körperhygiene betreiben, (e) sich leichtsinnig im Straßenverkehr und am Arbeitsplatz verhalten (vgl. Troschke 1979; Voigt 1978).

Solches gesundheitsschädigendes Verhalten kann auch in einen Zusammenhang mit dem Streßkonzept gebracht werden. Es ist dann als Folge konflikthafter und belastender Lebenssituationen zu verstehen und zugleich als ein Versuch, diese Situationen zu bewältigen.

Psychisches Geschehen stellt aber nicht nur ein verursachendes Moment von Erkrankungen dar, sondern ist auch *Begleiterscheinung* und *Folge.* Krankheiten sind gewöhnlich mit Unwohlsein, Schmerzen und anderen unangenehmen Befindlichkeiten verbunden, die unter Umständen über einen längeren Krankheits- und Heilungsprozeß andauern und eine Belastung, zuweilen auch eine Bedrohung für den Kranken darstellen. Mit dieser Situation setzt er sich auseinander und versucht die Krankheit in ihren Begleiterscheinungen und Folgen psychisch zu bewältigen. Diese Bewältigungsversuche sind einerseits individuell unterschiedlich (z. B. sich ablenken, emotionale Unterstützung suchen, sich selbst beschuldigen), andererseits sind auch situative Faktoren wichtig (z. B. Atmosphäre auf der Station, Operationsvorbereitung). Die Beziehung zwischen Ärzten/Pflege-

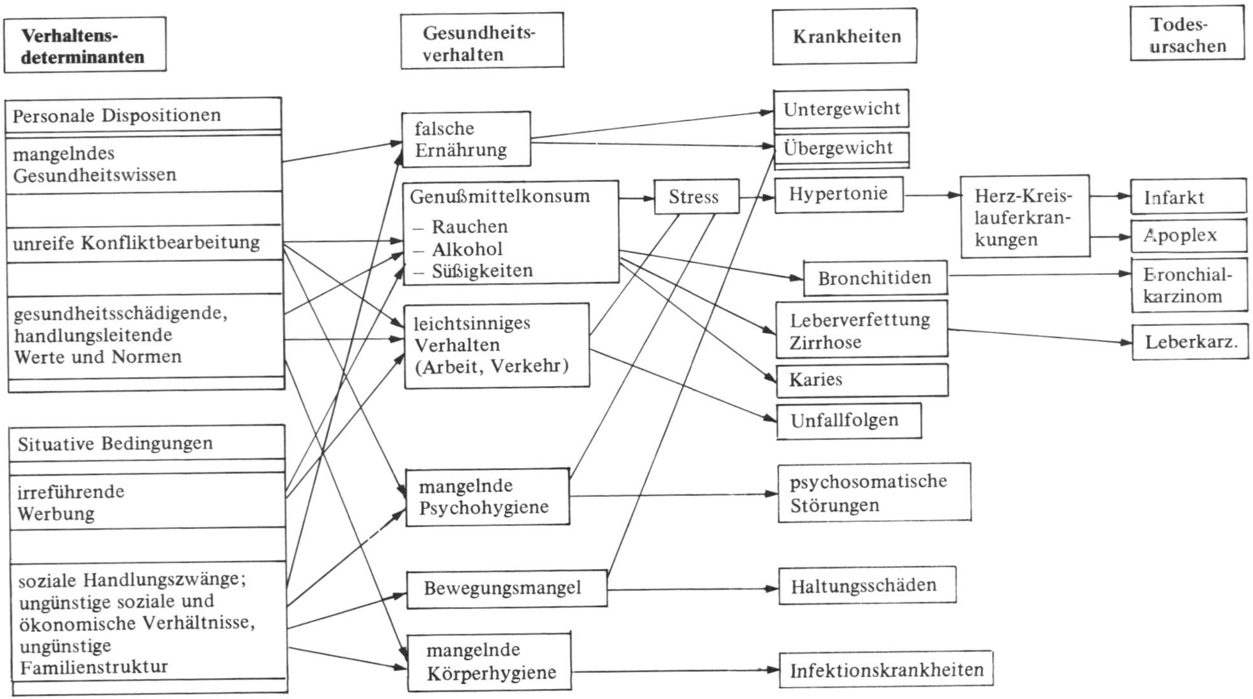

Tafel 36: Bedingungen und Folgen unzureichenden Gesundheitsverhaltens (leicht verändert aus: Troschke 1979, s. 135)

personal und den Patienten sowie die institutionellen Aspekte („Patient im Krankenhaus") sind daher gängige Themen der Medizinischen Psychologie.

Die Auswirkungen des Krankseins machen deutlich, daß auch klinisch-psychologische *Interventionen* erforderlich sein können: So muß in schwierigen und kritischen medizinischen Situationen den Patienten dabei geholfen werden, die psychischen Auswirkungen angemessen zu verarbeiten. Neben Kindern im Krankenhaus ist hierbei z. B. an chronisch kranke Patienten zu denken, an Erkrankungen, die sehr schmerzhaft sind, und an solche, die mit gravierenden Einbußen der Lebensqualität einhergehen (z. B. Brustamputationen, Niereninsuffizienz). Diese Patienten sind oftmals überfordert und benötigen psychologische Hilfestellung. Eine Hilfe könnten die lernpsychologischen Methoden der sog. Verhaltensmedizin bieten: Patienten können mit ihnen z. B. Techniken zur Schmerzkontrolle erlernen.

Es entstehen aber auch Aufgaben im Bereiche der Prävention (Vorsorge, Prophylaxe) von Erkrankungen und in der Rehabilitation (Nachsorge).

Zur *Prävention* wollen wir hier einige Anmerkungen machen und dabei auch auf situative Faktoren bei der Verursachung von Erkrankungen hinweisen. Wir hatten erwähnt, daß viele Menschen ihre Gesundheit durch risikohaftes Verhalten schädigen. Diese Verhaltensweisen tragen in nicht unerheblichem Ausmaß ursächlich zu den sog. Volkskrankheiten bei. Das Schaubild von Tafel 36, welches wir leicht verändert von Troschke (1979) übernehmen, macht diese Zusammenhänge deutlich. Zugleich verweist es auf die personalen und situativen Bedingungsfaktoren solcher Verhaltensweisen, die bei präventiven Maßnahmen nicht unberücksichtigt bleiben dürfen. In diesem Zusammenhang fällt der Familie eine wichtige Rolle zu. Sie spielt – bisher weniger beachtet – in zweierlei Hinsicht auch als „Produzent" von Gesundheit eine wichtige Rolle. Zum einen unterstützt sie die Familienmitglieder bei der Bewältigung von Krankheiten. US-amerikanische Untersuchungen zeigen, daß ca. 75% aller auftretenden Krankheitsepisoden in der Familie von ihr selbst bewältigt werden, d. h. ohne Einschaltung des professionellen medizinischen Versorgungssystems. Dieses „familiale Selbsthilfepotential" wird deshalb bei Gesundheitsförderungsmaßnahmen zunehmend beachtet (vgl. Grunow u. a. 1983). Zum anderen wirken sich auch bestimmte familiale Beziehungsstrukturen günstig auf die Gesundheit aus.

Literaturempfehlungen

Beckmann, D.: Grundlagen der Medizinischen Psychologie. Göttingen: Vandenhoeck & Ruprecht 1984.

Goeppert, S.: Medizinische Psychologie. Band 1 und 2. Reinbek: Rowohlt 1980.

Huppmann, G. & Wilker, F.-W.: Medizinische Psychologie & Medizinische Soziologie. München: Urban & Schwarzenberg 1988.

Kapitel 6
Betrachtung aus theoretischen Sichtweisen („Richtungen“)

Wer sich mit der Psychologie beschäftigt, sieht sich nicht nur einer verwirrenden Fülle von Befunden gegenüber, sondern auch einer Vielfalt von „Theorien“. Darunter sind „Mini-Theorien“, die sich nur auf eng umgrenzte Phänomene beziehen (z. B. auf eine optische Täuschung). Dann gibt es Theorien größerer Reichweite, die komplexere Problembereiche, wie z. B. Angst, Aggression, Hilfsbereitschaft, Leistungsmotivation oder seelische Gesundheit, umfassen. Schließlich gibt es grundsätzliche theoretische Orientierungen in der Psychologie: Sie schaffen einen Bezugsrahmen, aus dem die unterschiedlichsten psychischen Phänomene in jeweils typischer Art beschrieben und erklärt werden. Im übertragenen Sinne liefern sie spezifische „Brillen“, mit denen man psychisches Geschehen betrachtet (vgl. Neel 1983; Herzog 1984).

Diese Orientierungen können nach verschiedenen Kriterien unterschieden werden. Nach Allport (1958, S. 16) scheiden sich die Geister ganz grundlegend an Fragen wie diesen: „Wird das System von außen oder von innen bestimmt? Ist es nur reaktiv oder ist es aktiv, ist es mechanisch bestimmt oder bis zu einem gewissen Grade spontan?“ Nach solchen und anderen Kriterien lassen sich in der heutigen Psychologie zumindest drei Hauptströmungen unterscheiden: Tiefenpsychologie, Behaviorismus und Kognitivismus (vgl. z. B. Schönpflug & Schönpflug 1983). Daneben wird vielfach auch noch die Humanistische Psychologie als eine eigenständige Position angeführt (u. a. bei Zimbardo 1983). In den letzten Jahren hat zudem „systemisches“ Denken so sehr an Bedeutung gewonnen, daß wir es als eine weitere Theorierichtung anführen möchten.

Diesen Sichtweisen liegen, wie sich z. T. in den Bezeichnungen andeutet, verschiedene Auffassungen über die menschliche Natur zugrunde (vgl. auch Benesch 1984), deren Angemessenheit nicht durch die psychologische Forschung entschieden werden kann. Hiermit beschäftigt sich die philosophische Anthropologie. „Menschenbilder“ geben aber gedankliche Gerüste vor, aus denen heraus psychologische Theorien entwickelt werden. Diese können sich im Prozeß ihrer Überprüfung als mehr oder weniger nützlich zur Erklärung psychischen Geschehens erweisen und damit wiederum bestimmte anthropologische Auffassungen stützen oder in Frage stellen. Insofern kann die Psychologie durch ihre Forschungen auch zu anthropologischen Fragen Beiträge liefern.

Besondere Betonung bei	**Psychoanalyse**	**Behaviorismus**	**Kognitivismus**	**Humanistische Psychologie**
aktuellen Prozessen	Motivation, Motiv.-Konflikte, größtenteils unbewußt	Äußeres Verhalten (Bewegungen)	Denken	Ganzheitlich kognitiv-emotionale Prozesse
Dispositionen	Eigenschaften (Charakterzüge)	Habits (Verhaltensgewohnheiten)	Kognitive Strukturen (z. B. Pläne, Begriffe)	Selbstkonzept, Werthaltungen u. a.
	Stärkere Gewichtung der Person gegenüber der Situation	Stärkere Gewichtung der Situation gegenüber der Person	Dynamische Wechselwirkung zwischen Person und Situation	Stärkere Gewichtung der Person gegenüber der Situation
situativen Bedingungen	Subjektive Situationsbedeutung, mitbestimmt durch unbewußte Impulse	Objektive Situation als Auslöser, Hinweisreiz oder Bekräftiger	Subjektive Situationsbedeutung, bestimmt durch aktuelle gedankliche Verarbeitung	Subjektive Situationsbedeutung, „individuelle Welt“
Entwicklungsbedingungen	Angeborene Triebe, verschiedene Reifungsstadien, prägender Einfluß früher Lebenserfahrung	Verhalten wird über die gesamte Lebensspanne hinweg gelernt (konditioniert)	Lernprozesse, vor allem kognitive; Individuum als Mit-Gestalter der Entwicklung; z. T. auch Reifungsprozesse	Kognitives Lernen, Individuum als Selbstgestalter, Selbstverwirklichungstendenz

Tafel 37: Charakterisierung von Theorierichtungen im Rahmen des integrierenden Modells (s. S. 95 ff.)

Da aber durch sie letztlich keine Entscheidung darüber möglich ist, was das „Wesen“ des Menschen ist, was das „Wesentliche“ des Menschseins ausmacht, kann es auch nicht die „eine“, „richtige“ psychologische Theorie geben, die alle psychischen Phänomene umfaßt. Es gibt vielmehr verschiedene theoretische Perspektiven, deren Bedeutung mit den Epochen, den Gesellschaften, den Kulturen und ihrem Selbstverständnis wechseln kann.

Wir fassen zunächst die wesentlichen Grundannahmen der fünf genannten Sichtweisen vereinfachend zusammen:

- *Tiefenpsychologie (Psychoanalyse u. a.):* Der Mensch ist bestimmt durch Triebimpulse. In die grundlegenden Ziele und Motive seines Handelns hat er nur geringe Einsicht.
- *Behaviorismus:* Der Mensch ist das Produkt allgemeingültiger Lernprozesse. Er ist letztlich determiniert durch Umweltgegebenheiten.
- *Kognitivismus:* Der Mensch handelt als vernunftorientiertes Wesen aus bewußter Erkenntnis und Einsicht.
- *Humanistische Psychologie:* Der Mensch ist Gestalter seiner selbst. Sein inhärentes Ziel ist es, sich selbst zu verwirklichen.

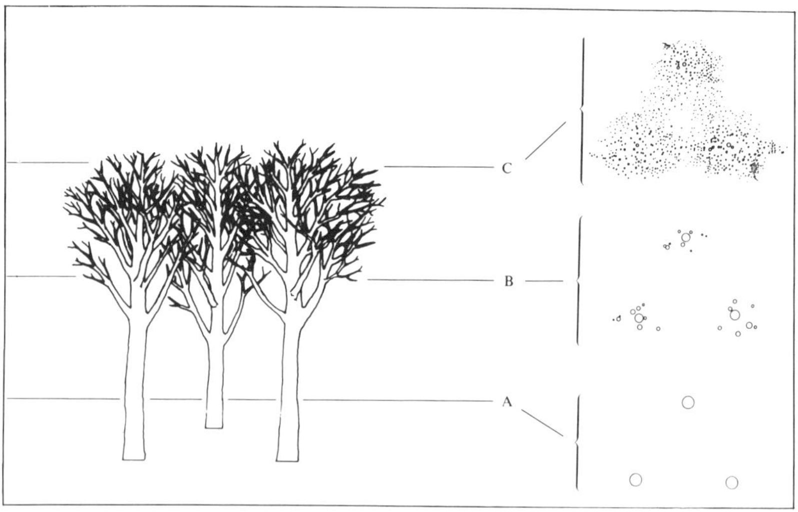

Tafel 38: Theorierichtungen und ihre Verzweigungen: Während die gemeinsamen Stämme jeder Richtung streng voneinander geschieden sind (Schnittebene A), ergeben sich mit der Vielfalt der Verzweigungen Berührungen und Zwischenstellungen (Schnittebene C) (bildliche Darstellung aus Schelp & Kemmler 1988, S. 12 f., dort auf Therapieansätze bezogen)

○ *Systemische Sichtweise:* Der Mensch ist ein komplexes System, das mit anderen Systemen umfassendere Systeme bildet. Erleben und Verhalten werden durch diese Einbettung entscheidend determiniert.

Daneben haben wir versucht, die Richtungen auch im Rahmen unseres integrierenden Modells zu charakterisieren (s. Tafel 37), allerdings ohne die systemische Sichtweise, die eine Sonderstellung einnimmt (s. u.).

Durch diese Kennzeichnungen könnte der Eindruck entstehen, die theoretischen Richtungen existierten weitgehend unabhängig voneinander. Dies trifft aber nicht zu: Sie bilden trotz der Unterschiede in den grundsätzlichen Positionen untereinander ein verzweigtes Beziehungsgeflecht. So ist z. B. die systemische Sichtweise mit allen anderen verwoben. Auch die zahlreichen Varianten, die sich aus jeder Theorierichtung entwickelt haben, weisen eine mehr oder weniger große Nähe zu anderen Richtungen auf. So kann z. B. die Individualpsychologie Alfred Adlers als „Ableger" der Tiefenpsychologie gelten, sie enthält aber zugleich wesentliche Elemente der Humanistischen Psychologie. Der kognitive Behaviorismus hat, wie schon der Name sagt, neben den grundsätzlichen Positionen des Behaviorismus auch viele Elemente des Kognitivismus in sich aufgenommen (z. B. in der sozial-kognitiven Lerntheorie von Albert Bandura). Und die Persönlichkeitstheorie von Carl Rogers weist neben ihrer grundsätzlichen humanistisch-psychologischen Orientierung auch zentrale Elemente der kognitivistischen Position auf. Diese Aufzählung ließe sich fortführen. Die Berührungen und Zwischenstellungen psychologischer Theorien soll Tafel 38 anschaulich machen.

1. Tiefenpsychologie (Psychoanalyse u. a.)

Schon in der Bezeichnung „Tiefenpsychologie" kommen mehrere Besonderheiten dieser Theorierichtung zum Ausdruck. Zum einen wird damit auf die zeitliche Tiefe verwiesen, auf die große Bedeutung, die den frühkindlichen Erfahrungen und ihrer Verarbeitung beigemessen wird. Zum anderen geht die Tiefenpsychologie von einem „Schichtenmodell" aus und beschäftigt sich – bildlich gesprochen! – mit den tieferen Schichten, dem „Unbewußten", das „hinter" dem Erleben und Verhalten steht. Hierin liegt im übrigen auch ein aufklärerischer Aspekt der Tiefenpsychologie: Sie verweist auf die Gefahr der „Oberflächlichkeit" im Studium psychischen Geschehens und zielt auf bestimmte, „dem Augenschein" verborgene Bereiche.

Begründer und zugleich auch bekanntester Vertreter dieser Theorierichtung ist Sigmund Freud (1856–1939). Die von ihm entwickelte „Psychoanalyse“ (Freud 1982) wird von Laien oftmals mit der Psychologie insgesamt gleichgesetzt. Näher betrachtet ist die Psychoanalyse dreierlei zugleich: eine Persönlichkeitstheorie, eine Untersuchungsmethode und eine Therapiemethode.

Als *Persönlichkeitstheorie* geht sie von dem zentralen Gedanken aus, den Menschen als ein Energiesystem zu betrachten, dessen Basis in angeborenen Trieben besteht. Diese Triebdetermination des Erlebens und Verhaltens ist den Menschen in der Regel nicht oder kaum bewußt. In seinen letzten theoretischen Entwürfen nahm Freud zwei Triebe an: einen Sexual- und einen Aggressionstrieb. Ursprünglich hatte Freud als einzigen nur den Sexualtrieb vorgesehen. Nach psychoanalytischer Auffassung liegt weiterhin jedem Verhalten eine Tendenz zur Triebreduktion und damit das Streben nach Lustgewinn zugrunde: Die als unangenehm erlebten Triebspannungen drängen nach Verminderung, die als angenehm erlebt wird.

Die entscheidenden Vorgänge spielen sich nach Freud im Bereich des „Unbewußten“ ab. Die Inhalte dieser psychischen Region gelangen normalerweise gar nicht ins Bewußtsein. Sie sind stark mit Triebenergie besetzt und – da verpönt – aus dem Bewußtsein verdrängt worden. Das „Vorbewußte“ hingegen, eine weitere Region, umfaßt solche psychischen Inhalte, die jederzeit ins Bewußtsein treten können. Das „Bewußtsein“ selbst umfaßt das Erleben, welches dem Individuum zum augenblicklichen Zeitpunkt gegenwärtig ist. Durch die Betonung unbewußter Prozesse in der Psychoanalyse verliert das bewußte Erleben an Bedeutung. Wesentliche Vorgänge sind dem Erleben ohne Hilfsmittel nicht zugänglich.

Die wirklichen Ursachen und Ziele der bewußten Vorgänge und Inhalte können daher vom Individuum auch nicht erkannt werden. Warum ein Mensch bestimmte berufliche Ziele anstrebt, sich einen bestimmten Lebenspartner wählt, sich leiblichen Genüssen hingibt, Gefühle wie z. B. Angst oder Feindseligkeit und Haß immer wieder bei sich verspürt – das alles bleibt ihm selbst im Grunde verborgen.

Freud ordnet die von ihm angenommenen unbewußten und bewußten psychischen Vorgänge drei Instanzen der Person zu, die er zusammen den „psychischen Apparat“ nennt: erstens die unbewußten Impulse des Sexual- und Aggressionstriebes („Es“), die auf sofortige Triebbefriedigung bzw. maximalen Lustgewinn drängen („Lustprinzip“). Zweitens eine Instanz („Ich“) vorwiegend bewußter Funktionen (Wahrnehmung, Denken usw.), die der Realitätsanpassung dienen („Realitätsprinzip“). Sie hat zwischen den Impulsen des „Es“ und den Erfordernissen der Realität zu vermitteln und ausgleichend zu wirken im Sinne eines möglichst optimalen Kompromisses. Zugleich muß das „Ich“ die Anforderungen des „Über-Ich“ berücksichtigen, um zu angemessenen Verhaltensweisen gelangen zu können. Dieses „Über-Ich“ als dritte Instanz repräsentiert moralische Verbote und

Gebote. Insgesamt gesehen stehen „Es" und „Über-Ich" antagonistisch zueinander, und das „Ich" ist Schauplatz der Kompromißbildung im Sinne der von ihm gesteuerten Realitätsanpassung.

Die Psychodynamik der antagonistischen Instanzen führt dazu, daß keine einheitliche Beziehung zwischen den Ausprägungen bestimmter Eigenschaften (z. B. „Ich"-Stärke, Ängstlichkeit, Sadismus etc.) und dem zugehörigen Verhalten gegeben sein muß. Höhere Aggressivität (als unbewußte Disposition) muß sich nicht in beobachtbarem aggressiven Verhalten zeigen, sondern „Abwehrmechanismen" des „Ich" (z. B. „Verdrängung") können ein ganz entgegengesetztes Erscheinungsbild im Verhalten bewirken.

Wilhelm Busch zur

Funktion des Über-Ich

„Das Gute – dieser Satz steht fest – Ist stets das Böse, was man läßt!"

(Fromme Helene)

Die *Persönlichkeitsentwicklung* ist nach Freud eng gebunden an die verschiedenen Reifungsstadien, die der Sexualtrieb durchläuft (s. Tafel 39). Die ersten fünf bis sechs Lebensjahre gelten dabei als besonders wichtig für die gesamte weitere Entwicklung der Persönlichkeit.

Neben der Persönlichkeitstheorie ist die Psychoanalyse, wie erwähnt, auch eine *Untersuchungsmethode,* die versucht, unbewußte Bedeutungen

1. Lebensjahr	Orale Phase	Befriedigung durch Saugen und Lutschen (Mundkontakt)
2.–3. Lebensjahr	Anale Phase	Befriedigung durch Kontrolle der Ausscheidungsorgane; Festhalten, Loslassen
3.–6. Lebensjahr	Phallische Phase	Befriedigung durch Berühren der Sexualorgane; Masturbation
5.–11. Lebensjahr	Latenzphase	Ruhen der Sexualentwicklung
12.–20. Lebensjahr	Genitale Phase	Reife Art des Lustgewinns; genitale Vereinigung

Tafel 39: Entwicklungsphasen nach Freud

des Redens und des Verhaltens, von Träumen, Phantasien und auch von Wahnvorstellungen durch „Deuten" aufzuzeigen. Dabei bedient sie sich hauptsächlich der „freien Assoziation", indem sie Individuen anregt, frei und ungezwungen Einfälle, die ihnen im Augenblick in den Sinn kommen – und seien sie noch so abwegig –, zu äußern. Die Deutungen können sich aber auch auf andere menschliche Produkte beziehen, z. B. künstlerische Gestaltungen.

Schließlich ist die Psychoanalyse auch eine *Therapiemethode.* In ihr geht es um die Aufdeckung und Aufarbeitung bislang unbewußter Erlebens- und Verhaltensdeterminanten mittels der erwähnten Methoden und weiterer therapeutischer Konzepte. Die Therapie konzentriert sich dabei besonders auf frühkindliche Erfahrungen und dadurch bedingte unbewußte Konflikte ihrer Patienten.

In bezug auf unser *integrierendes Modell* zeigt sich: Die Psychoanalyse beschäftigt sich bei den aktuellen Prozessen vor allem mit der Motivation, wobei diese überwiegend unbewußt sein soll. Das individuelle Verhalten und Erleben ergibt sich aus den Dispositionen („Charakterzügen"), die ein Mensch bezüglich der drei Instanzen „Ich", „Es", „Über-Ich" (z. B. „schwaches Ich" „strenges Über-Ich") besitzt und die ihrerseits auf frühkindliche Erfahrungen zurückgeführt werden können. Die personalen Faktoren spielen also in der Psychoanalyse eine weit größere Rolle als die situativen (s. hierzu auch die Tafel 37, S. 147).

Freuds Psychoanalyse hat vielfache Abweichungen und Veränderungen erfahren (vgl. Eicke 1982; Pongratz 1983). Schon früh haben sich Carl Gustav Jung (1875–1961) und Alfred Adler (1870–1937), Schüler und Mitarbeiter Freuds, von ihm getrennt und eigene tiefenpsychologische Schulen gegründet.

Im Unterschied zu Freud betont Adler in seiner *Individualpsychologie* (Adler 1986a, b) stärker soziale Faktoren und bewußte Denkprozesse. Aggressive und sexuelle Motive und Bedürfnisse werden geringer bewertet. Auch wird kein deutlicher Trennungsstrich zwischen Bewußtem und Unbewußtem gezogen. Das Unbewußte ist eher das noch „Unverstandene" an den Zielen und Absichten des Handels. Zentraler Gesichtspunkt ist für Adler die als grundlegend angesehene Erfahrung des *Minderwertigkeitsgefühls* und der Versuch der Überwindung im Geltungsstreben („Kompensation"). Dies kann letztlich aber nur in der Gemeinschaft, in einer auf den Mitmenschen bezogenen Lebensweise, verwirklicht werden. Deshalb erhält die Förderung der Entwicklung des *Gemeinschaftsgefühls* z. B. in der Familie eine besondere Bedeutung. Die „Individualpsychologie" betont gerade, daß der Mensch ein soziales Wesen ist, also das Gegenteil von dem, was man vielleicht auf Grund des Wortes „Individualpsychologie" vermuten mag. In der Bezeichnung soll jedoch zum Ausdruck kommen, daß der

Mensch nach Adler ein einzigartiges und ganzheitliches Wesen ist, welches im Laufe seiner Entwicklung, in der Auseinandersetzung mit den Umweltanforderungen, die für ihn charakteristischen Personmerkmale erwirbt und einen für ihn typischen Weg („Lebensstil") zur Überwindung der Mängelsituation findet (vgl. auch Ansbacher & Ansbacher 1982; Schmidt 1989).

Auch Jung (1984) wendet sich in seiner *Analytischen Psychologie* gegen die starke Betonung der Sexualität im Persönlichkeitssystem von Freud. Er hält zwar am Konzept der sexuellen Triebenergie fest, erweitert sie aber zu einer allgemeinen Lebensenergie. Er akzeptiert wie Freud die Bedeutung des Unbewußten, weitet allerdings den Begriff erheblich aus durch die Annahme eines *kollektiven Unbewußten.* Es beinhaltet die verdichteten Erfahrungen der gesamten Menschheitsgeschichte, die als „Urbilder" mit symbolhaften Bedeutungsinhalten in der Analyse erfahrbar werden (sog. Archetypen). Solche Symbole finden wir z. B. auch in Märchen, Mythen, in der Religion und in der Kunst (z. B. das „Mandala"). Die Deutung der „Archetypen" ist der wichtigste Bestandteil der analytischen Therapie. Dagegen spielt die Analyse unbewußter affektiv-triebmäßiger Impulse i. S. Freuds eine geringere Rolle. Ziel menschlicher Entwicklung ist nach Jung die Selbstintegration („Selbstverwirklichung", „Individuation"), in der die dynamisch wirksamen, polar angelegten Kräfte im Selbst, welches er als Zentrum der Persönlichkeit ansieht, ausgeglichen werden können. Gegenüber Freuds eher naturwissenschaftlich-mechanistisch orientierter Psychoanalyse erscheint Jungs „Analytische Psychologie" eher philosophisch und religiös-mystisch (vgl. Jacobi 1987).

In neueren Entwicklungen der Psychoanalyse ergeben sich andere Schwerpunktbildungen. In der sog. *Ich-Psychologie* wird z. B. das „Ich" stärker autonom gesehen als bei Freud, wodurch die Psychoanalyse ein weniger mechanistisches Gepräge bekommt (s. Hartmann 1972; Drews & Brecht 1982).

In der *Neopsychoanalyse* (z. B. Horney, Fromm, Sullivan u. a.) werden z. T. weitgehende Veränderungen und Abschwächungen Freudscher Positionen vorgenommen und auch eigenständige Entwürfe auf psychoanalytischer Grundlage vorgelegt (s. Wyss 1977; Eicke 1982). In ihrer Tendenz lehnen sie die Triebtheorie Freuds ab und betonen stärker als er soziale und gesellschaftliche Einflußfaktoren für die menschliche Entwicklung und Persönlichkeit. Auch die Strukturvorstellung der Instanzenlehre wird weitgehend verlassen, und das Unbewußte als eigene Schicht wird eher zu einem Randphänomen. Ebenso wird der Aufschlüsselung von Träumen, Symbolen etc. keine besondere Bedeutung mehr beigemessen.

Diese Theorien haben sich schon weit entfernt von der ursprünglichen Position der Freudschen Psychoanalyse. Sie zählen aber noch zu den tiefenpsychologischen Ansätzen, da unbewußte psychische Kräfte und frühkindliche Erfahrungen auch in ihren Ansätzen, wenn auch mit anderem Gewicht, eine bedeutende Rolle spielen.

Literaturempfehlungen

Eicke, D. (Hrsg.): Tiefenpsychologie. Band 1–4 (Die Psychologie des 20. Jahrhunderts). Weinheim: Beltz 1982.

Kutter, P.: Moderne Psychoanalyse. Eine Einführung in die Psychologie unbewußter Prozesse. München: Verlag Internationale Psychoanalyse 1989.

2. Behaviorismus

Der Behaviorismus (englisch „behaviour", amerikanisch „behavior" = Verhalten) geht in seiner ersten Ausformulierung auf den amerikanischen Psychologen John B. Watson (1878–1958) zurück. In seiner Nachfolge ist der Behaviorismus vor allem in den Vereinigten Staaten populär geworden und bis heute geblieben. Ein weiterer bedeutender Vertreter dieser Richtung ist Burrhus F. Skinner (1904–1990). Es existieren verschiedene Richtungen innerhalb des Behaviorismus, wir erwähnen hier nur den „orthodoxen" und den „kognitiven" Behaviorismus (vgl. Neel 1983; Zeier 1977; Sanders 1978).

Innere Prozesse, die nur der Introspektion (Selbstbeobachtung) zugänglich sind, werden im *orthodoxen Behaviorismus* von der wissenschaftlichen Analyse ausgeschlossen, da sie sich nicht eindeutig objektivieren lassen. Subjektive Prozesse oder Zustände werden nur insofern mit in die Betrachtung genommen, als sie durch Operationalisierung beobachtbar werden und sich damit messen lassen: Hunger (als subjektiver Zustand) kann in ein objektiv beobachtbares Phänomen verwandelt werden, wenn er als Zeit seit der letzten Nahrungsaufnahme definiert wird. In diesem Vorgehen wird ein charakteristisches Merkmal des gesamten Behaviorismus sichtbar. Seine naturwissenschaftlich-methodische Grundhaltung, die Beobachtbarkeit und intersubjektive Überprüfbarkeit, wird zum wichtigen Kriterium wissenschaftlicher Erkenntnis. Orthodoxe Behavioristen, wie z. B. Skinner (1973, 1974), verneinen die Notwendigkeit der Annahme vermittelnder kognitiver Prozesse und Strukturen in der Person. Dieser Behaviorismus wird auch als „deskriptiver Behaviorismus" charakterisiert: Eine ausführliche Beschreibung des Verhaltens, seiner auslösenden Bedingungen in der Umwelt und der Konsequenzen des Verhaltens („Verhaltensanalyse") genügen, um es „erklären" zu können und um Voraussagen über die Auftretenswahrscheinlichkeit des Verhaltens machen zu können. Die Person mit ihren Gedanken, Gefühlen etc. ist in diesem Zusammenhang eine „black box".

Das Verhalten faßt der Behaviorismus als gelerntes Verhalten auf. Der Einfluß von Reifungsprozessen und interindividuellen Unterschieden in den Erbanlagen wird gering eingeschätzt. Der Mensch ist das, was er gelernt hat. Die Individualität des einzelnen Menschen liegt in seiner individuellen Lerngeschichte begründet. Diese Lernprozesse werden zumeist als Lernen von Verknüpfungen zwischen situativen Reizen und Reaktionen aufgefaßt, d. h., die Lernarten der „klassischen Konditionierung“ und der „operanten Konditionierung“ (vgl. S. 66ff.) werden als Lernvorgänge schlechthin betrachtet. Sie sind in ihren Bedingungen objektiv analysierbar. Vom Prinzip der allgemeingültigen Lerngesetzmäßigkeiten her gesehen, nimmt der Mensch keine Sonderstellung ein, sondern gleicht sogar infrahumanen Lebewesen wie Ratten, Mäusen, Tauben, an denen im wesentlichen diese Lerngesetzmäßigkeiten im Labor experimentell untersucht worden sind.

„Mensch, haben wir den Burschen konditioniert! Jedesmal, wenn ich den Hebel drücke, wirft er uns was zu knabbern rein.“

(aus: Zimbardo, 1983)

Hier knüpft vielfach die Kritik an: Menschen sind doch keine Ratten! Die Aufgliederung komplexen menschlichen Erlebens und Verhaltens bis in einfachere (handhabbare) Einheiten wird dem Menschen nicht gerecht. Die Zentralisierung und Differenzierung des psychischen Gesamtgeschehens bleibt einer solchen „peripheren“, auf das äußere Verhalten bezogenen Betrachtung verborgen. Zugleich bedeutet die z. T. extreme Betonung situativer Einflüsse auf das Verhalten eine Vernachlässigung der biologisch-genetischen Ausstattung des Menschen. Andererseits kommt hierin aber auch ein Optimismus zum Ausdruck, der der menschlichen Entwicklung und Lebensgestaltung entgegengebracht wird: Durch Veränderung der Umwelteinflüsse läßt sich Verhalten verändern.

Betrachtet man den Behaviorismus aus unserem integrierenden Modell, so liegt das Schwergewicht auf den situativen Reizbedingungen als den Anregern, auf der Verhaltensreaktion des Individuums und auf den darauf folgenden situativen Konsequenzen: Ausgangs- und Endpunkt ist also die Situation. Die Veränderung und damit die Entwicklung des Individuums geschieht durch Lernprozesse. Als Dispositionen werden im Individuum gelernte situations-spezifische Verhaltensgewohnheiten (Habits) angenommen, die zu Habitsystemen organisiert sind und das Verhaltensrepertoire, das verfügbare Verhalten des Individuums, darstellen.

Seit den Zeiten Watsons hat sich der Behaviorismus verändert. Anfänglich ganz auf die Analyse beobachtbaren Verhaltens konzentriert, hat er in den letzten Jahren eine „kognitive Wende“ genommen. Es werden immer mehr innere, kognitive Prozesse, die sich nicht direkt beobachten lassen, in die Verhaltensbeschreibung und -erklärung mit einbezogen. Dadurch ist aus dem ursprünglichen „orthodoxen“ bzw. „radikalen“ Behaviorismus der *Kognitive Behaviorismus* (Bandura 1979; Mahoney 1979; Meichenbaum 1979) hervorgegangen. Mit dieser Wende wird aber nicht die grundsätzliche Vorstellung aufgegeben, nach der das Verhalten letztlich ausgelöst und aufrechterhalten wird durch situative Einflüsse. Das Verhalten ist also im letzten Analyseschritt immer auf äußere Sachverhalte als Reizbedingungen zurückzuführen. Verhalten ist damit im Grunde immer „Reaktion“ (ein „Response“ in der Terminologie des Behaviorismus). Doch werden zwischen Reiz und Reaktion mehrere vermittelnde komplexe Prozesse und Strukturen angenommen. Die Wechselwirkung von Person und Situation ist also von entscheidender Bedeutung.

> Wilhelm Busch über
>
> **Behaviorismus**
>
> „Wie wolltest Du Dich unterwinden,
> kurzweg die Menschen zu ergründen.
> Du kennst sie nur von außenwärts.
> Du siehst die Weste, nicht das Herz.“
>
> (Schein und Sein)

Da solche Verhaltenstheoretiker dem Individuum im Sinne einer reziprok-dynamischen Wechselwirkung eine, wenn auch begrenzte, aktive Rolle in den Lernprozessen zuschreiben, bedeutet dies auch, daß durch die Veränderung des eigenen Verhaltens die Verknüpfungen („Kontingenzen“) mit den Verhaltenskonsequenzen verändert werden können. Bandura formuliert dies folgendermaßen: „Der oft gehörte Satz: Verändere die Kontingenzen, und du veränderst das Verhalten, sollte reziprok ergänzt werden: Verändere das Verhalten, und du veränderst die Kontingenzen.“ (Bandura 1976, S. 221)

In diesen geschilderten Auffassungen werden auch die Übergänge zum Kognitivismus als weiterer theoriebezogener Betrachtungsweise psychischen Geschehens fließend. Im Gegensatz zu diesem ist aber für den Behavioristen entscheidend, daß auch solche vermittelnden kognitiven Prozesse Produkte des reizgebundenen Lernens sind. Das Individuum kann sie nicht aus eigener „geistiger“ Aktivität heraus erschaffen. Sie unterliegen in ihrer Entstehung und Veränderung genau den gleichen Lerngesetzmäßigkeiten wie andere Verhaltensweisen auch.

Literaturempfehlungen

Bandura, A.: Sozial-kognitive Lerntheorie. Stuttgart: Klett-Cotta 1979.
Zeier, H. (Hrsg.): Pawlow und die Folgen (Die Psychologie des 20. Jahrhunderts. Band IV). Zürich: Kindler 1977.

3. Kognitivismus

Mit dem Kognitivismus ist eine breite Strömung in der heutigen Psychologie zu bezeichnen, die die Interaktionen des Menschen mit seiner Umwelt als Ausdruck oder Resultat eines kontinuierlichen Informationsaustauschs betrachtet (vgl. Hoffmann 1988). Sie hat sich seit Ende der fünfziger Jahre entwickelt. Ein früher Vorläufer kann in der *Bewußtseinspsychologie* Wilhelm Wundts (1832–1920), des Begründers der erfahrungswissenschaftlichen Psychologie, gesehen werden. Sie war zu Zeiten Freuds aktuell, und seine Psychoanalyse kann auch als eine Reaktion auf diese Strömung in der Psychologie, die das psychische Geschehen mit den bewußten psychischen Vorgängen gleichsetzte, verstanden werden. Zu den Wegbereitern des Kognitivismus zählt auch die *Gestaltpsychologie,* die einen ersten Höhepunkt in den 20er und 30er Jahren dieses Jahrhunderts erlebte. Sie konnte zeigen, daß die Wahrnehmung und das Denken, wie Verhalten und Erleben generell, Resultate von kognitiven Prozessen der Strukturierung und Umstrukturierung sind. Aus dem Bereich von Wahrnehmungsprozessen seien zwei Beispiele zur Verdeutlichung angeführt (s. Tafel 40).

Kognitivistische Anschauungen gibt es in vielen Schattierungen (vgl. Miller u. a. 1973; Neisser 1979). Auch in den beiden anderen theoriebezogenen Betrachtungsweisen haben wir Anklänge und deutliche Akzente kognitivistischer Anschauungen kennengelernt: in der neueren Psychoanalyse z. B. in der Entwicklung der „Ich-Psychologie“ und im Behaviorismus im „kognitiven Behaviorismus“. Bezugnehmend auf diese Entwicklungen in der Psychologie hat man auch ganz allgemein von einer *„kognitiven Wende“* gesprochen, die in den letzten Jahren stattgefunden habe.

Die Kognitivisten gehen davon aus, daß das Verhalten von Menschen typischerweise von komplexen *Handlungsplänen und -steuerungen* zur Erreichung von Zielen bestimmt wird (z. B. Wie kann ich mein körperliches Idealgewicht erreichen? Wie komme ich am schnellsten und am sichersten zu meinem Urlaubsort? Wie kann ich es erreichen, daß die Kollegen meinem Vorschlag zustimmen? usw.). Um diese kognitive Selbststeuerung zu betonen, bevorzugen Kognitivisten den Begriff des „Handelns“ gegenüber dem des „Verhaltens“. Von unserem integrierenden Modell aus betrachtet, werden im Kognitivismus die Prozesse zwischen Reizaufnahme und Verhalten, vor allem die Prozesse des Wahrnehmens und Denkens, betont sowie die ihnen zuzuordnenden Dispositionen.

Mit der Betonung der erkennenden Funktionen des über sich selbst und seine Umwelt reflektierenden und vernunftsorientiert handelnden Subjekts werden auf der Seite der Person auch deren schöpferische Fähigkeiten hervorgehoben: Sie ist kein nur Information verarbeitender und reagieren-

1

2

1. (nach E. Rubin). Die gleiche Bildvorlage kann je nach Einstellung, Erwartung bzw. Fixationspunkt den Eindruck eines Pokals („Rubinscher Becher") bzw. den von einander zugekehrten Köpfen hervorrufen. Im ersten Falle wird die weiße Fläche zur „Figur", die schwarze zum „Grund"; im Falle der Wahrnehmung der Bildvorlage als „zwei Gesichter" werden die schwarzen Flächen zur Figur, die weißen zum Grund. Die Wahrnehmung ist also nicht die automatisch erfolgende „Abbildung" von Reizelementen, sie ist das Ergebnis eines Verarbeitungsprozesses, bei dem Gestaltprinzipien bestimmend werden. (Zeichnung aus dem Psychologischen Institut der Universität Bonn, nach Angaben von Prof. Sander.)

2. (nach Boring). Diese Bildvorlage entspricht dem Prinzip der „Vexierbilder" in den Rätselecken von Zeitungen. Man kann sie als „Bild einer jungen Frau" oder als „Porträt einer Hexe" sehen. Das „Umkippen" des einen Seheindrucks in den anderen wird durch den Wechsel des Fixationspunktes erleichtert. – Auch hier wird deutlich: Der Wahrnehmungseindruck ist nicht das Ergebnis der Einwirkung einer bestimmten Summe von Einzelreizen. Entscheidend ist vielmehr die nach Gestaltprinzipien erfolgende Verarbeitung und Organisation dieser Reize.

Tafel 40: Verarbeitung und Organisation von Wahrnehmungsreizen nach Gestaltprinzipien (aus: Thomae & Feger 1969, S. 24)

der Organismus, sondern ist von sich aus *aktiv* in Erkenntnis und Handeln. Das Individuum erzeugt somit selbst Information, verleiht dem, was es wahrnimmt, seine eigene *individuelle Bedeutung,* die wiederum sein weiteres Handeln bestimmt. Durch das Handeln verändert das Subjekt die Situation, die es wiederum wahrnimmt und der es Bedeutung verleiht usw. So steht der Mensch in einem beständigen, von seinen ihm bewußten Kognitionen gesteuerten Wechselverhältnis zur ihn umgebenden Situation bzw. aktuellen Umwelt. Wir finden hier interaktionistische Auffassungen wieder, wie wir sie in der Entwicklungspsychologie (s. S. 106 ff.) und in der Persönlichkeitspsychologie (s. S. 101 ff.) dargestellt haben.

Durch ihre kognitiven Tätigkeiten bauen sich Menschen eine *kognitive Ordnung der Wirklichkeit* auf. Sie gewinnen Einsicht in die vielfältigen Zusammenhänge der Situation, mit denen sie es zu tun haben („Verstehensprozesse"), und in ihre funktionalen Abhängigkeiten („Erklärungsprozesse"). Aus solchen strukturierten Erfahrungen leiten sie z. B. Erwartungen über zukünftige Ereignisse ab, etwa über den Erfolg eigener Bemühungen, oder sie machen Aussagen über Ursachen von Ereignissen, indem sie z. B. die Gründe für eigene Erfolge eher in glücklichen Zufällen sehen als in der eigenen Leistungsfähigkeit, Mißerfolge vielleicht der geringen Anstrengungsbereitschaft zuschreiben („attribuieren") usw.

Groeben und Scheele (1977) haben ganz im Sinne des Kognitivismus für die Einführung eines erkennenden Subjektes („epistemologisches Subjektmodell") in die Psychologie plädiert. Als entscheidendes Argument gegen das bislang vorherrschende „behaviorale Subjektmodell", d. h. das Menschenbild des Behaviorismus (s. S. 148), führen sie das Selbstanwendungsargument an: Der behavioristische Psychologe und Forscher sieht sich selbst kognitivistisch, als erkennendes, aktives Subjekt, welches sich z. B. bestimmte Experimente überlegt, sie durchführt, auswertet und die Ergebnisse interpretiert. Seine Versuchspersonen sieht er – gemäß orthodoxer behavioristischer Auffassung – als überwiegend umweltabhängig und reizdeterminiert, weder zur Reflexivität und Rationalität noch zur Autonomie befähigt. Diese Auffassung läuft auf zwei Psychologien hinaus: dort die weitgehend determinierte Versuchsperson, hier der zu Einsicht und autonomer Entscheidung befähigte behavioristische Psychologe und Forscher. In der kognitiv orientierten Psychologie wird zwischen Wissenschaftler und Laien eher eine Gleichrangigkeit angestrebt. Kognitivistische Psychologie knüpft deshalb auch mehr als andere Richtungen an den Erkenntnissen, den kognitiven Strukturen der Alltagsmenschen an, und macht auch die „Naive Psychologie" zum Gegenstand ihrer Forschung.

Literaturempfehlungen

Anderson, J. R.: Kognitive Psychologie. Eine Einführung. Heidelberg: Spektrum 1988.
Neisser, U.: Kognition und Wirklichkeit. Prinzipien und Implikationen der kognitiven Psychologie. Stuttgart: Klett-Cotta 1979.

4. Humanistische Psychologie

Mitte der fünfziger Jahre entwickelte sich in den USA die sog. Humanistische Psychologie, zu deren Vertretern unter anderem Gordon W. Allport, Charlotte Bühler, Abraham Maslow, Carl R. Rogers, Fritz Perls und Viktor E. Frankl gehören. Die Humanistische Psychologie verstand sich neben klassischer Psychoanalyse und orthodoxem Behaviorismus als „dritte Kraft“ (Maslow 1978) und wandte sich vor allem gegen die mechanistischen Menschenbilder, wie sie seinerzeit in diesen beiden Richtungen vertreten wurden (vgl. Bühler & Allen 1973; Völker 1980). Heutzutage sind die Unterschiede nicht mehr so gravierend. Psychoanalyse, Behaviorismus und Humanistische Psychologie haben sich in den vergangenen 35 Jahren weiter- und z. T. auch aufeinander zu entwickelt. Ein verbindendes Glied ist neben anderen der Kognitivismus, der alle drei Theorierichtungen beeinflußt hat.

In den anthropologischen Annahmen der humanistisch-psychologischen Grundströmung finden sich daher auch viele Übereinstimmungen mit dem Kognitivismus. Sie übernimmt aber nicht dessen rationalistische Sicht vom Menschen, sondern betont vielmehr die emotional-motivationalen Komponenten.

Zentraler Begriff in diesen Konzeptionen ist der des *bewußten Erlebens,* worunter eine Ganzheit von Kognitionen, Emotionen und Motivationen der sich selbst und die Umwelt erfahrenden Person zu verstehen ist. Die humanistischen Psychologen gehen vor allem der Frage nach, wie Individuen sich selbst erleben, wie sie sich selbst sehen, was sie über sich denken, welche Gefühle und Motivationen sie bei sich selbst wahrnehmen usw. („Selbstkonzept“) und wie sie ihre Umwelt und die Mitmenschen erleben. Neben der Ganzheitlichkeit betonen diese Theoretiker den *Prozeßcharakter* des psychischen Geschehens: Es befindet sich ständig in einem Vorgang des „Sich-Entwickelns“ und „Sich-Klärens“.

Die Mehrzahl der humanistischen Psychologen nimmt an, daß die Entwicklung gestaltet und gefördert wird durch eine dem Menschen innewohnende Tendenz zur *Selbstverwirklichung.* Unter günstigen Umweltbedingungen trägt sie zur Entfaltung individueller Motive und Kompetenzen und zu einer vertieften Selbst-Bewußtwerdung bei. Handelt der Mensch in Einklang mit der Selbstverwirklichungstendenz, führt sie ihn zu größerer Autonomie, Selbsterfüllung und Sinnfindung.

Die existentialistisch-humanistisch orientierten Psychologen (z. B. Viktor E. Frankl, Rollo May) messen einer inhärenten Selbstverwirklichungstendenz keine große Bedeutung bei. Für sie bedeutet Selbstverwirklichung die vom Individuum immer wieder zu leistende Aufgabe, in sich wandelnden selbstbestimmten Lebensentwürfen dem Leben und der eigenen Existenz

Sinn zu verleihen. Auf diese Weise wird das Individuum zum „Schöpfer" seiner selbst und kreiert sich immer wieder neu. Sich dieser Aufgabe zu stellen und damit auch das Risiko einzugehen, im Leben zu scheitern, ist nach existentialpsychologischer Überzeugung die grundlegende Bedingung für ein authentisches, psychisch gesundes Leben. Sich zu scheuen, in lebenswichtigen Fragen Verantwortung für sich zu übernehmen, sich zu entscheiden und damit Verpflichtungen einzugehen führt zu Sinnkrisen und existentiellem Schulderleben (vgl. May 1984, 1985).

Literaturempfehlungen

Kollbrunner, J.: Das Buch der Humanistischen Psychologie. Eine ausführliche einführende Darstellung und Kritik des Fühlens, Denkens und Handelns in der Humanistischen Psychologie. Eschborn: Fachbuchhandlung für Psychologie 1987.

Quitmann, H.: Humanistische Psychologie. Zentrale Konzepte und philosophischer Hintergrund. Göttingen: Hogrefe 1985.

5. Sozusagen quer dazu: Systemische Sichtweise

Neben den viergenannten theoretischen „Grundströmungen" hat sich in den letzten Jahren, sozusagen quer zu diesen eine systemische Sichtweise entwickelt, die immer mehr an Bedeutung gewinnt.

Sie überträgt Einsichten aus der „Allgemeinen Systemtheorie" (Bertalanffy) auf die Beschreibung und Erklärung psychischen Geschehens. Der Grundgedanke ist, Aspekte des psychischen Geschehens nicht isoliert zu betrachten, sondern immer im Kontext der Beziehungen eines Systems. Unter einem System ist dabei – allgemein gesprochen – ein „Aggregat von Objekten, zusammen mit den Beziehungen zwischen den Objekten und zwischen ihren Merkmalen" (Hall & Fagan 1968, S. 81) zu verstehen. Als ein solches System kann z. B. das psychische Geschehen in einem Individuum gelten. Als ein System kann aber auch die Beziehung zwischen mehreren Individuen (z. B. Familie) oder zwischen Individuen und „nichtmenschlichen Objekten" (z. B. Organisationen) aufgefaßt werden usw. Je nach Forschungsfrage ist ein System mehr oder weniger umfassend definiert. Wie man sich eine systemische Analyse auf mehreren Systemebenen vorstellen kann, zeigt am Beispiel der psychischen Störung eines Individuums („Symptom") Tafel 41. Sie lehnt sich an die Darstellung an, die wir schon im Abschnitt zur Öko-/Umweltpsychologie gegeben haben (s. S. 117 ff.). Denn die ökologische Perspektive in der Psychologie ist eine der Varianten der systemischen Betrachtung psychischen Geschehens.

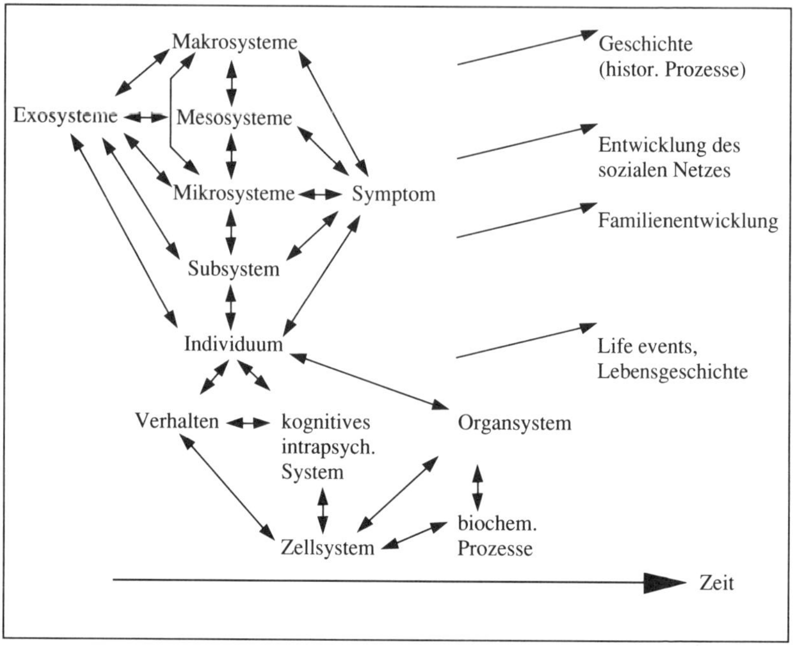

Zu **Makrosysteme:** soziokulturelle Bedingungen, Arbeitsbedingungen, Umweltbelastung, politische Lage (Krisen usw.).

Zu **Exosysteme:** konkrete Arbeitsbedingungen der Familienangehörigen, Lehrerkonferenz, politisch/moralische Ausrichtung von Lehrern, Jugendgruppenleitern usw., Fernsehen, Struktur der Gemeinde usw.

Zu **Mesosysteme:** Arbeitsbedingungen des Betroffenen selbst, soziales Netzwerk, Schulklasse, Jugendgruppe, Kirchengemeinde, Nachbarschaft usw.

Zu **Mikrosysteme:** Familie, Familienstruktur, Kommunikationsmuster, Bewältigungspotential der Familie

Zu **Subsysteme:** Beteiligung an widerstreitenden Subsystemen (z. B. Geschwister-Subsystem), Kommunikationsmuster

Zu **Individuum:** persönliche Geschichte, kognitive Stile, Lebensereignisse, exponierendes Verhalten, Selbstkonzept, Selbstwertgefühl

Zu **Organsystem:** organische Prädisposition („Verletzbarkeit"), spezifische Reaktionen auf Belastung, Alterungsprozeß

Zu **Zellsystem:** Streßreaktionen auf zellularer Ebene

Tafel 41: Einbettung des individuellen psychischen Geschehens (z. B. eines Symptoms) in eine Hierarchie von Systemtypen (leicht verändert aus: v. Schlippe 1987, S. 28)

Am Mikrosystem „Familie“ können einige wichtige Charakteristika der systemischen Perspektive verdeutlicht werden, die für alle mit ihrer Umwelt interagierenden Systeme (sog. offene Systeme) gelten.

Die Familie ist psychologisch gesehen ein intimes Beziehungssystem von Eltern und Kindern mit einem gemeinschaftlichen Lebensvollzug. Es ist durch die Kriterien der Abgrenzung, Privatheit, Nähe und Dauerhaftigkeit näher bestimmt und umfaßt vielfältige Familienformen (vgl. Schneewind 1987; Gloger-Tippelt 1989).

Systemtheoretisch zeichnet sich dieses intime Beziehungssystem aus durch (vgl. hierzu v. Schlippe 1987; Schneewind 1987):

(a) Ganzheitlichkeit, d. h., die Familie ist eine durch Kommunikation verbundene Einheit, die mehr ist als die „Summe seiner Mitglieder“. Individuelle (= intrapersonale) Probleme (z. B. Magersucht einer Jugendlichen) sind im Kontext dieser Ganzheit (= interpersonal) zu verstehen;

(b) Zielgerichtetheit, d. h., die Familie ist auf mehr oder minder bewußte Ziele ausgerichtet, durch die ihr gemeinschaftliches Leben Sinn und Kontinuität erhält (z. B. in der Kindererziehung: „Unsere Kinder sollen es einmal besser haben.“);

(c) Regelhaftigkeit, d. h., die Beziehungen im Familiensystem sind durch mehr oder weniger bewußte Absprachen geregelt;

(d) Regulierung, d. h., das System verändert oder stabilisiert sich selbstregulierend im Verlaufe der Familienentwicklung durch Rückkoppelungsprozesse („Feedback“);

(e) zirkuläre Kausalität, d. h., die Interaktionen in der Familie sind wechselseitig aufeinander bezogen. Ursache und Wirkung sind im familialen Beziehungsgefüge deshalb nicht voneinander zu trennen. Beispiel: Die Überfürsorglichkeit der Mutter bewirkt nicht einseitig die Ängstlichkeit des Kindes, genausowenig wie die Ängstlichkeit des Kindes einseitig die Überfürsorglichkeit der Mutter hervorruft (= lineare Kausalität). Mutter und Kind haben vielmehr ein Interaktionsmuster geschaffen, in welchem sie sich wechselseitig beeinflussen und in ihrem Verhalten stabilisieren. Hier gibt es keinen Anfang und kein Ende (= zirkuläre Kausalität);

(f) Homöostase, d. h., die Familie strebt einen Gleichgewichtszustand an, verändert ihn aber als lebendes dynamisches System permanent und befindet sich so in einem ständigen „Fließgleichgewicht“;

(g) Kalibrierung, d. h., die Veränderung der familialen Regelhaftigkeit vollzieht sich nicht kontinuierlich, sondern in „Sprüngen“: Geburt von Kindern, Ablösung aus dem Elternhaus, Arbeitslosigkeit etc. stellen Herausforderungen an das Familiensystem dar, auf die es sich neu einstellen muß;

(h) Hierarchie, d. h., die Familie läßt sich immer als Subsystem von Übersystemen betrachten (z. B. Subsystem der Hausgemeinschaft) oder ist selbst Übersystem von Subsystemen (z. B. elterliches Subsystem, geschwisterliches Subsystem).

Die systemische Sichtweise der Familie ist zunächst vor allem in der Klinischen Psychologie aufgegriffen worden. Eine Vielzahl von Familientherapien sind dort entwickelt worden, zumeist aus einer Verbindung „herkömmlicher“ Theorierichtungen mit systemtheoretischen Überlegungen (vgl. Kriz 1989, S. 225 ff.; Beck 1985). Darüber hinaus hat der systemische Ansatz in dem sich neu entwickelnden Anwendungsfeld der Familienpsychologie starken Einfluß (vgl. Schneewind 1987; Gloger-Tippelt 1989; Petzold & Nickel 1989).

Über die Familie hinaus ist der systemische Ansatz in der Organisationspsychologie (vgl. Greif 1983) und in der Ökologischen Psychologie (vgl. Mogel 1984) verbreitet. Sein Einfluß reicht aber viel weiter. Er hat auch die anderen theoretischen Grundrichtungen um diesen Aspekt ergänzt und zum Teil zu Neuinterpretationen veranlaßt.

Literaturempfehlungen

Dörner, D.: Kybernetische Modelle in der Psychologie. In: Herrmann, Th. u. a. (Hrsg.): Handbuch psychologischer Grundbegriffe (S. 253–259). München: Kösel 1977.

Schlippe, A. v.: Familientherapie im Überblick. Basiskonzepte, Formen, Anwendungsmöglichkeiten. Paderborn: Junfermann, 6., überarb. Aufl. 1987.

Kapitel 7
Grundlegende „Tätigkeiten" im Umgang mit psychologischen Fragen

Auch Laien tun, was Psychologen tun. Wenn ihnen menschliches Verhalten und Erleben zu einer Frage wird, versuchen sie, es

- zu beschreiben („Der Otto sitzt immer nur still da und sagt nichts."),
- zu erklären („Weil er wegen der Kündigung so bedrückt ist."),
- vorherzusagen („Bald zieht der sich noch ganz von der Welt zurück."),
- zu verändern („Könnten wir nicht was tun, um ihn etwas aufzumuntern?"),

und sie geben in Zusammenhang damit auch Wertungen ab, die ausdrükken, ob sie etwas „problematisch", „angemessen", „befriedigend" usw. finden („Der packt das auch ganz falsch an.").

Im Prinzip bilden solche Tätigkeiten die Aufgabe einer jeden Wissenschaft, nicht nur der Psychologie. Zumindest gilt dies für das Beschreiben und Erklären. Ob das Werten in der Psychologie noch als wissenschaftliches Tun zu gelten hat, ist eine Streitfrage; unvermeidlich ist es in jedem Fall.

Was Laien von Wissenschaftlern gewöhnlich unterscheidet, ist unter anderem, daß sie sich der Art der jeweiligen Tätigkeit weniger bewußt sind, sie nicht so klar unterscheiden und weniger strenge Anforderungen an Sorgfalt und Präzision stellen.

Es sind die genannten Tätigkeiten, für die man psychologische „Kenntnisse" braucht. Kenntnisse sollen dazu beitragen, daß man „besser" beschreiben, erklären usw. kann; und „besser" heißt unter anderem: präziser, begründeter und oftmals auch vorsichtiger.

1. Beschreiben

Ohne eine Beschreibung der Sachverhalte, um die es geht, sind alle anderen Tätigkeiten nicht sinnvoll möglich. Wenn man etwas erklären oder vorhersagen will, muß man angeben, *was* man erklären oder vorhersagen will. Obwohl dies trivial erscheinen mag, ist diese Forderung oft durchaus schwer zu erfüllen. Und wo es nicht geschieht, können sich beispielsweise mühselige Diskussionen darüber ergeben, ob man durch „Autorität" Menschen zu „mündigen“ Staatsbürgern erziehen kann, ohne daß „Autorität“ und „Mündigkeit“ präzise und übereinstimmend beschrieben wurden.

a) Was gehört alles zum „Beschreiben“?

Allgemein gesprochen besteht das Beschreiben im „Feststellen, was ist“. Das Wort „feststellen“ hat bekanntlich eine doppelte Bedeutung: a) konstatieren, darstellen, b) ermitteln, erkunden. Die geläufige Bedeutung von „Beschreiben“ meint nur das erste: Man stellt sprachlich dar, daß bestimmte Sachverhalte vorliegen, man benennt Erscheinungsformen und Merkmale. Bei der wissenschaftlichen Tätigkeit des Beschreibens gehört aber faktisch auch das dazu, was man tun muß, um solche Aussagen überhaupt machen zu können (z. B. etwas beobachten, auszählen, messen) – feststellen im Sinne von „ermitteln“.

Die Art der Beschreibung kann von sehr konkret bis sehr abstrakt reichen. Sehr konkret beschreibt man, wenn man einzelne *Beobachtungen* mitteilt („Der Otto sagt nichts“), schon abstrakter und allgemeiner, wenn man verschiedene Beobachtungen zu einem *einschätzenden Urteil* zusammenfaßt („Franz ist ehrgeizig“), und sehr abstrakt und allgemein, wenn man sich auf die Ebene von *Begriffsdefinitionen* begibt („Aggression ist das zielgerichtete Schädigen anderer Menschen“, „Unter Autorität verstehe ich...“). – Manche Autoren sprechen nur bei konkreten Beobachtungen von Beschreibung. Dann braucht man allerdings einen anderen Oberbegriff für diese erste grundlegende „Tätigkeit“, es hat sich aber kein anderer eingebürgert.

Zur Beschreibung können auch quantitative Angaben gehören, was ihr den Charakter einer *Messung* verleiht. Man kann Ausprägungsgrade angeben („Intelligenzquotient: 115“) oder die Häufigkeit, mit der etwas auftritt („in drei Minuten sagte der Redner 12mal ‚meine Damen und Herren‘“). Zahlenangaben sind natürlich in der empirischen Forschung außerordentlich bedeutsam. Wenn man z. B. wissen will, ob Jugendliche „aggressiver“ („ängstlicher“, „lesefreudiger“ usw.) sind als Kinder, muß man nicht nur feststellen, wer als „Jugendlicher“ und wer als „Kind“ gelten soll, sondern auch, wie man die Höhe der Aggressivität (der Ängstlichkeit, der Lesefreude usw.) erfassen will; man muß sie so spezifizieren, daß man sie messen kann (z. B. Häufigkeit von Schlagen, Stoßen, Anschreien usw. während zehn großen Pausen auf dem Schulhof). Bei einem anderen Meßkriterium (z. B. spotten, Hilfe verweigern) könnten auch andere Ergebnisse herauskommen. Wenn man einen Sachverhalt so beschreibt, daß man angibt, wie er gemessen wird, spricht man auch von einer „operationalen Definition“.

Immer noch auf der Ebene der Beschreibung bewegt man sich, wenn man die Vielfalt der Erscheinungen nach verschiedenen Merkmalen *klassifiziert und ordnet.* Dies ist uns allen aus der Einteilung von Pflanzen, Tieren, Autotypen usw. geläufig. Psychologische Beispiele wurden in den vorangehenden Kapiteln zuhauf vorgestellt. Erinnert sei etwa an die Einteilung von Denkprozessen, von Lernprozessen, von Seiten einer Nachricht, von Personmerkmalen usw. (Ein Beispiel für die Klassifikation ziemlich konkreter, beobachtbarer Verhaltensweisen gibt Tafel 42)

b) Beschreiben durch Beobachtungen

In vielen Fällen beschreiben wir Sachverhalte dadurch, daß wir mitteilen, was wir unmittelbar gesehen oder gehört haben („X meldet sich zu Wort", „Y kaut an den Fingernägeln"). Solche Verhaltensweisen sind „im Prinzip" objektiv gegeben; sie sind für alle Beobachter in gleicher Weise feststellbar. Doch besagt dies nicht, daß solche Beobachtungen problemlos sind. Schon bei einzelnen Ereignissen wie Unfällen zeigt sich, daß mehrere Augenzeugen durchaus Verschiedenes „beobachtet" haben können.

Vom Lehrer ausgehendes Verbalverhalten	1	Gibt Informationen oder Meinungen
	2	Gibt Anweisung
	3	Stellt enge Frage
	4	Stellt weite Frage
Lehrer-Erwiderung	5	Akzeptiert a) Gedanken, b) Verhalten, c) Gefühle
	6	Ablehnung von a) Gedanken, b) Verhalten, c) Gefühlen
Schüler-Erwiderung	7a	Voraussagbare Antwort an Lehrer
	7b	Nicht-voraussagbare Antwort an Lehrer
	8	Antwort an Mitschüler
Vom Schüler ausgehendes Verbalverhalten	9	Beginnt Gespräch mit Lehrer
	10	Beginnt Gespräch mit Mitschüler
Anderes	11	Stille
	Z	Durcheinander

Tafel 42: Beispiel eines Beobachtungssystems (Verbal Interaction Category System von Amidon & Hunter, entnommen aus Grell, 1974, S. 52). Registriert wird die Häufigkeit, mit der die Verhaltensweisen in definierten Zeiträumen vorkommen.

Noch schwierigere Probleme ergeben sich, wenn man sich auf Grund von Beobachtungen ein „Urteil“ über Menschen bilden will und dazu wissen muß, ob man „Typisches“ beobachtet hat. Beispiel: Man sieht auf einem Kinderspielplatz, wie eine Mutter ihr Kind schlägt – gehört das nun zu ihrem „Erziehungsstil“, oder ist es eine seltene Ausnahme?

Probleme gibt es also auf seiten des Beobachters und auf seiten des beobachteten Geschehens: (1) Es ist vom Beobachter abhängig, ob ein Ereignis überhaupt wahrgenommen wird. (2) Selbst wenn alle Beobachter dasselbe Ereignis beobachten, weiß man oft nicht, wie „zufällig“ oder wie „typisch“ sein Auftreten ist (hierzu mehr auf S. 173 f. unter den Stichworten „Objektivität“ und „Reliabilität“).

Die wissenschaftliche Psychologie versucht, diesen Schwächen durch Techniken des *systematischen* Beobachtens entgegenzuwirken (vgl. z. B. Köck 1981; Selg & Bauer 1976). „Systematisch“ heißt, daß man von vornherein festlegt, was man beobachten will, zu welchen Zeitpunkten, in welchen Zeiträumen und in welchen Situationen. Für bestimmte Zwecke (z. B. Gruppengespräche, Lehrer- und Schülerverhalten usw.) sind auch sog. Beobachtungssysteme entwickelt worden, die sich aus verschiedenen Verhaltenskategorien zusammensetzen (als Beispiel s. Tafel 42). Man kann sie aber für spezielle Fragestellungen auch selbst konstruieren. Außer in den Fällen, wo es sich um ganz eng definierte Verhaltensweisen handelt (z. B. Gebrauch des Wortes „bitte“), lassen die Kategorien einen gewissen Interpretationsspielraum zu, und eine sichere Registrierung des Verhaltens erfordert ein entsprechendes Beobachtungstraining.

Beobachten kann man nicht nur das akute *Verhalten* von Menschen, sondern auch die *Produkte* oder Folgen ihres Tuns, mag es sich dabei um Kunstwerke oder Müllberge handeln, um die Anzahl geschriebener Briefe oder geleerter Bierflaschen. Auch *physiologische* Vorgänge sind der Beobachtung zugänglich, zuweilen direkt (z. B. Erröten, heftiges Atmen, Schwitzen), manchmal nur mit Hilfe von Apparaten (Muskelspannung, Hirnströme, elektrischer Hautwiderstand usw.). In all diesen Fällen – bei Verhaltensweisen, Produkten und physiologischen Vorgängen – ist es möglich, Häufigkeiten auszuzählen und/oder Intensitäten zu messen.

Wilhelm Busch über

Systematische Selbstbeobachtung

„Sag, wie wär es, alter Schragen,
wenn Du mal die Brille putztest,
um ein wenig nachzuschlagen,
wie Du Deine Zeit benutztest.“

(Summa summarum)

Beobachten muß nicht unbedingt ein Mensch einen anderen. In vielen Fällen ist auch *Selbstbeobachtung* möglich, ggf. sogar „systematische“ (z. B. man registriert seinen eigenen Zigarettenkonsum, seine Wortmeldungen im

Seminar, das Auftreten einer Angstreaktion). Ausschließlich der Selbstbeobachtung zugänglich sind Erlebnisvorgänge. Wenn wir als außenstehende Beobachter die Mimik oder Anzeichen physiologischer Erregung wahrnehmen, können wir nicht sicher sagen, was der betreffende Mensch dabei erlebt, ob er die Erregung z. B. als Angst, Ärger oder Ungeduld erlebt. Genaueres über das Erleben können wir nur durch sprachliche Mitteilungen erfahren („das ist mir peinlich", „dieser Einfall kam mir, als..."). Natürlich können wir nie ganz sicher sein, daß die Person ihre Gedanken, Gefühle, Wünsche usw. richtig beschreibt; vielleicht möchte sie etwas verbergen, vielleicht fehlen ihr die Worte für eine genaue Beschreibung, vielleicht ist ihr Erleben nicht deutlich genug, oder es verändert sich gar durch die Selbstbeobachtung. Das heißt aber, daß gerade Erlebnisvorgänge häufig keine Angaben im Sinne strenger Beobachtungen zulassen. Viele Phänomene sind nicht präzise abzugrenzen, und Quantifizierungen sind nicht so zuverlässig wie bei einer Verhaltensbeobachtung. Die Angaben haben dann notgedrungen den Charakter von „Einschätzungen".

c) Beschreiben durch subjektive Einschätzung

Je komplexer und unschärfer die Phänomene, um so schwieriger wird es, sie durch Beobachtungen zu beschreiben. Während man die Schnelligkeit eines Eisläufers durch eine Zeitmessung präzise erfassen kann, erfordert eine Kür im Eiskunstlauf die Zusammenfassung einer Fülle von Einzelbeobachtungen – sie wird „beurteilt". Dabei kann der Begriff der *Beurteilung* in diesem wie in anderen Beispielen zweierlei Bedeutung haben: (1) eine Reduktion der Eindrücke zu einer sprachlichen Kurzbeschreibung („abwechslungsreich", „akrobatisch" usw.) und (2) eine Einstufung nach einem Gütemaßstab (z. B. durch „Noten"). Beides hängt zwar meist miteinander zusammen, doch prinzipiell kann man es auseinanderhalten. Wenn man z. B. von einem Menschen sagt, er sei „sehr temperamentvoll", so kann man dabei offenlassen, ob man dies eher positiv oder negativ, angemessen oder unangemessen findet. Um der sprachlichen Klarheit willen soll die Beurteilung in ihrer ersten Bedeutung hier als *Einschätzung* bezeichnet werden, in ihrer zweiten als *Bewertung*. Nur die Einschätzung „beschreibt", ist eine subjektive Angabe darüber, wie ein Phänomen „aussieht". Bewertungen dagegen sind Güte-Urteile (von ihnen ist im letzten Abschnitt dieses Kapitels noch gesondert die Rede).

Wenn wir, wie es tagtäglich geschieht, Menschen mit Hilfe von *Eigenschaftswörtern* beschreiben, sind dies Einschätzungen, keine Beobachtungen. Man kann nicht sehen, ob ein Mensch „sensibel", „autoritär" oder „egoistisch" ist. Es sind vielmehr Versuche, eine Reihe von (eventuell sehr subjektiv ausgewählten) Einzelwahrnehmungen unter einem einzigen Begriff zusammenzufassen, den man dafür als treffend ansieht. Der Urteiler ist sich dieser Subjektivität aber keineswegs immer bewußt und verwendet Eigenschaftswörter oft so, als bezeichneten sie stets etwas, was dem Objekt wirklich „eigen" sei. Dies trifft wohl zu, wenn man z. B. sagt: „Der Apfel ist faul"; dies kann man direkt beobachten. Wenn man jedoch sagt: „Der Schüler ist faul", so ist dies eine subjektive Einschätzung (die überdies meistens wohl auch negativ-wertend gemeint ist).

Wenn die Subjektivität schon nicht zu vermeiden ist, so kann man doch aus der Not eine Tugend machen und den subjektiven Anteil explizit herausstellen: „Nach meinen Eindruck..." oder „So wie ich X erlebt habe..." wären dabei noch die schwächsten Formulierungen. Deutlich kommt die Subjektivität heraus, wenn man etwa statt „der Alex ist so dominant" sagen würde „der Alex wirkt auf mich so dominant" oder „ich empfinde ihn als dominant". Und im Extrem würde man das Eigenschaftswort ganz weglassen und nur beschreiben, was man selbst denkt und empfindet (sog. Ich-Botschaften): „Ich fühle mich durch Alex eingeengt/Ich fühle mich nicht stark genug, gegen seine Wünsche anzugehen". Solche Beschreibungsformen sind im Grunde „ehrlicher" als die pseudo-objektive Feststellung in der Form von „er/sie ist...". Auf jeden Fall ist es wichtig, sich der Subjektivität des eigenen Urteilens bewußt zu sein und dies ggf. auch auszudrücken.

Wenn man Menschen bestimmte Dispositionen zuschreibt, hat dies fast immer den Charakter einer Einschätzung. Ganz spezifische Kenntnisse und Fertigkeiten (z. B. Sprachkenntnisse, manuelle Fertigkeiten) lassen sich zwar noch beobachten, aber sobald man etwas allgemeinere Aussagen machen will, muß man über das Beobachtbare hinausgehen. Besonders häufig tun wir dies, wie gesagt, in dem wir „Eigenschaften" zuschreiben. Trotz der damit verbundenen Probleme (neben der Subjektivität sei auch an das Problem der Verallgemeinerung erinnert, vgl. S. 77) läßt sich die Verwendung von Eigenschaftswörtern prinzipiell kaum vermeiden. Wir brauchen sie, um verschiedene Eindrücke auf einen kurzen Nenner bringen und uns in knapper Form verständigen zu können.

Auch in der wissenschaftlichen Psychologie werden daher nicht nur Sammlungen von Beobachtungen, sondern auch Eigenschaftswörter zur Charakterisierung von Menschen verwendet. Doch versucht man häufig, den subjektiven Ausdeutungen dadurch entgegenzuwirken, daß man die Eigenschaften in Unteraspekte zerlegt (so in Persönlichkeitstests) oder daß man die Beobachtungen spezifiziert, die einer Gesamteinschätzung zugrunde zu legen sind. Besonders gebräuchlich ist es, direkte Einschätzungen wenigstens durch Quantifizierungen vergleichbar zu machen. Man benutzt dazu sog. Schätzskalen (Rating-Skalen), auf denen der Ausprägungsgrad der Eigenschaft durch Zahlenwerte zu markieren ist (vgl. Langer & Schulz von Thun 1974; Bartenwerfer & Raatz 1978).

aktiv 1 __ 2 __ 3 __ 4 __ 5 __ 6 __ 7 passiv
unfreundlich 1 __ 2 __ 3 __ 4 __ 5 __ 6 __ 7 freundlich

Zuweilen stellt man dabei zwei Eigenschaften als Pole einander gegenüber, wie in den abgebildeten Beispielen. Für bestimmte Forschungszwecke können Durchschnittswerte mehrerer Urteiler herangezogen werden.

Verfahren dieser Art werden auch zur *Selbst*einschätzung verwendet. Häufiger aber gibt es hierfür Fragebogen mit ganzen Sätzen wie z. B.

Ich lasse mich leicht aus der Ruhe bringen
In Diskussionen rede ich gerne mit

bei denen man sich für Antwortkategorien wie „häufig – selten – gar nicht" oder auch nur „Ja – Nein" zu entscheiden hat. In jedem Fall ist es einer „gefühlsmäßigen" Zusammenfassung der Erfahrungen mit sich selbst überlassen, ob man „im ganzen" die eine oder die andere Antwort für treffender hält. Dadurch entstehende Zufallsfehler lassen sich vermindern, indem man zu der Eigenschaft, die ermittelt werden soll, eine Vielzahl von Einschätzungen erfragt.

d) Psychologische Diagnostik

Die Beschreibung psychologischer Sachverhalte, das „Feststellen, was ist", kommt außer in der Forschung auch als praktische Anwendung im Rahmen der Diagnostik zum Zuge. Nun geht zwar die Tätigkeit des Diagnostizierens in der Regel über bloßes Beschreiben hinaus und schließt auch eine erklärende Interpretation ein (die „Diagnose" als Erklärung für einen Befund). Aber die eigentlichen psychodiagnostischen Verfahren (wie etwa Test, Fragebogen, aber auch Beobachtung und Einschätzung) liefern per se noch keine Erklärung, sondern sind Instrumente zur Beschreibung von intellektuellen Fähigkeiten, Motivausprägungen, Einstellungen usw. Mit den Ergebnissen eines Intelligenztestes beispielsweise werden zunächst nur bestimmte Leistungen beschrieben (Stärken, Schwächen, Positionen innerhalb der Altergruppe). Wenn man daraus Erklärungen (z. B. für schulische und berufliche Schwierigkeiten) oder Vorhersagen ableitet, sind das schon weitere Schritte, und die spielen sich in jedem Fall im Kopf des Untersuchers ab. (Einen Überblick zum Spektrum der Psychodiagnostik gibt Tafel 43.)

1. *Lebensdaten aus objektiven Erhebungen bzw. grundsätzlich objektivierbaren Angaben*
   - Personaldaten und sozioökonomische Statusmerkmale
   - Angaben über Familie, Schule, Beruf; Sozialanamnese und medizinische Anamnese
   - Gegenwärtige Lebensbedingungen ... z. B. Wohnverhältnisse, Arbeitsplatz

2. *Lebensdaten aus subjektiver Sicht*
   - Erlebnisberichte und spontane oder provozierte Selbstbeurteilungen ...
   - Persönliche Vorgeschichte der psychosozialen und körperlichen Entwicklung ...
   - Schilderung einzelner Lebensbereiche, wie Schule, Beruf, erlebte Familienbeziehungen ...
   - Autobiographische Darstellungen, Tagebücher, Selbstinterpretationen
   - Selbstbeurteilungen mittels standardisierter Verfahren: Befindens- und Stimmungsskalen, ... Anamnesefragebogen und Beschwerdenlisten, Fragebogen bzw. Skalen zur Erfassung von Interessen, Einstellungen, Werthaltungen
   - Ökologische und situative Daten aus subjektiver Sicht, z. B. Beschreibung von Arbeitsplatz, Krankenstation, Urlaubsort

3. *Fremdbeurteilungen durch teilnehmende oder unabhängige Beobachter* (z. B. Familienangehörige oder trainierte Fachleute) mit Protokollierung und Skalierung der Merkmale nach mehr oder minder formalisierten Systemen
   - Freie Verhaltensbeschreibung
   - Gezielte Verhaltensbeobachtung in ... Situationen mit typischen Leistungs- und Interaktionsforderungen; ... Beurteilung anhand von Kategoriensystemen (o. ä.) ...
   - Beurteilung von Sprache und nichtverbalen Kommunikationen bzw. Ausdruckserscheinungen (Mimik, Gestik, Handschrift)
   - Beurteilung von Interview- und Explorationsinhalten (psychodiagnostische Gesprächsführung)
   - Beurteilung von biographischem Material (Werke, Tagebücher, Träume, Briefe ...)
   - Beurteilung von Lebensdaten objektiver und subjektiver Art ...

4. *Standardisierte Persönlichkeitsfragebogen* zur Erfassung allgemeiner Persönlichkeitsmerkmale mittels itemanalysierter und empirisch-kriterienbezogen überprüfter Skalen
   - Mehrdimensionale Persönlichkeitsinventare
   - Eindimensionale Persönlichkeitsfragebogen

5. *Psychologische Tests* als Verhaltensstichproben in standardisierten künstlichen Situationen
   - Tests zur Erfassung allgemeiner Persönlichkeitsmerkmale (Verhaltensstile, „Temperament", Motive und Psychodynamik): sogenannte projektive Tests der Persönlichkeit, sogenannte objektive Tests der Persönlichkeit
   - Tests zur Erfassung der allgemeinen Intelligenz und der Kreativität
   - Tests zur Erfassung der allgemeinen oder schulischen Entwicklung...
   - Tests zur Erfassung spezieller Funktionen und Fähigkeiten, z. B. Konzentrationsleistung und Gedächtnis, mechanisch-technisches Verständnis...
   - Psychophysiologische und neuropsychologische Verfahren zur Erfassung von psychophysischer Aktivierung und Reaktivität, Streß, Vigilanz, Habituation usw.

Tafel 43: Informationsquellen der psychologischen Diagnostik (gekürzt nach: Fahrenberg 1977)

Damit die Beschreibung psychologischer Sachverhalte – ob in der Forschung oder der diagnostischen Praxis – wissenschaftlich befriedigend ist, muß sie sog. Gütekriterien gerecht werden, die zum Teil schon angedeutet wurden (vgl. hierzu Lienert 1967).

Das erste ist die *Objektivität.* Damit ist nicht gemeint, daß jemand erkennen kann, wie der Sachverhalt „wirklich" ist, sondern daß seine Angaben von seiner Person unabhängig sind bzw. mit denen anderer übereinstimmen (Objektivität = intersubjektive Übereinstimmung). Dies ist bei Einschätzungen nur begrenzt erreichbar, bei systematischer Verhaltensbeobachtung besser, bei physiologischen Messungen sehr gut und ebenso bei Testverfahren, die für eine objektive Auswertung (meist durch Auszählen) konstruiert sind. Auch bei objektiv erhobenen Daten kann allerdings die anschließende Interpretation subjektiven Spielraum lassen.

Das zweite Kriterium ist die *Meßgenauigkeit,* Zuverlässigkeit oder auch *Reliabilität.* Wenn z. B. eine Waage bei demselben Gegenstand mal dieses, mal jenes Gewicht anzeigt, ist sie nicht meßgenau. In diesem Sinne geht es auch bei der psychologischen Reliabilität um die Frage, wieweit es vom Zufall abhängt, welche Werte man erhält. Nun ist die erwähnte Abhängigkeit vom Untersucher auch bereits eine Quelle mangelnder Meßgenauigkeit. Insofern fließt das Kriterium der Objektivität in die Reliabilität mit ein. Aber zu ihr gehören noch weitere Einflüsse. Wenn eine Beobachtung oder ein Testbefund davon abhängt, ob man jemanden in einem „glücklichen" oder „unglücklichen" Augenblick untersucht, oder wenn Aufgaben durch Raten gelöst werden, dann mindert dies die Reliabilität. Mit anderen Worten: Es geht um die Frage, wieweit die gewonnenen Daten wirklich

„typisch“ (oder „repräsentativ“) für viele denkbare Erhebungen sind, wieweit sie also von unerwünschten Zufallseinflüssen unabhängig sind und bei einer Wiederholung erneut gefunden würden. Eine hundertprozentige Meßgenauigkeit ist nie erreichbar. Aber man kann sie durch eine größere Zahl von Aufgaben, durch längere Beobachtungszeiträume usw. erhöhen.

Nun kommt es aber nicht nur darauf an, daß man überhaupt genau mißt, sondern daß man *das* genau mißt, was gemessen werden *soll.* Das letztlich entscheidende Gütekriterium ist daher die sog. *Validität* oder *Gültigkeit:* Wieweit lassen die Befunde eine Aussage über eben den Sachverhalt zu, über den ich etwas aussagen *will?* Ist z. B. die vom „Lügendetektor“ gemessene affektive Erregung wirklich ein Anzeichen dafür, daß der Untersuchte „lügt“, oder vielleicht nur dafür, daß ihm die Frage peinlich ist? Wieweit sagt die – recht objektiv und reliabel meßbare – Rechtschreibleistung eines Schülers etwas über seine „Eignung“ für die höhere Schule aus? Ist die Häufigkeit, mit der jemand das Wort „ich“ gebraucht, ein Zeichen für eine „egozentrische“ Haltung oder vielleicht für „Offenheit“ oder sonst etwas? Die Validität hat also schon mit Erklären oder Vorhersagen zu tun.

An Prüfungen kann jeder Mensch besonders leicht die Probleme mit diesen Gütekriterien nachvollziehen. Da ist die Abhängigkeit der Ergebnisse von der Person des Prüfers (Objektivität). Da sind die momentane Verfassung des Prüflings, Mißverständnisse im Prüfungsgespräch, die zufällig „drangekommenen“ Fragen usw. (Reliabilität). Und schließlich ist zu klären, wieweit die Prüfung ermittelt, was sie ermitteln soll (Validität), z. B. die Eignung für einen bestimmten Beruf, die Fahrtüchtigkeit usw. und nicht etwa die Fähigkeit, mit Prüfungsstreß gut fertig zu werden, oder die Bereitschaft, dem Prüfer nach dem Munde zu reden.

Die Beispiele sollen deutlich machen, daß es hier um universelle Probleme bei Aussagen über Menschen und Sachverhalte geht, *nicht nur* um wissenschaftliche Probleme. Der Unterschied zum Laien liegt nur darin, daß man sich im wissenschaftlichen Bereich dieser Probleme bewußt ist und die Erkenntnismethoden durch systematische Untersuchungen den Gütekriterien anzunähern versucht. Dies erweist sich allerdings oft als sehr schwierig. So sind manche altbekannten diagnostischen Instrumente bis heute umstritten geblieben (man denke etwa an die Graphologie sowie manche Persönlichkeitstests).

Um festzustellen, wieweit ein Verfahren den Gütekriterien entspricht, ist man auf aufwendige Untersuchungen angewiesen, und die ermittelten Kennwerte müssen angegeben werden (z. B. im Test-Begleitbuch). Keineswegs ist es möglich, die Qualität durch bloßes Anschauen festzustellen, wie manche Laien glauben, die z. B. ein negatives Urteil fällen, weil ihnen eine bestimmte Frage nicht einleuchtet. Auch ein versierter Psychologe kann nicht nach bloßem Augenschein begründete Urteile abgeben, noch kann er seriöse diagnostische Mittel aus freier Intuition konstruieren (wie das z. B. bei den sog. Psycho-Tests der Illustrierten geschieht).

2. Erklären

Obwohl es zweifellos sinnvoll ist, Verhaltens- und Erlebensweisen zuerst zu beschreiben und dann zu erklären, wird diese Reihenfolge keineswegs immer eingehalten. Nicht selten bemühen sich Menschen um Erklärungen, bevor sie hinreichend genau angegeben haben, *was* sie eigentlich erklären wollen. Da mögen Lehrer sich fragen, woher denn „die Disziplinlosigkeit unserer Schüler" komme, ohne spezifiziert zu haben, was sie mit diesem Etikett konkret meinen (es kann ja eine riesige Palette sein). Oder jemand denkt über eine Erklärung „der" menschlichen Aggression nach, ohne anzugeben, ob er dabei an jähzornige Kinder, an Geiselnahme beim Bankraub oder an das Abwerfen von Bomben im Kriege denkt. Das übergreifende Etikett wird zum Ersatz für eine Beschreibung, und wenn Phänomene einen gemeinsamen Namen haben, neigen wir dazu, für sie auch eine gemeinsame Erklärung zu suchen, obwohl dies der Sache keineswegs angemessen sein muß.

a) Erklärungen und Pseudo-Erklärungen

Erklärungen sind Angaben über das „Warum" von Sachverhalten. Sie nennen Bedingungen, Gründe, Ursachen, Abhängigkeiten, indem sie den Sachverhalt in allgemeine Gesetzmäßigkeiten einordnen (vgl. Breuer 1989). Nicht gemeint ist dabei das Erklären im Sinne von „Erläutern", das wohl meist auf ein differenziertes Beschreiben hinausläuft („Kannst du mir den Begriff Autonomie erklären?").

Das Erklären, um das es hier geht, setzt die Beschreibung von wenigstens zwei Sachverhalten voraus. Jeder Sachverhalt ist für sich allein keine Erklärung, sondern nur in bezug auf einen *anderen* Sachverhalt. So kann man im psychischen Bereich Phänomene des Denkens, der Motivation oder des Sprechens jeweils beschreiben, und man kann sie zusätzlich in bestimmtem Kontext als Erklärung für etwas anderes ansehen, z. B. das Gefühl der Freude als Erklärung für die überschwengliche Begrüßung, die bissige Bemerkung von Herrn X als Erklärung für die saure Miene von Frau Y.

Genau gesehen kann man solche Abhängigkeiten auf zwei Weisen erläutern, die Laucken und Schick (1978) als Erklärungen erster und zweiter Ordnung bezeichnen (s. Tafel 44). Man kann sich darauf beschränken, *daß* zwischen Sachverhalt A („unabhängige Variable") und Sachverhalt B („ab-

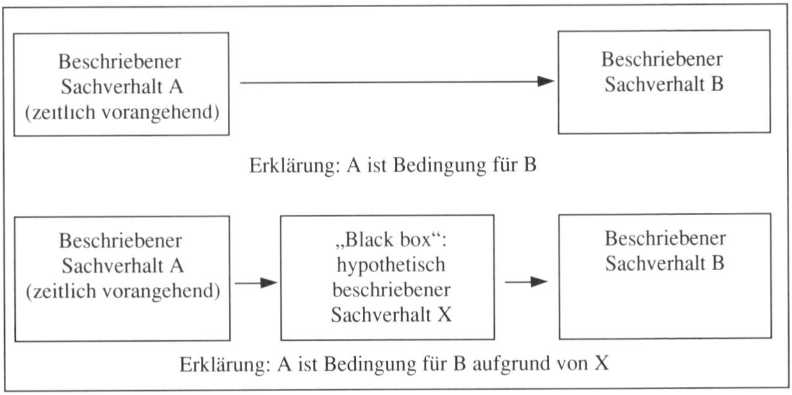

Tafel 44: Erklärungen erster und zweiter Ordnung

hängige Variable") ein Bedingungsverhältnis besteht: Wenn man dieses Medikament injiziert, geht das Fieber weg; oder: Wenn man Herrn X nach seinem Beruf fragt, fängt er an zu stottern. Dies wäre eine Erklärung erster Ordnung; sie beschreibt einen regelhaften Bedingung-Folge-Zusammenhang. Man kann aber weiter fragen, *warum* das Medikament das Fieber senkt oder warum die Frage das Stottern auslöst. Erklärungen hierzu machen Aussagen über das, was sich in dem unsichtbaren Feld zwischen A und B (in der „black box") abspielt, also über die Vermittlungsprozesse, die den Bedingungszusammenhang zustande bringen; dies wäre eine Erklärung zweiter Ordnung. Sie ist typischerweise das, was man als „Theorie" bezeichnet. Sie versucht, den Abstand zwischen A und B durch die Angabe von „Zwischenbedingungen" zu überbrücken; in unseren Beispielen: Angaben über biochemische Vorgänge bzw. über Gedanken, Gefühle und physiologische Prozesse bei Herrn X. (Der Ausdruck „Bedingung" ist übrigens dem der „Ursache" vorzuziehen, da kein Faktor A gewissermaßen aus sich heraus die Folge B hervorbringen kann, sondern nur, wenn er auf Gegebenheiten trifft, die eine solche Wirkung zulassen. Darauf ist gleich noch einmal zurückzukommen.)

Das Erklären ist an sich ein alltägliches Geschäft von Menschen, ohne daß uns das immer klar bewußt ist; das gilt auch für psychologische Erklärungen (s. Tafel 45). Diese subjektiven Erklärungen werden auch Attributionen (Ursachenzuschreibungen) genannt und sind unter diesem Namen ein vielbeackertes Forschungsthema geworden (z. B. Herkner 1980).

Viele Erklärungen in der „naiven", aber zuweilen auch in der wissenschaftlichen Psychologie entsprechen allerdings weder dem Erklärungstyp erster noch dem zweiter Ordnung, sondern sind im Grunde Pseudo-Erklärungen. Wenn man z. B. das Spielen mit einem Spieltrieb, das Nachahmen mit einem Nachahmungstrieb und aggressives Verhalten mit einem Aggressionstrieb erklärt, so hat man lediglich ein Wort angehängt und damit nicht mehr ausgesagt, als man ohnehin sehen und beschreiben kann, nämlich, daß Menschen dieses oder jenes häufig tun. Es ist etwa so gehaltvoll, als würde man die Bewegungen der Gestirne mit einem „Drehtrieb" erklären. „Wir belegen beobachtbares Handeln mit einem Namen und glauben, dieser Name sei die verborgene Ursache des Handelns" (Heckhausen 1980, S. 27).

> „Denn eben, wo Begriffe fehlen,
> Da stellt ein Wort zur rechten Zeit
> sich ein."
>
> (Goethe, Faust I)

Das bedeutet nicht, daß die Verwendung eines Wortes wie „Trieb" nicht eine Erklärung enthalten *kann:* dann nämlich, wenn man den Trieb als das Erklärende eigenständig beschreiben kann, also unabhängig von dem Verhalten, das erklärt werden soll. Im Falle des Triebes könnte das z. B. bedeuten: Aussagen über hirnphysiologische Vorgänge, Auf- und Abbauprozesse, Ansprechbarkeit für bestimmte Reize usw. Nicht das Wort, sondern die inhaltliche Beschreibung entscheidet über den Erklärungswert.

Die Angabe von „Eigenschaften" ist ein weiteres Beispiel. Wenn man die Hilfeleistung eines Menschen mit dessen „Hilfsbereitschaft" erklärt, ist dies

Sich etwas erklären – ein alltägliches Geschäft

„Jemand lobt mich: Ist es reine Liebenswürdigkeit, will er sich einschmeicheln, oder habe ich das Lob wirklich verdient? Ein Verkäufer preist mir unter mehreren Produkten des gleichen Artikels das teuerste an: Will er den größten Gewinn machen, oder ist dieses Produkt wirklich das Beste? Ein flüchtiger Bekannter lädt mich zu einem gelegentlichen Besuch ein: Ist es bloße Höflichkeit, oder würde er sich tatsächlich freuen, wenn ich eines Tages in der Tür stünde? Ein Hochschulabsolvent mit sehr gutem Zeugnis bewirbt sich um eine Stelle: Ist er wirklich so gut, oder kommt er von einer Hochschule, an der die Prüfungen leicht sind? In allen diesen Fällen liegt es auf der Hand, daß die Fragen nach den Gründen der Motivation von Handlungen (Beispiel 1–3), nach den Ursachen von Handlungsergebnissen (Beispiel 4) nicht lediglich intellektueller Neugier entstammen. Vielmehr ist ihre Beantwortung auch folgenschwer, wenn sie nicht zutreffend ist."

Tafel 45: Beispiele für psychologische Attributionen (aus: Heckhausen 1980, S. 441)

zunächst nur ein Wort. Um zu testen, ob mehr „dahintersteckt“, müßte man fragen: Woher weißt Du, ob X „hilfsbereit“ ist? Lautet die Antwort: „Weil er anderen hilft“, dreht sich die „Erklärung“ im Kreis, ist also eine Pseudo-Erklärung. Wenn man hingegen „Hilfsbereitschaft“ inhaltlich füllt, in dem man beschreibt, daß dieser Mensch z. B. dazu neigt, sich in die Not anderer einzufühlen, sich selbst persönliche Verantwortung zuzuschreiben u. dgl., dann kann dies zu einer nützlichen Erklärung (zweiter Ordnung) werden.

Man muß sich dabei stets bewußt sein, daß die inhaltlichen Aussagen, die man zu Begriffen wie „Trieb“, „Motivation“, „Einfühlung“ usw. zusammenfaßt, sich nicht auf etwas direkt Feststellbares, sondern auf etwas Erschlossenes und Angenommenes beziehen. Man spricht daher von „hypothetischen Konstrukten“. Sie sind Konstruktionen im Kopf des Forschers, wenn auch nicht im Sinne freier Erfindungen. Die Konstrukte gelten vielmehr als um so begründeter und zweckmäßiger, je besser sie mit den empirisch feststellbaren Erscheinungen in Einklang stehen. Dies zu überprüfen und die Konstrukte ggf. zu modifizieren ist eine geradezu typische Aufgabe psychologischer Forschung. Sie kann beispielsweise dazu führen, daß globale Konstrukte in spezifische Konstrukte ausdifferenziert werden: etwa „Intelligenz“ in Fähigkeiten wie Sprachverständnis, räumliches Vorstellungsvermögen usw. oder „Aggression“ in verschiedene Arten wie instrumentelle Aggression und Ärger-Aggression. (Vgl. auch S. 77 ff. über personale Dispositionen.)

In der Alltagspsychologie kommt es häufig vor, daß die unsichtbaren Phänomene nicht als hypothetische Konstrukte, sondern gewissermaßen als reale „seelische Organe“ verstanden werden. Begriffe wie „der Wille“ oder „das Gewissen“ werden quasi wie kleine Wesen behandelt, die in dem Menschen tätig sind. Die substantivischen Worte „machen“ entsprechende Sachverhalte. Dabei dürfte man allenfalls von einem „Bild“ sprechen, mit dem man sich das Unbekannte vorstellbar macht. Viele Alltagsbegriffe, die solche Vorstellungen von psychischen Organen nahelegen, sind daher in der empirischen Psychologie kaum noch zu finden (z. B. werden anstelle des „Gewissens“ moralische Urteile, Schuldgefühle und normbezogene Verhaltensweisen untersucht).

b) Ein „Zusammenhang“ sagt nichts über die „Verursachung“

Wenn wir einen Sachverhalt durch einen anderen erklären, gehen wir meist von der Beobachtung aus, daß beide gemeinsam auftreten bzw. sich gemeinsam verändern (daß sie „kovariieren“). Man mag z. B. feststellen, daß Kinder, die viel fernsehen, auch aggressiver sind, und daraus schließen, daß die Filme das Verhalten der Kinder bedingen (wie es die Überschrift in der Zeitungsnotiz ausdrückt). Doch ist dies gerechtfertigt?

Zunächst einmal ist zurückzufragen, wie beide Sachverhalte überhaupt beschrieben bzw. festgestellt wurden. In unserem Beispiel müßte der Fernsehkonsum etwa durch Zeitumfang, Inhalte und Darstellungsformen der Sendungen definiert sein. Des weiteren wäre zu spezifizieren, was „aggressiv" heißt. Welche Verhaltensweisen (körperliche Angriffe, Schimpfen usw.) wurden ermittelt, wie wurde die Häufigkeit aggressiver Akte gezählt (z. B. jeder Ringkampf, jeder Faustschlag?), in welchen Situationen wurde das Verhalten beobachtet (z. B. Umgang mit Gleichaltrigen, mit Eltern usw.), oder wurden intuitive Einschätzungen von Eltern, Lehrern, Mitschülern usw. erfragt?

„Fernsehen macht aggressiv"

HOUSTON, 7. Januar (Reuter). Kinder, die viel fernsehen, neigen zu größerer Aggressivität als gleichaltrige, die weniger Zeit vor dem Bildschirm zubringen. Zu diesem Schluß kam das amerikanische Psychologen-Ehepaar Jerome und Dorothy Singer in einer am Samstag veröffentlichten Studie. Die beiden an der Yale-Universität in New Haven tätigen Wissenschaftler haben bei einem einjährigen Versuch mit 140 drei- und vierjährigen Kindern festgestellt, daß auch Situationskomik und Sendungen, die Wettbewerbe enthalten, aggressives Verhalten bei viel Fernsehen konsumierenden Junioren auslöst.

In dem auf dem Jahreskongreß der amerikanischen Gesellschaft für die Förderung der Wissenschaft in Houston (Texas) vorgelegten Untersuchungsbericht heißt es unter anderem, daß die aggressiveren Versuchskinder in der Überzahl aus Familien stammten, in denen die Eltern sich kaum darum kümmern, welche Programme ihre Sprößlinge sehen, und aus solchen Heimen, in denen ständig ferngesehen werde.

Tafel 46: Eine Pressemeldung: Ist die Überschrift gerechtfertigt?

Nehmen wir einmal an, es sei genau definiert, was mit „Fernsehen" und was mit „aggressiv" gemeint ist, und wir fänden tatsächlich einen statistischen Zusammenhang (Korrelation) – kann man dann schließen, daß Fernsehen die Kinder aggressiv „macht"? Nicht sicher. Vielleicht ist es auch umgekehrt: Aggressive Kinder haben eine größere Vorliebe fürs Fernsehen oder speziell für Gewaltdarstellungen und schauen sich deshalb mehr Sendungen an. Eine dritte Erklärung deutet sich bereits in der Zeitungsmeldung an: Die eigentlich erklärende Bedingung könnte nämlich das Erziehungsmilieu sein, und zwar zugleich für den hohen Fernsehkonsum und das aggressive Verhalten. Es ist auch möglich und im psychologischen Bereich sehr typisch, daß die Sachverhalte sich wechselseitig bedingen; unter anderem kann sogar das Verhalten der Kinder auf das Erziehungsmilieu zurückwirken und nicht nur umgekehrt. Die Untersucher der zitierten Studie sind übrigens mit methodischer Sorgfalt vorgegangen und haben keine Interpretation im Sinne von „Fernsehen macht aggressiv" vorgetragen (vgl. Singer, Singer & Sherrod 1980). Die Überschrift – die sich ja nicht einmal aus der Zeitungsmeldung selbst ableiten läßt – ist eine journalistische Verarbeitung, und zwar in einer Weise, die eben für Laienpsychologie typisch ist.

Schon in relativ einfachen Fällen mit nur wenigen Variablen sollte man bei der Interpretation von Korrelationen also mehrere Erklärungsrichtungen in Erwägung ziehen (s. Tafel 47); weitere und verwickeltere Zusammenhänge sind denkbar. (Zahlreiche anschauliche Beispiele für die Mehrdeutigkeit von Korrelationen bietet Zimbardo 1983)

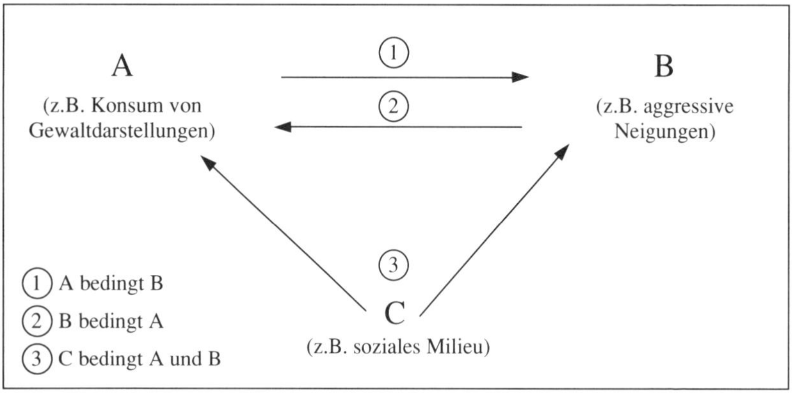

Tafel 47: Wie ein Zusammenhang zwischen A und B erklärt werden könnte

c) Feldstudien und Experimente

Wie kann man herausfinden, welche Erklärung zulässig ist? Bei sog. *Feldstudien,* bei denen – wie im erwähnten Fernsehbeispiel – in natürlichen Situationen vorfindbare Daten erhoben werden, kann man es nicht ganz sicher klären. Man kann allenfalls die eine oder andere Hypothese für plausibel halten. Eine kausale Interpretation ist nur möglich, wenn man sicher weiß, welche Variable ein vorangehender Einflußfaktor ist. Dies ist gewöhnlich nur bei einem *Experiment* der Fall. Im Experiment wird eine

Variable willkürlich verändert, um zu beobachten, welche Folgen dies hat.

Den experimentell gesetzten Einflußfaktor kann man allerdings nur dann zur Erklärung der Befunde heranziehen, wenn gleichzeitig alle anderen Bedingungen und der untersuchte Personenkreis vergleichbar gehalten werden. In strenger Form kann dies nur eine künstliche Situation, ein sog. *Laborexperiment,* gewährleisten. Ein Beispiel zum Problem von Gewaltdarstellungen: In einem Versuchsraum (wo also der Einfluß anwesender Eltern, der häuslichen Ausstattung usw. ausgeschaltet ist) wird Kindern ein kurzer Film mit Gewaltszenen vorgeführt. Anschließend erhalten sie Spielmaterial, das auch für aggressive Spiele geeignet ist. Das Verhalten der Kinder wird verglichen mit dem von anderen Kindern, die zuvor einen „gewaltlosen" Film gesehen haben.

Solche Experimente können einerseits die Wirkung einzelner Faktoren isolieren, haben aber andererseits den Nachteil, daß sie für das „reale Leben" weniger repräsentativ sind. Als zweiter Typ von Experiment wird daher vielfach das sog. *Feldexperiment* gewählt. Es findet in natürlicher Umgebung statt, und die Versuchspersonen wissen gar nicht, daß sie solche sind. Man simuliert z. B. am Rande einer Landstraße eine Panne oder einen Unfall, um das Hilfeverhalten der Vorbeifahrenden zu erforschen. Oder: Man veranstaltet in einem Jugendwohnheim eine „Filmwoche", in der einige Häuser des Heimes mit gewalttätiger und andere mit „neutraler" Kost versorgt werden, und registriert dann das Verhalten der Jugendlichen im Umgang miteinander (eine Auswahl solcher Untersuchungen bietet Koch 1976). Die größere Lebensnähe des Feldexperiments erkauft man sich allerdings mit dem Risiko, daß die Ergebnisse auch von unkontrollierten Nebeneinflüssen der natürlichen Situation mitbestimmt sein können.

Alle Untersuchungsformen haben ihre Vor- und Nachteile, sie erfüllen unterschiedliche Funktionen im Forschungsprozeß und müssen sich daher notwendigerweise ergänzen (vgl. Kerlinger 1978/1979).

d) Bedingungsgefüge statt einzelner „Ursachen" als Erklärung

Welche Zusammenhänge zwischen Variablen man in Feldstudien auch immer finden mag – sie gelten praktisch nie absolut, sondern nur relativ. Eine als „Bedingung" erkannte Variable „führt" daher auch nicht zu einer bestimmten Folge, sondern begünstigt sie nur. Die Zusammenhänge sind stets statistische Trends, von denen es individuelle Abweichungen gibt. Auch wenn beispielsweise kausale Zusammenhänge zwischen Rauchen und verschiedenen Krebsarten nachgewiesen sind (Feldstudien an Rauchern/Nichtrauchern sowie Experimente an Tieren), wird man immer wieder die berühmten 90jährigen finden, die ihr Leben lang geraucht haben. Warum?

Weil die jeweiligen Untersuchungen natürlich nie *alle* relevanten Variablen erfassen (z. B. außer Rauchen auch erbliche Dispositionen, psychische Belastungen usw.).

Jeder Faktor hat nur relatives Gewicht innerhalb eines Bedingungs*gefüges*. Und dies gilt für psychische Phänomene noch mehr als für biologische, da schon ganz unauffällige Einflüsse (z. B. das Stirnrunzeln des Versuchsleiters, die Tagesform eines Befragten) die Ergebnisse mitbestimmen können. Weil stets mehrere Bedingungen zusammenwirken, ist es auch problematisch, einen Faktor als die „Ursache" zu bezeichnen. Das Begießen einer Blume ist sicherlich eine Bedingung für ihr Wachstum, aber es bringt das Wachstum nicht hervor. Wenn schon, dann liegt die „Ursache" zum Teil in der Pflanze selbst (begossene Telegrafenmasten wachsen nicht). Ein anderes Beispiel: Wenn man sagt, die „Ursache" für einen Unfall sei überhöhte Geschwindigkeit gewesen, so ist dies strenggenommen eine Vereinfachung. Hohes Tempo führt ja normalerweise nicht zum Unfall, sondern nur, wenn andere Bedingungen hinzukommen, z. B. eine schwierige Kurve, glatte Fahrbahn, mangelndes Fahrtraining. Die Beispiele zeigen: Wenn man von einer „Ursache" redet, kann das nur bedeuten, daß man eine bestimmte Bedingung besonders hervorheben möchte.

In der Psychologie haben lineare Ursache-Wirkungs-Beziehungen so gut wie keinen Platz. Es ist nicht möglich, beispielsweise eine schlechte Schulleistung allein durch niedrige Intelligenz oder durch Mangel an elterlicher Hilfe oder durch sonst was zu erklären, sowenig wie Alkoholismus, Selbstsicherheit, soziales Engagement usw. jeweils durch irgendeine Einzelbedingung hervorgebracht werden könnten. Vielmehr hat man immer vom Zusammenwirken verschiedener Bedingungen auszugehen. Erinnert sei daran (s. Kapitel 3), daß das aktuelle Verhalten stets aus dem Zusammenwirken von personalen und situativen Faktoren zu erklären ist – beide jeweils im Plural. Das gesamte Gefüge aller wirksamen Faktoren ist meist unübersehbar groß, und gewöhnlich kann man nur einen Teil von ihnen hinreichend erfassen.

Aber es geht nicht nur darum, daß „mehrere" oder „viele" Bedingungen zusammenwirken. Man muß beim Erklären auch beachten, daß die Bedingungen sich meist nicht einfach addieren, sondern untereinander in einer komplizierten Wechselwirkung stehen, sich also gegenseitig beeinflussen (vgl. etwa S. 85 ff. zur „Interaktion" von Person und Situation).

Daß die Einflüsse oft so zahlreich und die Wechselwirkungen so kompliziert sind, macht verständlich, warum psychologische Erklärungen und Vorhersagen nicht so „exakt" sein können wie in der Physik.

e) Erklären oder Verstehen?

Psychische Phänomene erklären zu wollen, indem man mit empirischen Methoden Bedingungszusammenhänge untersucht, ist keineswegs immer eine wissenschaftliche Selbstverständlichkeit gewesen. „Die Natur erklären wir, das Seelenleben verstehen wir“ (Dilthey) war das Motto der „verstehenden Psychologie“, die sich Ende des 19. Jahrhunderts gegen die damals beginnende Orientierung am Vorbild naturwissenschaftlicher Forschungsmethodik wandte.

Der Diltheysche Standpunkt wird in der heutigen Psychologie (jedenfalls wie sie gewöhnlich an den Universitäten gelehrt wird) kaum noch vertreten. Zumindest wird ein Nachvollziehen und Einfühlen sowie ein intuitives, unmittelbares Erfassen von Zusammenhängen und Bedeutsamkeiten (was auch mit „Verstehen“ gemeint sein kann) nicht als ausreichende wissenschaftliche Grundlage angesehen. Das bedeutet jedoch nicht, daß das „Verstehen“ im wissenschaftlichen Bereich keine Bedeutung hat, sondern allenfalls in der praktischen Problembewältigung, etwa im zwischenmenschlichen Umgang. Es läßt sich leicht zeigen, daß wir auch bei der Suche nach wissenschaftlich haltbaren Erklärungen nicht ohne Formen des „Verstehens“ auskommen. So spielen Prozesse dieser Art sicherlich eine wichtige Rolle bei der *Bildung* von Hypothesen, wenngleich sie für ihre *Überprüfung* unzureichend sind (Bartenwerfer & Raatz 1979). Vielen wissenschaftlichen Entdeckungen ist eine intuitive Folgerung aus Alltagsbeobachtungen, ein persönlicher „Eindruck“ (z. B., daß eine Erklärung so „nicht stimmen“ könne) oder ein Gefühl der Vertrautheit („so was kenne ich von mir selbst“) vorausgegangen. Insbesondere bei Erklärungen zweiter Ordnung, die ja über den sichtbaren Zusammenhang zwischen Ereignissen hinausgehen und Aussagen über Vorgänge machen, die sich in der „black box“ abspielen, sind Verstehensprozesse im Sinne intuitiver Vermutungen, Phantasien usw. unumgänglich. Die Präzisierungen geschehen dann allerdings in einem Wechsel von Hypothesenbildung und Überprüfung, korrigierter Hypothese, neuer Überprüfung usw. Dies gilt sicher nicht nur für die Psychologie. Bei allen Wissenschaften, die es mehr mit komplexen Bedingungsgefügen als mit linearen Kausalbeziehungen zu tun haben, ist es aber häufig unmöglich, ein Geschehen wissenschaftlich präzise zu erklären, während man es immerhin soweit ganzheitlich zu erfassen vermag, daß man damit „arbeiten“, das heißt z. B. Prognosen treffen oder Veränderungsmaßnahmen ergreifen, kann.

3. Vorhersagen

Vorhersagen sind gewissermaßen „vorwärtsgerichtete Erklärungen" (Laukken & Schick 1978). Derselbe Zusammenhang, den man in bereits vorliegenden Befunden erkennt – sei es als bloße Wenn-Dann-Beziehung, sei es als „tiefer" verstandene Erklärung –, dient auch dazu, das Eintreten bestimmter Ereignisse zu erwarten.

Wo kommt die Tätigkeit des Vorhersagens vor?

- In der Forschung stellt man eine „Hypothese" auf und leitet daraus ab, welche Befunde bei einer empirischen Untersuchung herauskommen müßten.
- Bei zahlreichen Alltagsproblemen lassen wir uns zumindest von einer stillen Vorhersage im Sinne einer „Erwartung" leiten. Man entscheidet sich z. B. für eine Arbeitsmethode, weil man damit schneller voranzukommen glaubt, oder man trifft eine pädagogische Maßnahme, von der man annimmt, daß sie eine bestimmte Wirkung erzielen werde.
- In ihrer ausgeprägtesten Form beziehen sich Vorhersagen auf längere Zeiträume: Wird dieser Straftäter wieder rückfällig werden? Wird dieser Schüler auf der Oberschule erfolgreich sein? Wird diese Ehe lange halten? Wird dieser Stellenbewerber sich als geeignet erweisen?

Vorrangig auf solche Vorhersagen im engeren Sinne, die mehr oder minder weit in die Zukunft gerichtet sind, bezieht sich die folgende Erörterung.

a) Wovon hängt die Vorhersagegenauigkeit ab?

Zur Vorhersage gehören zwei Elemente: der Prädiktor und das Kriterium. Mit *Prädiktor* sind die Mittel gemeint, auf die man seine Vorhersage gründet, z. B. Bewerbungsgespräche, psychologische Tests, graphologische Gutachten oder Horoskope. Das *Kriterium* ist das, was vorausgesagt werden soll, z. B. der berufliche Erfolg oder ein krimineller Rückfall.

Laien glauben oft, die Vorhersage sei um so besser, je mehr Informationen man über eine Person besitzt. Danach erscheint es beispielsweise selbstverständlich, daß für den Schulerfolg auf dem Gymnasium das Grundschullehrer-Gutachten eine bessere Prognose liefert als eine vergleichsweise kurze testpsychologische Untersuchung – weil eben ein Lehrer die Kinder lange und von vielen Seiten „kennt". Empirische Untersuchungen zum tatsächlichen Schulerfolg sprechen aber keineswegs für die Überlegenheit des Lehrerurteils, eher fürs Gegenteil (im Überblick Ingenkamp 1985). Wovon also hängt dann die Genauigkeit der Prognose ab? Hier einige Gesichtspunkte.

Wichtig ist zunächst, daß man nicht einfach viele, sondern daß man wirklich *bedeutsame* Faktoren erfaßt. So könnte bei unserem Beispiel das Urteil stark von Fleiß und Ordnung beeinflußt werden, obwohl diese für den späteren Erfolg evtl. gar nicht so wichtig sind. Im Alltag kann man nur ganz subjektiv entscheiden, was wohl bedeutsam ist, und notfalls hält man sich an leicht erkennbare Merkmale (z. B. Geschlecht, Alter, Hautfarbe). Die Forschung versucht statt dessen, den Voraussagewert bestimmter Merkmale empirisch zu ermitteln.

Damit verbindet sich gleich die Frage, wie gut man die bedeutsamen Faktoren *erfassen* kann. Hat man dafür keine zureichenden Mittel, nützt es wenig, die richtigen Faktoren im Auge zu haben. In der Psychologie gilt letztlich das konkrete Diagnosemittel als der eigentliche Prädiktor. Nehmen wir an, eine Lehrerin veranschlage zu Recht intellektuelle Fähigkeiten wie abstrakt-logisches Denken, Sprachverständnis, Raumvorstellung usw. ziemlich hoch bei ihrer Prognose fürs Gymnasium, so bliebe die Frage, wie sie diese erfassen kann. Vielleicht sind die Leistungen in der Grundschule dafür kein guter Indikator, weil die Anforderungen im Gymnasium anders sind, weil die Leistungen auch von der Art des Unterrichts abhängen und weil die Notengebung (die ja die „Leistung" definiert) recht subjektiv ist. Auch die psychologische Diagnostik tut sich bei der Erfassung vieler Personmerkmale recht schwer, sie ist aber bemüht, die Prädiktoren nach den Gütekriterien der Objektivität, Reliabilität und Validität (hier: der prognostischen Validität) zu überprüfen (vgl. S. 173 ff.). Sie weiß also, anders als Laien, um die Stärken und Schwächen von Prädiktoren.

Auch gute diagnostische Verfahren können die Weiterentwicklung nur vorhersagen, wenn die erfaßten Faktoren *stabil* sind. Bei personalen Dispositionen ist die langfristige Stabilität sehr unterschiedlich. Intelligenz ist z. B. stabiler als Werthaltungen. Weiterhin ist die Stabilität vom Lebensalter abhängig.

Wie selbstverständlich war eben nur von Personfaktoren die Rede. Zwar ist dies naheliegend, da wir auf die Personen schauen, über die wir etwas sagen sollen. Wenn wir aber das Verhalten, Denken usw. sowie daraus resultierende Leistungen voraussagen sollen, so kommen wir mit Personfaktoren nicht aus, sondern müssen auch die *Einflüsse der Situation/der Umwelt* in Rechnung stellen. Und diese lassen sich meist sehr schwer, zum Teil überhaupt nicht vorhersagen. Selbst wenn sich etwa die Dispositionen eines Schülers gar nicht verändern, wird doch seine Leistung, sein soziales Verhalten usw. je nach Lehrern, Mitschülern, Lerninhalten usw. unterschiedlich sein. Ebenso kann ein Mitarbeiter, den man als sehr „kooperativ" erlebte, in einem anderen Kreis „mit niemandem zurechtkommen" und sich damit als „ungeeignet" erweisen. Hier liegt eine kaum überwindliche Grenze von Vorhersagen.

Wenn Voraussagen falsch waren, mag man dazu neigen, dies auf den Prädiktor (den Test, das Gutachten usw.) zu schieben – vielleicht zu Unrecht, und zwar nicht nur wegen der situativen Faktoren. Probleme kann es auch am anderen Ende der Prognose geben: beim *Kriterium*. Wie beim Prädiktor stellt sich nämlich die Frage, wie das, was vorausgesagt werden soll, *erfaßt* wird, wie also das Eintreffen der Vorhersage festgestellt wird. So wird etwa der Schulerfolg letztlich durch die Noten definiert. Wie genau die Prognose zutrifft, hängt somit davon ab, mit welchen Maßstäben und welcher Sorgfalt die jeweiligen Lehrer auf dem Gymnasium ihre Zensuren geben. Sämtliche Unsicherheiten der Notengebung beeinträchtigen hier also notwendigerweise die Voraussagbarkeit des Schulerfolgs. In anderen Fällen ist das, was vorausgesagt werden soll, so unscharf, daß man es durch ganz unterschiedliche Kriterien definieren könnte. Wenn z. B. die Eignung für einen bestimmten Beruf vorausgesagt werden soll, wie wird man dann den Berufserfolg feststellen? Mißt man z. B. den „guten Arzt" an der Höhe seines Einkommens, am Urteil von Kollegen oder Patienten; mißt man den „guten Lehrer" am Urteil der Vorgesetzten, der Beliebtheit bei Schülern, den bei ihm erreichten Zensurendurchschnitt, der eigenen beruflichen Zufriedenheit oder wie? Es ist möglich, daß die Prognose sich nach dem einen Kriterium als zutreffend erweist, nach einem anderen Kriterium hingegen nicht.

b) Statistische Prognose und Einzelfallprognose

Da psychologische Vorhersagen nichts mit hellseherischen Fähigkeiten zu tun haben, müssen sie sich auf irgendwelche Erfahrungen stützen. Im vorwissenschaftlichen Bereich mögen diese Erfahrungen sehr subjektiv ausgewählt sein: Man übernimmt z. B. gängige Meinungen oder beruft sich auf vergleichbar erscheinende Einzelfälle (z. B auf das Schulschicksal eines Geschwisters oder Nachbarkindes).

Das Anliegen der wissenschaftlichen Psychologie ist es, den Vorhersagewert bestimmter Prädiktoren so genau wie möglich zu ermitteln. Dazu muß sie die Voraussagen an größeren Stichproben überprüfen. Denn in Einzelfällen kann man zufällig einen Glückstreffer oder eine Niete erwischen. Solche Untersuchungen liefern dann statistische Wahrscheinlichkeiten. Das heißt: Wenn man sich auf diejenigen Prädiktoren verläßt, die statistisch die höchsten Prognosewerte haben, werden in einer *größeren* Zahl von Einzelfällen richtige Urteile gefällt werden, auch wenn es offenbleibt, *welchen* konkreten Menschen dies zugute kommt und welchen nicht. Vielfach lassen sich überdies aus den Wahscheinlichkeitsaussagen Maßnahmen ableiten, die selbst im Falle einer Fehlentscheidung keine schwerwiegenden Konsequenzen haben. Wenn man feststellen kann, bei welchen Menschen das Risiko, ein Magengeschwür oder einen Herzinfarkt zu bekommen, überdurchschnittlich hoch ist, kann man gegebenenfalls vorbeugende gesundheitliche Maßnahmen einleiten; und wenn die Einschulungsdiagnose bei einem Kind mit einiger Wahrscheinlichkeit große Schwierigkeiten erwarten läßt, kann man es in eine vorschulische Förderung aufnehmen.

Wenn man mit statistischen Wahrscheinlichkeiten arbeitet, wird man, wie gesagt, nicht in *jedem* Einzelfall einen Treffer landen (nur in *mehr* Einzelfällen). Denn zu viele Faktoren spielen mit, darunter, wie erörtert, auch Situationseinflüsse und wackelige Kriterien. Wo das Schicksal konkreter Menschen von der Prognose abhängt – ob bei der Strafentlassung, der Schullaufbahn oder der beruflichen Karriere – wird es diejenigen, die das Opfer einer Fehlprognose geworden sind, natürlich wenig trösten, wenn sie hören, die verwendeten Prognoseinstrumente hätten sich *im Durchschnitt* immer noch als besser erwiesen als alle anderen denkbaren Verfahren. Den einzelnen betroffenen Menschen interessiert verständlicherweise keine Statistik. Ein Ausweg kann manchmal sein, auf weitreichende Prognosen für einzelne Menschen zu verzichten und statt dessen Gelegenheiten des „Probierens“ zu schaffen (z. B. für Schüler durch den Besuch einer Gesamtschule statt einer frühzeitigen Entscheidung für eine Schulart).

4. Verändern

Bei praktisch-psychologischen Problemen geht es letztlich meist um die Frage, wie man etwas verändern kann (z. B. Ängste abbauen, das Arbeitsklima verbessern, ökonomischer lernen usw.). Die vorangehenden Tätigkeiten, zumindest das Beschreiben und Erklären, gelten dann im wesentlichen als Vorbereitung für den gezielten Versuch einer Veränderung, für eine „Intervention“. Es gibt zwar Arbeitsfelder, in denen das Verändern ausgeklammert bleibt (z. B. Gerichtsgutachten, Eignungsuntersuchungen). Aber insbesondere in den vielfältigen Praxisbereichen der klinischen und pädagogischen Arbeit (Beratungsstellen, Kliniken, Heime, Schule usw.) steht irgendeine Form des Veränderns im Vordergrund. Das gleiche gilt auch für den Alltag, wo Menschen sich z. B. darüber unterhalten, wie ein Kind zu erziehen oder ein Partnerkonflikt zu lösen sei.

a) Korrektur – Förderung – Prävention

Folgende allgemeine Typen von Veränderungsaufgaben lassen sich unterscheiden:

1. *Verändern als Korrektur:* In diesem Fall gilt der Ausgangszustand als „problematisch", als „gestört", „unnormal" usw., und die Intervention hat mehr das Ziel, etwas Negatives aufzuheben als etwas neues Positives zu entwickeln. Ihren Schwerpunkt in dieser Rubrik haben insbesondere Aktivitäten, die unter Begriffen wie „Therapie", „Rehabilitation" oder „heilpädagogische" Arbeit zu finden sind.

2. *Verändern als Förderung:* Bei dieser Aufgabe gilt der Ausgangszustand nicht als problematisch, sondern durchaus als „normal". Man strebt dennoch einen höheren, „besseren" Zustand an. Statt von Förderung kann man auch von „Optimierung" sprechen. Zu denken ist hier vor allem an Begriffe wie Erziehung, Unterricht, Ausbildung oder Training.

3. *Verändern als Prävention:* Hier geht es darum, das Eintreten eines schlechten Zustandes zu verhindern. Auf den ersten Blick scheint hier der Oberbegriff „Verändern" nicht mehr gut zu passen. Von den notwendigen Aktivitäten aus betrachtet, muß man jedoch durchaus etwas verändern, sonst wäre Prävention dasselbe wie Untätigkeit oder „Gewährenlassen". Man greift ein, damit bestimmte Risiken sich nicht erfüllen. Zu erwähnen sind hier unter anderem die Prävention psychischer Probleme (auch Psychohygiene genannt), etwa durch das Erlernen von Lebensgewohnheiten zur „Streßbewältigung", oder die Unfallverhütung am Arbeitsplatz (z. B. durch Mitarbeiterschulung).

Zwischen Korrektur, Förderung und Prävention gibt es in der Praxis fließende Übergänge wie auch absichtliche Kombinationen. Manche Tätigkeitsbegriffe lassen sich auch keinem der drei Grundtypen eindeutig zuordnen. So kann etwa „Beraten" nahe bei „Therapie" liegen, hat dann also vornehmlich korrigierende Ziele. Beraten kann aber auch der Förderung/Optimierung dienen (z. B. in Schule oder Ausbildung) und selbstverständlich auch der Prävention.

b) Zielprobleme und Wegprobleme

Das Verändern als bewußte psychologische Handlung erfordert nicht nur die Suche nach geeigneten Mitteln. Auch die Ziele, auf die hin verändert werden soll, können Fragen aufwerfen, wenngleich diese im Alltag oft gar nicht gestellt werden. Wenn ein Schüler „stört", scheint es wie selbstverständlich das Ziel zu sein, daß er *nicht* mehr stört. Aber statt der bloßen Negation wäre es vielleicht sinnvoller, sich klarzumachen, welche Verhaltensweisen man sich statt dessen wünscht und wie man sie fördern kann. Ein weiteres Problem kann die Unbestimmtheit der Zielvorstellung sein. Was kann es z. B. bedeuten, daß Eltern oder Ehepartner sich „verständnisvoller" verhalten sollen? Oder was für ein Ziel hat jemand, der sich „selbstverwirklichen“ oder „zufriedener“ werden möchte? Das heißt also: In der *Beschreibung* der Ziele können durchaus Probleme stecken. Es ist nicht immer leicht, Zielvorstellungen klar und konkret zu fassen. Hilfreich ist es oft, allgemeine Ziele in die Form beobachtbarer Verhaltensweisen zu bringen. Aber zuweilen liegt das eigentliche Problem tiefer – daß nämlich ein Mensch gar nicht zu sagen weiß, welche Ziele er hat, daß er gar die eigenen Wünsche kaum kennt. In diesem Fall können Zielbeschreibungen sich erst allmählich mit dem Veränderungsprozeß herauskristallisieren.

Die Frage, *welche* Ziele man für erstrebenswert hält, ist eine Frage der *Bewertung*. Zielsetzungen sind letztlich immer Wertentscheidungen. Probleme können sich unter anderem dann ergeben, wenn Außenstehende (z. B. Eltern, Pädagogen, Kultusminister, Kirchen) die Ziele festlegen und dabei mit den betroffenen Personen in Konflikt geraten. Es ist wiederum eine Wertfrage, wann man einen Menschen auf Ziele hin verändern darf, die der Betroffene gar nicht teilt. In manchen Bereichen wie dem Justizvollzug ist dies rechtlich geregelt. Aber haben z. B. Eltern das „Recht“, das Verhalten von Kindern ändern zu wollen, weil es sie persönlich „stört“ oder ihrem Geschmack zuwiderläuft? Selbst in Fällen, wo man nur über sich selbst eine Entscheidung trifft, kann dies mit Zielkonflikten und schwierigen Abwägungen verbunden sein.

Auch das *Erklären* kann in die Zielbestimmung mit einfließen, etwa in der Frage, welche Zielsetzungen angesichts einer bestimmten Problemerklärung überhaupt realistisch sein können. Vor allem aber ist das Erklären natürlich für die *Wege und Mittel* der Veränderung von Bedeutung. Denn die Bedingungen, die wir zur Erklärung heranziehen, sind zugleich potentielle Ansatzpunkte für eine Veränderung. Auch Laien vertreten Annahmen über die richtigen Wege („Den Jungen muß man fest anfassen“, „Du müßtest Deinem Mann klarmachen, daß . . .“), allzuoft jedoch ohne ausreichenden Bezug zu einer Erklärung.

Die psychologischen Mittel und Wege sind nahezu endlos, wie etwa an der Vielfalt therapeutischer oder pädagogischer Maßnahmen zu sehen ist. Sie lassen sich jedoch nach einigen typischen Arten des Vorgehens ordnen. Zum großen Teil haben die Wege mehr oder minder direkt mit der Einleitung von Lernprozessen, also der Änderung personaler Dispositionen, zu tun. Andere Maßnahmen zielen primär auf eine Änderung der äußeren Situation ab. Im einzelnen wird das Vorgehen stark von der theoretischen Orientierung bestimmt (s. „Klinische Psychologie“, S. 129 ff., „Pädagogische Psychologie“, S. 134 ff.).

c) Schwierigkeiten bei der praktischen Umsetzung

Die Zielanalyse und das Nachdenken über ein geeignetes Vorgehen gehören zur Planung der Veränderung. Aber damit ist ihre Ausführung noch nicht gesichert. So können ihr unter anderem *mangelnde Handlungsfertigkeiten* entgegenstehen. Es reicht nicht aus, z. B. eine bestimmte Form des Beratungsgesprächs für sinnvoll zu halten – man muß sie auch „beherrschen". Und das setzt entsprechende Übung voraus. Daher benötigen Therapeuten, Berater, Erzieher usw. eine Ausbildung, in der unter anderem auch das praktische Handeln trainiert wird.

Viele Hindernisse liegen jenseits der eigentlichen psychologischen Verfahrensweise. Häufig liegen sie in *mangelnder Kooperation* mit all den Personen, die für eine Problemlösung wichtig wären. Oft ist es nicht einmal möglich, z. B. mit Familienangehörigen, Kollegen usw. auch nur ein Gespräch zu führen, geschweige denn, sie für eine aktive Beteiligung an Veränderungsmaßnahmen (wie Familientherapie, abgestimmtes Vorgehen gegenüber bestimmten Schülern) zu gewinnen.

In anderen Fällen liegen die Hindernisse einfach in *äußeren Gegebenheiten*. Hierzu zählen nicht nur Zeit, Geld, Räumlichkeiten usw. In Gefängnissen beispielsweise geraten psychologische Absichten leicht in Kollission mit den Grenzen, die durch Gesetze und Sicherheitsvorschriften gezogen werden. Oder: In der Schule mag es zuweilen sinnvoll sein, Schüler nach ihren persönlichen Lernfortschritten zu bewerten, doch der Zwang zur Notengebung nach gleichem Maßstab steht dagegen. In der Praxis erfordert das Verändern also nicht nur Wissen über psychologische Verfahren, sondern auch Wissen über Möglichkeiten, solche Hindernisse zu überwinden. Dieses wird allerdings immer wieder an Grenzen stoßen. Und so bleibt vieles, was psychologisch sinnvoll wäre, einfach undurchführbar. Laien sind dann zuweilen von der Psychologie enttäuscht, weil sie im Grunde Rezepte erwartet haben, die in allen Lebenslagen funktionieren.

Äußere Hindernisse müssen übrigens nicht in jedem Fall bedeuten, daß man alle Bemühungen um eine Veränderung ganz aufzugeben hätte. Die Ziele müssen dann aber oft zurückgesteckt werden. Wenn z. B. die Eltern nicht mitmachen, kann man immer noch begrenztere Ziele für ein Kind anstreben, bei denen man die Eltern nicht unbedingt braucht.

5. Bewerten

In Lehrbüchern werden die vorangehenden vier Tätigkeiten häufig unter „Aufgaben der Psychologie" genannt, das „Bewerten" hingegen nicht. Dies ist insofern verständlich, als Wertungen jenseits der Psychologie *als Wissenschaft* liegen. Doch ändert dies wenig an der Tatsache, daß von Wissenschaftlern wie von Laien im Umgang mit psychologischen Fragen unvermeidlich gewertet *wird.* Der entscheidende Punkt ist, wieweit sich die Wertungen auf ein gesondertes und gründliches Beschreiben und Erklären stützen können. Sie nämlich geben einer Wertung die „wissenschaftliche Fundierung".

a) Beschreibungs-Bewertungs-Mischmasch

Im ersten Abschnitt des Kapitels wurde über Beschreibungen gesagt, daß sie möglichst frei von Wertungen sein sollten. Worin unterscheiden sie sich eigentlich? Wertungen sind Aussagen im Sinne von gut – schlecht, angenehm – unangenehm, angemessen – unangemessen usw. Sie implizieren eine Bejahung oder Verneinung, sind mithin eine Stellungnahme im Sinne einer Soll-Aussage, während die echte Beschreibung eine reine Ist-Aussage ist.

In der Praxis wird beides oft miteinander verwechselt oder vermischt. Ein Beispiel: In einem Seminar über Gewalt unterscheidet der Dozent zwischen „krimineller" Gewalt (Raubmord, Vergewaltigung usw.) und „politischer" Gewalt (Krieg, Folterapparate usw.). Daraufhin äußert eine Studentin, sie könne der Unterscheidung nicht zustimmen, da auch Kriege „kriminell" seien. Während der Dozent die Begriffe rein deskriptiv zur Klassifizierung von Sachverhalten benutzen wollte, verstand die Studentin das Wort „kriminell" offensichtlich im wertenden Sinne. Nur wenn man sich solch ein unterschiedliches Verständnis klarmacht, kann man sich lange Diskussionen darüber sparen, wer nun recht hat.

Es ist durchaus typisch, daß solche Probleme leicht beim Gebrauch von Eigenschaftswörtern auftreten. Denn, wie schon früher erwähnt, es ist in ihnen meistens eine Werttönung enthalten („großzügig", „ängstlich", „aggressiv", „autoritär" usw.), ggf. auch dann, wenn man es gar nicht beabsichtigt.

Unsere Neigung zum Werten ist besonders groß in Fällen von „Ich-Beteiligung", dort also, wo unsere Zielsetzungen, Entscheidungen und Handlungen berührt sind; denn sie sind unvermeidlich auf Wertungen angewiesen (was ist „sinnvoll", „wichtig" usw.?). So verwundert es nicht, wenn Wertungen in Fällen hoher „Ich-Beteiligung" besonders kräftig durchschlagen. So ist es unter anderem schwer, wissenschaftliche Befunde einfach nichtwertend zur Kenntnis zu nehmen und auf der Ebene des Beschreibens und Erklärens zu erörtern, wenn sie den eigenen Anschauungen, Erziehungsprinzipien oder Lebensentscheidungen zuwiderlaufen.

Wenn man z. B. Müttern, die ihrer Kinder wegen den Beruf aufgegeben haben, von Forschungsergebnissen berichtet, nach denen die Berufstätigkeit im Durchschnitt (!) nicht schädlicher ist als die ständige Anwesenheit, so ist es kaum vermeidbar, daß die Mütter unmittelbar auf der Wertungsebene reagieren, sei es, daß sie die Untersuchung pauschal als unglaubhaft zurückweisen oder in den Ergebnissen sogleich eine (gar nicht gemeinte) Handlungsaufforderung sehen („Wie soll ich das machen mit drei Kindern?"). Dies ist zunächst auch kaum durch die nüchterne Erläuterung zu verhindern, daß der Durchschnitt ja nichts darüber aussagt, bei welcher Bedingungskonstellation im individuellen Fall die Berufstätigkeit oder die ständige Anwesenheit schädlicher oder günstiger ist.

b) Begründete Bewertung von Zielen, Mitteln, Ergebnissen

Auch Wissenschaftler und praktisch tätige Psychologen treffen Wertungen. Sie können es gar nicht vermeiden, wollen sie nicht auf Handlungen und Entscheidungen verzichten. Ein Wissenschaftler wählt Projekte aus, die seinen weltanschaulichen Zielsetzungen oder seinen Interessen entsprechen, er hält eine bestimmte Forschungsmethode für „geeignet" oder lehnt eine andere vielleicht ab, weil er sie „ethisch nicht vertretbar" findet. Der Praktiker hat etwa zu entscheiden, ob er ein bestimmtes Ziel (z. B. den Fortbestand einer Ehe) anstreben „soll", ob diese oder jene Maßnahme „sinnvoll" und ob ein Ergebnis „befriedigend" ist. Häufig werden Wertungen von der theoretischen Richtung geleitet, die der Urteiler vertritt. Was gut in sie hineinpaßt, wird gewöhnlich positiver aufgenommen als widersprechende Informationen.

Dennoch gibt es so etwas wie eine wissenschaftlich orientierte Bewertung, die sich, verglichen mit der „naiven", vor allem durch zwei Bemühungen auszeichnet: a) die Wertung soweit wie möglich auf gründliche Beschreibungen und Erklärungen zu stützen, dabei aber b) erkennbar zu machen, wo das eine aufhört und das andere beginnt.

In diesem Zusammenhang ist auch der wissenschaftliche Terminus der „Evaluation" zu erwähnen. Mit dem Bewerten im beschriebenen Sinne ist die Evaluation nicht gleichzusetzen. Sie ist vielmehr eine empirische Erfolgskontrolle, mit der beispielsweise untersucht wird, welche Wirkungen eine Werbekampagne gegen das Rauchen hat oder welche von zwei Lehrmethoden bestimmte Lehrziele eher erreicht. Im Hintergrund steht hier durchaus ein „Soll-Kriterium" (eine Zielvorstellung), an dem die Befunde gemessen werden, und insofern läuft die Evaluation letztlich auf ein „Bewerten von Handlungsalternativen" hinaus (Wottawa 1986). Aber die Befunderhebung, also die systematische Beobachtung und andere Beschreibungsverfahren, bildet die Haupttätigkeit bei der Evaluation. Sie liefert mithin die empirische Basis, auf die sich dann die (normativen) Bewertungen bzw. die Entscheidungen stützen (z. B. ob es sich „lohnt“ oder „nicht lohnt“, für eine Aufklärungsaktion Geld auszugeben; oder ob die Vorteile von Methode A „stärker wiegen“ als ihre Nachteile). Diese Wertungen können bei derselben Befundlage durchaus unterschiedlich ausfallen.

Manche Wissenschaften haben übrigens weit mehr Wertungen zu treffen, als dies in der Psychologie und anderen empirischen Wissenschaften üblich ist. Dies gilt besonders für sog. normative Wissenschaften. So sind in der Rechtswissenschaft bestimmte Tatbestände im Lichte von Rechtsnormen (also Soll-Aussagen) zu bewerten, wenngleich unter möglichst präziser Beschreibung des Tatbestandes und der Normen. Oder in der Pädagogik ist eine wichtige Aufgabe die Setzung und Wertung von Erziehungszielen (was „sollen“ wir anstreben?), während die Fragen nach den Erziehungsmitteln zum großen Teil in die Psychologie übergehen.

Literaturempfehlungen

Breuer, F.: Wissenschaftstheorie für Psychologen. Eine Einführung. Münster: Aschendorff, 4., völlig neubearb. u. stark erw. Aufl. 1989.

Krapp, A., Hofer, M. & Prell, S.: Forschungswörterbuch. Grundbegriffe zur Lektüre wissenschaftlicher Texte. München: Urban & Schwarzenberg 1982.

Kriz, J.; Lück, H. E. & Heidbrink, H.: Wissenschafts- und Erkenntnistheorie. Eine Einführung für Psychologen und Humanwissenschaftler. Opladen: Leske & Budrich 1987.

Laucken, U. & Schick, A.: Einführung in das Studium der Psychologie. Eine Orientierungshilfe für Schüler und Studenten. Stuttgart: Klett-Cotta, 4., vollständig überarb. Aufl. 1978.

Wellenreuther, M.: Grundkurs: Empirische Forschungsmethoden. Für Pädagogen, Psychologen, Soziologen. Königstein/Ts.: Athenäum 1982.

Zimbardo, P. G.: Psychologie (Kapitel 1). Berlin: Springer 1983.

Kapitel 8
Übertragung von Grundlagenwissen

In diesem Buch ist viel von Wissensübertragung die Rede; und bereits in Kapitel 2 haben wir angekündigt, hierzu später einige Demonstrationsbeispiele zu geben. Nachdem wir das Grundlagenwissen zum psychischen System (Kapitel 3) sowie zu den „Tätigkeiten" (Kapitel 7) vorgestellt haben, soll die Ankündigung nunmehr eingelöst werden.

1. Beispiele zur Anwendung I: Zu unbekannten Themen Überlegungen anstellen

Was kann man tun, wenn man zu einem Thema etwas sagen möchte, das man noch nicht „gehabt" hat? „Grundlegende" Aspekte des psychischen Systems sollten hier weiterhelfen können, da sie ja überall gewisse Bedeutung haben. Ihre Anwendung auf unbekannte Themen könnte etwa so aussehen, daß man sich fragt: *Was hat dieses Thema zu tun mit...?* – und jetzt geht man die Aspekte durch.

Beispiel 1: Hilfeleistung. Versuchen Sie zunächst einmal selbst, das integrierende Modell auf die Psychologie der Hilfeleistung anzuwenden (s. Tafel 48).

– Denkpause –

Nun ein paar stichwortartige Bemerkungen darüber, wie wir uns die Anwendung in etwa vorstellen:

Es ist sicher sinnvoll, erst mal zu beschreiben, um was für Verhaltensweisen es bei der Hilfeleistung geht. Am ergiebigsten ist es meist, sich konkrete Beispiele zu überlegen. Möglich wäre auch ein Definitionsversuch („Von Hilfeleistung spreche ich, wenn jemand...").

Hat man in dieser Weise den Sachverhalt „Hilfeleistung" näher präzisiert, so ginge es nun um die Erklärung des Verhaltens: Warum helfen Menschen und warum nicht?

Zunächst die inneren Prozesse: Was könnte sich in einem Menschen abspielen, wenn er Hilfe leistet? Nehmen wir als Beispiel, daß jemand leblos am Straßenrand liegt. Wahrnehmen: Natürlich muß man auf die

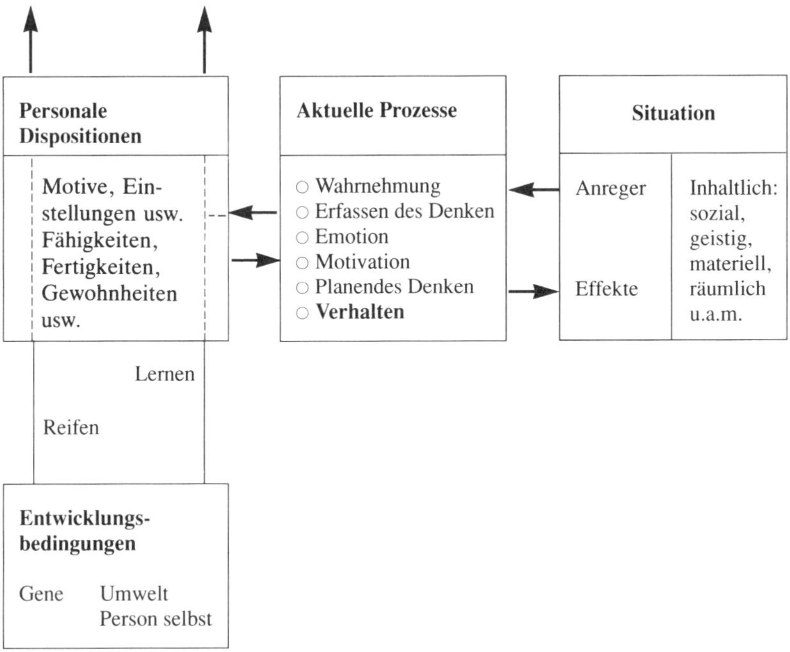

Tafel 48: Grundlegende Aspekte des psychischen Systems als Hilfe für Überlegungen zu unbekannten Themen:
○ Was hat das Thema zu tun mit . . .?
(Das integrierende Modell von S. 96 wurde für diesen Zweck leicht verändert: Zugunsten von Stichwörtern treten die Funktionsabläufe etwas zurück)

Situation überhaupt aufmerksam werden, sonst geschieht gar nichts; aber: Die Situation zu „sehen" reicht nicht. Wichtig ist hier das erfassende Denken: Wie muß man die Situation interpretieren? Als Notlage oder so ähnlich; in unserem Beispiel etwa, daß der Mensch am Straßenrand bewußtlos oder verletzt ist und nicht nur seinen Rausch ausschläft. Und wird die Situation auch so aufgefaßt, daß man selbst eingreifen müßte und nicht ein Rettungsdienst oder dgl.? Emotion: Könnten nicht Mitleid, Erschrekken, Schuldgefühl eine Rolle spielen, ob man hilft oder nicht? Das erfassende Denken und die Gefühle leiten dann auch schon zur Motivation über: Was ist das Ziel der Hilfeleistung, welche Befriedigung sucht der Helfende? Vielleicht einzig, daß es dem anderen Menschen besser geht („intrinsische" Hilfemotivation); aber denkbar wäre auch die Erwartung von Belohnungen, Anerkennung, Vermeidung von Kritik bei Unterlassung der Hilfe. Man könnte also ein breites Spektrum von Motivationen in Erwägung ziehen. Spielt auch planendes und problemlösendes Denken eine Rolle? Manchmal kann man wohl routinemäßig und „aus dem Gefühl heraus“ helfen, manchmal sind sorgfältiges Nachdenken und gute Lösungsideen vonnöten.

Das Verhalten und die inneren Prozesse werden zum Teil durch die Situation bestimmt. Was heißt das hier? Es könnte z. B. eine Rolle spielen, um welchen Anlaß es geht (Autopanne, Gewalt gegen Schwächere o. a.) und welcher Mensch Hilfe benötigt (gute Bekannte oder Fremde, Starke oder Schwache, Freunde oder Feinde). Und wie wirkt sich die Anwesenheit anderer Personen aus? Hilft man eher, wenn andere es vormachen oder wenn andere passiv bleiben oder wenn man alleine ist?

Dann die personalen Faktoren: Unterscheiden sich Menschen in ihrer „Hilfsbereitschaft“? Ist das eine allgemeine Eigenschaft? Oder sind nicht Menschen für bestimmte Arten der Hilfe leicht ansprechbar, für andere kaum (z. B. hat, wer gerne bei Autopannen hilft, auch ein offenes Ohr für Sorgen und menschliche Nöte?). Außerdem: Geht es bei Dispositionen zur Hilfeleistung nur um positive Einstellungen, oder sind auch bestimmte Fähigkeiten und Kenntnisse zum Helfen erforderlich?

Und schließlich: Wie kommen die individuellen Dispositionen zu diesen oder jenen, zu häufigen oder seltenen Hilfeleistungen zustande? Da könnten doch sicher Lernprozesse in der Familie eine Rolle spielen, z. B. das Vorbild der Eltern. Auch andere Erfahrungen mit Mitmenschen könnten vielleicht die Entwicklung von Hilfeneigungen fördern oder bremsen. Welche? Könnte auch was angeboren sein, so was wie ein Hilfeinstinkt?

Dies sind nur einige mögliche Überlegungen, die man auch ohne spezifische Vorkenntnisse zu dem Thema anstellen könnte und die zu Hypothesen oder sinnvollen Fragen führen können. Vorsichtshalber sei betont, daß es natürlich nicht eine bestimmte „richtige“ Lösung für die Bearbeitung gibt. In der Literatur zur Hilfeleistung (z. B. Bierhoff 1980) findet man auch andere Aufgliederungen der Prozesse und Faktoren, und zum Teil mögen sie der speziellen Thematik „Hilfeleistung“ genauer gerecht werden. Die Verwendung der „grundlegenden Aspekte“ erlaubt aber immerhin eine Groborientierung, um ein unbekanntes Thema einigermaßen geordnet und begründet aufzuschlüsseln und zumindest weiterführende Fragen zu formulieren.

Die anderen Beispiele möchten wir weniger ausführlich darstellen, da das Anwendungsprinzip wohl verständlich geworden ist.

Beispiel 2: Aggression. Das Gegenteil von Hilfeleistung (und damit äußerlich ganz andersartig), nämlich aggressives Verhalten, läßt sich analog aufschlüsseln (vgl. Nolting 1987). Unter anderem ist leicht zu erkennen, daß wiederum bei den aktuellen Prozessen die Art und Weise, wie jemand eine Situation interpretiert (z. B. als „bedrohlich“, als „gegen mich“ gerichtet), von Bedeutung ist oder daß man bei den situativen Bedingungen zu fragen hätte, gegenüber welchen Personen aggressives Verhalten gezeigt oder unterlassen wird, ob andere Menschen als Mitaggressoren oder Zuschauer fungieren (vgl. S. 85 über kollektives Verhalten) usw.

Hilfeleistung und Aggression sind zwar äußerlich sehr verschieden, doch sind beide in die Kategorie „soziales Verhalten" einzuordnen, also als Erscheinungsformen im Umgang mit anderen Menschen zu verstehen. Insofern ist das dritte Beispiel wieder andersartig.

Beispiel 3: Lernstörungen. Sinnvollerweise würde man am Anfang – konkret und/oder als Definition – zu beschreiben versuchen, was man unter einer „Lernstörung" versteht. Anders als in den vorangehenden Beispielen sind die aktuellen (aufnehmenden und einwirkenden) Prozesse weniger auf andere Menschen, sondern primär auf bestimmte Aufgaben und Inhalte gerichtet. Einfallen könnte einem hier unter anderem: Das „aufmerksame" Wahrnehmen, das Verstehen und Interpretieren von Inhalten, die emotionale Reaktion bei bestimmten Aufgaben (z. B. Vergnügen, Widerwillen), natürlich die Motivation, mit der jemand lernt (die von Pädagogen so viel zitierte „Lernmotivation", von Neugier bis Angst vor Strafe), das überlegte und zielgerichtete Vorgehen bei der Bewältigung der Aufgaben (planendes, problemlösendes Denken) und schließlich das sichtbare Verhalten, in dem sich die „Lernstörung" äußert (wird bei Fallanalysen meist am Anfang stehen). Auch die situativen Bedingungen haben hier einen anderen Akzent: Obwohl soziale Faktoren durchaus eine Rolle spielen (z. B. können die „Störungen" vornehmlich bei bestimmten Lehrern auftreten), sind als situative Bedingungen doch zunächst einmal die Art der Aufgaben und der Inhalte von Interesse (mündliche oder schriftliche Anforderungen, bestimmte Fächer usw.), daneben auch Faktoren der äußeren Lernsituation (z. B. Arbeitsplatz). An die personalen Bedingungen denkt man gewöhnlich zuallererst, etwa in der typischen Laienfrage „dumm oder faul?" (die so zweifellos zu global ist). Und wenn man nach den Entwicklungsbedingungen weiterfragt, wird hier neben Umwelteinflüssen sicher auch die Möglichkeit angeborener Schwächen zu erwägen sein. (Ein Fallbeispiel zu einer Lernstörung und ihrer Veränderung finden Sie im nächsten Abschnitt, S. 199 ff.).

Erneut möchten wir betonen, daß die Aufgliederung der Faktoren von Lernstörungen auch anders aussehen kann, ohne daß dies unserem integrierenden Modell widerspricht. Wenn beispielsweise in manchen Büchern als „Ursachenbereiche" von Lernstörungen die „Person" selbst, die „Familie" und die „Schule" genannt werden (z. B. Sander 1981), so stimmt dies auf den ersten Blick nur im Punkt „Person" mit unseren grundlegenden Aspekten überein, da dort „Familie" und „Schule" nicht explizit erwähnt sind. Beide Bedingungsbereiche lassen sich aber leicht zuordnen, und zwar jeweils in zwei Funktionen: zum einen als aktuelle Situationsfaktoren im Moment des Lernverhaltens, zum anderen als Umweltbedingungen in der bisherigen Entwicklung.

Beispiel 4: Intelligenz. Gewöhnlich wird unter „Intelligenz" so etwas wie die Denkfähigkeit eines Menschen verstanden, also eine personale Disposition. Dies bedeutet nun, daß der Bezug zum integrierenden Modell hier anders aussieht als bei den vorangehenden Beispielen Hilfeleistung, Aggression und Lernstörung. Während dort das Gesamtsystem unter einer bestimmten Fragestellung zu betrachten war („warum helfen Menschen?"), richtet sich bei Intelligenz das Interesse lediglich auf eine Komponente, auf einen bestimmten Ausschnitt des Systems. Man könnte daher knapp von einem „Ausschnitts-Thema" sprechen und die anderen Themen etwa als „integrative Themen" bezeichnen (mehr hierzu auf S. 210). Würde man statt Intelligenz den Titel „intellektuelle Leistung" wählen, wären damit das sichtbare intellektuelle Verhalten und seine Ergebnisse gemeint, und dann wäre es ebenfalls ein integratives Thema. Denn die sichtbare Leistung ist natürlich nicht nur eine Frage der Intelligenz, sondern Ausdruck eines ganzen Menschen in einer konkreten Situation. Ein Begriff wie Intelligenz meint eine gedachte Größe, die von den übrigen Komponenten abstrahiert. Für die Aufschlüsselung dieser Disposition würde das integrierende Modell nicht viel beitragen. Es würde wohl nahelegen, daß dazu sowohl Fähigkeiten des Erfassens als auch des Einwirkens gehören könnten, und es würde die klassische Frage nach den Entwicklungsbedingungen aufwerfen (Anlage-Umwelt-Problem). Im übrigen aber würde es mehr darauf hinweisen, in welchem Systemumfeld Intelligenz steht, als daß es für die Ausdifferenzierung dieser Systemkomponente selbst viel hergäbe. Die Aufgabe des integrierenden Modells liegt eben primär bei den „integrativen" Themen. Es sei aber daran erinnert, daß Praxisprobleme immer „integrativ" sind, da sie es naturgemäß mit „ganzen" Menschen zu tun haben.

Was eben über Intelligenz gesagt wurde, gilt ähnlich für eine Vielzahl weiterer Themen: z. B. produktives Denken, Motivation, kognitives Lernen, Entwicklung des Denkens usw. – das alles wären im beschriebenen Sinne „Ausschnitts-Themen".

Nachbemerkung: Die vorangehenden Beispiele für „Themen" waren strenggenommen lediglich thematische Stichwörter. Begriffe wie Hilfeleistung, Aggression oder Intelligenz verweisen auf Sachverhalte, die man unter diesen oder jenen Gesichtspunkten betrachten könnte. Erst diese Gesichtspunkte führten dann zu Themen im eigentlichen Sinne. Denn ein Thema sollte eine bestimmte Zielrichtung bzw. Fragestellung haben. Da die Aufschlüsselung von „Stichwort-Themen" solche Gesichtspunkte liefert, hilft das dargestellte Verfahren insofern auch, aus einem Stichwort ein Thema mit Zielrichtung zu machen.

2. Beispiele zur Anwendung II: Praxisfälle analysieren

Wie für den Umgang mit unbekannten „Themen“ lassen sich die grundlegenden Aspekte des psychischen Systems auch für die Analyse von Praxisfällen – die in gewissem Grade ja immer neuartig sind – nutzen. Wenngleich das Vorgehen ähnlich ist, sei doch an Unterschiede zwischen Themen und Praxisfällen erinnert (vgl. S. 35): Insbesondere sind, wie gesagt, Praxisfälle immer „integrativ“, weil sie es mit „ganzen Menschen“ zu tun haben; und überdies muß man herausfinden, welche Faktoren nicht nur überhaupt bedeutsam sein könnten, sondern welche in dem betreffenden Einzelfall tatsächlich besonders bedeutsam sind.

Um als „Leitfaden“ zur Analyse von Fallbeispielen zu dienen, haben wir das integrierende Modell in Fragen umformuliert, zu denen man im konkreten Fall Informationen suchen müßte (s. Tafel 49).

Beispiel 1 ist die Aussage von Eltern über ihre 12jährige Tochter: *„Unsere Anja ist so zurückgezogen.“* Für die Analyse dieses Problems könnte man den Leitfaden benutzen, um fallspezifische Fragen bzw. Vermutungen nach Art von Tafel 50 zu formulieren. Je nachdem, welche Antworten man im konkreten Fall fände, würden unterschiedliche Erklärungen des Verhaltens sowie darauf aufbauende Veränderungsmaßnahmen abzuleiten sein. Es empfiehlt sich in der Regel, die Analyse mit dem sichtbaren Verhalten zu beginnen, weil es einen hinreichend „objektiven“ Ausgangspunkt bildet.

Beispiel 2 bezieht sich auf *Lernprobleme einer Schülerin.* Wir ziehen hierzu Textpassagen aus dem Buch von Florin und Rosenstiel (1976) heran, um gleich drei Fliegen mit einer Klappe zu schlagen. Erstens besteht die Transferübung darin, Grundlagenwissen, so wie wir es organisiert haben, in einem fremden Text wiederzuerkennen. Zweitens wird in dem Text die Tätigkeit des „Veränderns“ recht ausführlich an einem Beispiel demonstriert, wofür in einem Einführungsbuch wie diesem ansonsten wenig Platz ist. Drittens geht es inhaltlich um Lerntechniken – und die dürften für alle Lernenden, auch für Psychologie-Lernende, von Interesse sein.

Im ersten Teil des Textes (im Original „Ausgangslage und Diagnose“ überschrieben) steht das Beschreiben und Erklären im Vordergrund. Beschrieben werden neben den Schulleistungen (den Ergebnissen des Lernverhaltens) die Verhaltensweisen der Schülerin, innere Prozesse, personale Dispositionen und Situationsfaktoren; die Entwicklungsgeschichte wird nicht angesprochen.

Eine 18jährige Oberschülerin, die aufgrund schlechter Noten in Gefahr ist, das Abitur nicht zu bestehen, kommt auf Anraten des Lehrers zum Psychologen.

Personale Bedingungen (Dispositionen) (z.T. erschließbar, z.T. Vermutungen, z.T. erfragbar)

Welche Motive, Einstellungen u.ä. sind für diesen Menschen typisch?
z.B. Ängstlichkeit, Altruismus, bestimmte Interessen, Streben nach Anerkennung, Leistung usw.; Einstellungen zur Umwelt und zu sich selbst

Welche Fähigkeiten, Fertigkeiten Kenntnisse usw. zeichnen ihn aus?
z.B. Denkfähigkeiten, Arbeitstechniken, kommunikative Fertigkeiten, eingeschliffene Reaktionen

Aktuelle Prozesse

Innere Prozesse (z.T. erschließbar, z.T. erfragbar, z.T. bei sich selbst erlebbar)
Was sieht, was übersieht die Person?
Wie interpretiert und bewertet sie das Ereignis?
Was fühlt sie?
Was ist Ihr Ziel?
Welche Befriedigung sucht sie?
Ist Verhalten geplant und gesteuert oder „automatisch“?

Verhalten (beobachtbar)
Was tut die Person? Was sagt sie? Auch Mimik, Gestik usw.

Situative Bedingungen (beobachtbar, erfragbar)

Anlässe: Bei welchen Aufforderungen, Fragen, Bemerkungen, Aufgaben, Themen usw.?
Andere Personen: Gegenüber welchen Personen? Im Beisein von, im gemeinsamen Handeln mit wem? In welcher Stellung?
Räumliche, materielle, klimatische u. a. Bedingungen

Nachfolgende Bedingungen (Effekte):
Welche Erfolge, Mißerfolge, unmittelbare Umweltreaktionen, (z. B. Beachtung, Zuwendung, Kritik, Nachgeben, Mitmachen) bringt das Verhalten?

Entwicklungsbedingungen (z.T. erfragbar)

Welche Lernprozesse (Modelle, Bekräftigung/Bestrafung, Einsichten usw.) können den Dispositionen zugrunde liegen? Durch welche Sozialisations-/Lebenserfahrungen (vergangene Situationen) wurden sie vermittelt (z.B. elterliche Erziehung, Geschwister, Schule, Beruf; selbstinitiiert)?

Reifungsprozesse (alterstypische Entwicklung, individuelle Anlagen)?

Körperliche Verletzungen, Krankheiten u. dgl.

Tafel 49: Leitfaden zur Analyse von Fallbeispielen

Personale Bedingungen (Dispositionen)

Ängstlichkeit? Niedrige Selbsteinschätzung? geringes Kontaktbedürfnis? Selbstgenügsamkeit? Andere Interessen?

Mangelnde sprachliche oder körperliche Fertigkeiten?
Mangelnde Beherrschung der „üblichen“ Verhaltensnormen?
Besondere Begabungen?

Aktuelle Prozesse

Sieht Bedrohliches, Störendes?
Denkt: Die mögen mich nicht? Wie uninteressant hier?
Empfindet Groll? Langweilt sich? Ist zufrieden?
Möchte was sagen, traut sich nicht? Möchte andere Dinge tun?
Überlegt ihr Verhalten zu wenig? Zu viel?

Verhalten
Was heißt Zurückgezogen? Z. B. äußert sich nicht, meidet Kontakte, blickt andere nicht an, sitzt still dabei, spielt für sich allein usw.

Situative Bedingungen

Gegenüber Eltern, Geschwistern, Spielkameraden?

Zu Hause, im Unterricht, auf dem Schulhof?

Gegenüber „Stärkeren“?

Bei bestimmten Spielen, Aufgaben, sprachlichen Anforderungen usw.?

Wie reagieren die anderen?
Z.B. Beachtung, Aufforderungen, Nichtbeachtung, Tadel, Spott usw.

Entwicklungsbedingungen

Überbehütende Erziehung?
Bekräftigung von Rückzug oder „Bravsein“ durch elterliche Beachtung/Lob?
Eltern als Modell?
Gesellschaftliche Isolierung der Familie?
Abwertung, Spott durch andere Kinder?
Förderung von unüblichen Interessen und Talenten?
Erbliche oder krankheitsbedingte Behinderungen?

Tafel 50: Hypothetisches Fallbeispiel zum „Leitfaden“: Eltern über ihre 12jährige Tochter: „Unsere Anja ist so zurückgezogen“ Mögliche Beschreibungs- und Erklärungsaspekte

Die Erstbefragung ergibt, daß sie fast täglich neben dem Schulunterricht mindestens fünf Stunden lang arbeitet – dies sogar an den Wochenenden. Im Laufe dieser Arbeitszeit wird ihre Konzentration immer geringer; die Schülerin gibt zudem an, ihre Gedächtnisleistungen seien außerordentlich schlecht; sie habe in der Schule Mühe, den zu Hause gründlich und mit vielen Wiederholungen erarbeiteten Lernstoff wiederzugeben.

Das Ergebnis eines Intelligenztests sprach gegen einen generellen Begabungsmangel; auch die Subskalen des Tests gaben keine Hinweise auf spezifische Schwächen, auch nicht im Bereich der Merkfähigkeit. Die schulischen Leistungen sind in Mathematik befriedigend, in den übrigen Hauptfächern ausreichend; das Abitur ist dennoch gefährdet, weil die Leistungen der Schülerin in den „Lernfächern" Geographie und Geschichte als „mangelhaft" bewertet wurden. In diesen Fächern wird, nach Angaben der Schülerin, gefordert, daß man viel liest und das angelesene Wissen dann in der Schule in schriftlicher oder mündlicher Form wiedergibt. Zu Diskussionen über den Stoff ergebe sich im Unterricht wenig Gelegenheit, da die meiste Zeit für das „Abhören" benötigt werde. Sie selbst habe in diesen Fächern fast ausschließlich Mißerfolgserlebnisse gehabt, fühle sich daher im Unterricht sehr unwohl und sehe den Schulstunden oft sogar mit Angst entgegen. Der Gedanke an mögliche schriftliche Tests beunruhige sie; außerdem stelle sie oft in den entsprechenden Schulstunden fest, daß sie unkonzentriert sei, vor allem dann, wenn sie fürchte, als nächste aufgerufen zu werden. Und schließlich belaste sie immer wieder der Gedanke, warum sie – trotz ihres überdurchschnittlichen Fleißes – ausgerechnet in den sogenannten Lernfächern versage, die von den Mitschülerinnen als besonders leicht eingeschätzt würden und ihnen zur Kompensation für schwächere Leistungen in den Hauptfächern dienten.

Um präzisere Informationen über das Arbeitsverhalten der Schülerin zu erhalten, wurde sie angeleitet, drei Tage lang über Arbeitszeit, Arbeitspausen, Stoffgebiet, Störgedanken und Konzentrationsfähigkeit Protokoll zu führen. Die Analyse dieser Aufzeichnungen bestätigt die Angaben der Schülerin und differenziert sie zugleich: Als einziges Kind einer relativ begüterten Familie bieten sich ihr günstige äußere Arbeitsbedingungen. Ein Schreibtisch, der ausschließlich ihren Hausaufgaben dient, steht ihr in ihrem Zimmer zur Verfügung. Störungen von außen, wie etwa Anrufe, werden in der Arbeitszeit auf ihren eigenen Wunsch durch die Mutter von ihr ferngehalten. Die Arbeitszeit neben dem Schulunterricht beträgt tatsächlich fünf bis sechs Stunden am Tag; die Schülerin legt dabei keinerlei geplante Arbeitspausen ein. Die Arbeit wird lediglich dann kurz unterbrochen, wenn die Schülerin sich eine Tasse Tee holt oder die Toilette aufsucht. Störgedanken sind häufig und mehren sich noch am späteren Nachmittag und Abend. Sie beziehen sich inhaltlich weitestgehend auf das schulische Versagen, wobei die Frage „Warum gerade ich?" im Mittelpunkt steht.

Der Arbeitsstil – insbesondere in den beiden kritischen Lernfächern – sieht wie folgt aus: Die Schülerin liest die aufgegebenen Texte und außerdem zusätzliche Literatur zum gleichen Thema. Dabei unterstreicht sie viel, oft ganze Passagen, und bemüht sich, ihr wichtig erscheinende Sätze wörtlich auswendig zu lernen. Da sie häufig merkt, daß sie mit den Gedanken nicht bei der Sache ist, liest sie jeden Text – meist in unmittelbarer Folge – zwei- bis fünfmal durch. Sie legt den Text erst zur Seite, wenn sie glaubt, ihn hinreichend zu kennen, um ihn im Gedächtnis zu behalten.

Diese Informationen machten wahrscheinlich, daß für die unzureichenden Leistungen der Schülerin weder mangelhafte Fähigkeiten noch zu geringe Arbeitsbereitschaft, noch eine ungünstige äußere Lernsituation verantwortlich waren. Zwei Bedingungen führten jedoch offensichtlich zur Beeinträchtigung der schulischen Leistungsfähigkeit:

- ein Defizit im Bereich der Arbeitstechniken und
- eine Behinderung der Konzentrationsfähigkeit durch Angst vor der Wiedergabesituation und dem Versagen.

Im zweiten Teil („Intervention und theoretische Hinweise") steht das Verändern im Vordergrund. Die Rede ist dabei größtenteils von der Verhaltensebene sowie von kognitiven Lernprozessen. Innere Prozesse wie Lernmotivation und Angst werden erwähnt. Angesprochen werden auch situative Bedingungen (Aufgabenarten, zeitliche Bedingungen, Anforderungssituation in der Schule). Die Veränderungsmaßnahmen als ganze richten sich auf die Entwicklung neuer Dispositionen (Fertigkeiten) des Lernverhaltens. Vermittelt wird dies insbesondere durch eine Art von Modelllernen (genaue Beschreibung des angestrebten Verhaltens durch den Berater), Regellernen (Kenntnis von Prinzipien effektiven Lernens) sowie Lernen am Erfolg (beim Ausprobieren der neuen Vorgehensweisen).

Grundsätzlich bestünde die Möglichkeit, die beiden genannten Störungsursachen synchron anzugehen. Da jedoch eine Verbesserung der Arbeitsmethodik und damit auch der Gedächtnisleistungen mit einiger Wahrscheinlichkeit bereits zu einer Reduktion der Angst in den Wiedergabesituationen führt, wurde im vorliegenden Fall geplant, das Therapieprogramm zunächst ausschließlich auf die Modifikation der Arbeitstechniken auszurichten. Für den Fall, daß unter dem Einfluß dieser Maßnahme die Angst in der schulischen Situation nicht behoben sein sollte, war geplant, diesen Problembereich anschließend gesondert anzugehen.

Im Hinblick auf die notwendige Modifikation des Arbeitsverhaltens seien die bisherigen Arbeitsgewohnheiten der Schülerin noch einmal zusammenfassend dargestellt:

1. Sie versucht, über sehr große Zeitspannen ohne Erholungspausen zu lernen. Die Konzentrationsfähigkeit – eingeschätzt auf einer Skala von 0 bis 10 – übersteigt nie den Wert 6 und sinkt gegen Abend auf die Werte 1 und 2 ab. Die gegen Ende der Arbeitsphase zunehmenden Konzentrationsschwierigkeiten sind mit hoher Wahrscheinlichkeit auf Ermüdung zurückzuführen.
2. Die Schülerin verhält sich beim Arbeiten stark rezeptiv. Sie liest viel, wiederholt auch lesend und versucht, vorgegebene Formulierungen wörtlich zu übernehmen. Ihr wichtig erscheinende Textstellen unterstreicht sie, um die

optische Rezeption zu erleichtern und zu intensivieren. Die Tatsache, daß sie dabei auch lange Passagen durchgängig unterstreicht, läßt darauf schließen, daß sie nur wenig selegiert und nicht aktiv und kritisch einige wesentliche Aspekte herauszuarbeiten sucht.

3. Zur Verbesserung der Gedächtnisleistungen wiederholt die Schülerin häufig, und zwar jeweils unmittelbar nachdem sie versucht hat, sich den Stoff erstmals einzuprägen.
4. Die Schülerin lernt und wiederholt grundsätzlich allein. Da in der Schule kaum Diskussionsmöglichkeiten gegeben sind und sie auch zu Hause keine Diskussionspartner sucht, bleibt die Prüfungssituation die einzige Bedingung, unter der das Gelernte eigenständig formuliert werden muß.

Dieses Arbeitsverhalten ist insgesamt wenig effizient, und zwar aus folgenden Gründen:

zu 1.: Das Arbeiten über fünf Stunden und mehr ohne Pausen muß zu Ermüdung führen. [...]

– Ca. alle 20 bis 30 Minuten sollte eine sehr kurze Pause (etwa ein bis zwei Minuten) eingeschaltet werden. Die Aktivitäten in dieser Pause sollten auf keinen Fall die Gefahr einer längeren Unterbrechung der Arbeit nahelegen, wie dies z. B. beim Blättern in einer Illustrierten oder beim Durchschauen der Plattensammlung der Fall sein könnte. Zu empfehlen wäre ein kurzes Aufstehen vom Schreibtisch, Sich-Räkeln, Öffnen des Fensters usw. Nicht anzuraten ist dagegen, wegen der erhöhten Ablenkungsgefahr, eine größere räumliche Distanzierung vom Arbeitsplatz.

– Nach jeder Stunde sollte eine etwas größere Pause (etwa fünf Minuten) eingeschaltet werden. In dieser Zeitspanne könnte die Schülerin etwas trinken, Obst essen usw.

– Wird über mehrere Stunden gearbeitet, so ist nach spätestens zwei Stunden eine wiederum größere Pause einzuplanen, die 20 bis 30 Minuten umfassen sollte [...]. In einer solchen Pause können bereits etwas umfangreichere Aktivitäten ausgeführt werden, z. B. ein kurzer Spaziergang, Schallplatten hören, telefonieren, eine Tasse Kaffee trinken usw.

– Nach einer Arbeitsphase von vier Stunden ist – auch wenn die bisher beschriebene Pausenregelung eingehalten wurde – eine längerfristige Unterbrechung notwendig. Bei der Tagesplanung ist darauf zu achten, daß diese ausgedehnte Pause mit einer der Hauptmahlzeiten zusammenfällt; dies insbesondere auch, weil der Tiefpunkt der individuellen Leistungsfähigkeit unmittelbar nach dem Mittagessen liegt.

Zu 2.: Das rein rezeptive Lernen der Schülerin dürfte sowohl im Hinblick auf die spätere Reproduktion als auch – und hier wohl noch deutlicher – unter dem Aspekt einer selbständigen Anwendung des Gelernten auf verwandte Probleme ungünstig sein. Die von ihr angewandte Lernmethode begünstigt lediglich die Stoffaufnahme. Stoffstrukturierung, -wiedergabe und -anwendung bleiben völlig untrainiert. Außerdem ist die bisherige Arbeitsweise wenig geeignet, Interesse an den Lerninhalten zu wecken und so eine intrinsische Leistungsmotivation aufzubauen. Eine solche Eigenmotivierung wird weit eher erreicht, wenn sich die Schülerin nicht rezeptiv verhält, sondern sich, kritisch und selbständig Akzente setzend, unter dem Blickwinkel eigener Fragestellungen mit dem Text auseinandersetzt.

Eine Lernmethodik, die diesen Zielen relativ gut gerecht wird, ist die von Robinson (1941) entwickelte **SQ3R-Methode** (S: Survey = Überblick, Q: Question = Fragestellung, R1: Read = Lektüre, R2: Recite = Eigenformulierung, R3: Review = Rückblick). Sie wurde der Schülerin erläutert und empfohlen.

Konkret sieht die Anwendung der Methode folgendermaßen aus:

– Wenn man einen bestimmten Text durcharbeiten will, so schaut man sich zunächst zur groben Orientierung Titel, Kapitel- und Zwischenüberschriften an, blättert den Text durch, um zu sehen, ob bestimmte Termini hervorgehoben werden, und versucht einen Eindruck davon zu gewinnen, welche Art von Information gegebenenfalls in Tabellen und Darstellungen enthalten ist. Falls vorhanden, liest man außerdem Inhaltsverzeichnis, Vorwort, Zusammenfassung und Literaturhinweise, um sich durch diesen **Überblick** ein erstes Bild von dem zentralen Thema, den wichtigsten Fragestellungen, den Aufbaugesichtspunkten, dem Bezugsrahmen und den Ergebnissen der Arbeit zu verschaffen.

– In einem nächsten Schritt wird man dann den Text – falls es sich um eine längere Abhandlung handelt – in kleinere Arbeitseinheiten aufgliedern. Die hervorgehobenen Textstellen, die Kapitelüberschriften, Darstellungen, Tabellen und Zusammenfassungen zeigen, wovon die jeweiligen Arbeitseinheiten handeln. Um sich zu selbständiger Arbeit zu aktivieren, versucht man nun, zu diesen Punkten **Fragen** zu formulieren, und schreibt diese, wenn möglich, sogar auf. Dabei bewährt es sich, in der Fragestellung zunächst auf bereits Bekanntes zurückzugreifen (Was weiß ich schon zu diesem Thema? Wo und in welchem Zusammenhang sind mir diese Termini schon begegnet? Wie würde ich sie bei meinem jetzigen Wissensstand erklären?) und sich erst dann den neuen Informationen zuzuwenden. (Wie unterscheidet sich die hier vertretene Auffassung von anderen zum gleichen Themenbereich? Welche Hypothesen werden formuliert? Für welche fachlichen Bereiche sind die hier dargestellten Überlegungen bedeutsam? etc.) [...]

– Nach der Formulierung einer möglichst umfassenden Fragenliste beginnt dann die eigentliche **Lektüre.** Dabei ist so vorzugehen, daß man gezielt Antworten auf jene Fragen sucht, die man zuvor ausgearbeitet hat. Ergeben sich beim Lesen neue Aspekte, die in der bisherigen Fragensammlung noch nicht berücksichtigt sind, so sollte man diese noch nachtragen.

– Nach Beendigung der Lektüre (die sich zunächst auf nur kleine, später auf zunehmend größere Texteinheiten bezieht) werden die wichtigsten Informationen noch einmal mit eigenen Worten wiederholt, und zwar entweder rein gedanklich oder anfangs besser noch, indem man laut vor sich hin spricht. In diesem Stadium der **Eigenformulierung** (nicht früher!) werden auch – auf Karteikarten oder Sammelzetteln – Notizen über das Gelesene gemacht. Nun erst ist nämlich gesichert, daß nicht mechanisch und unreflektiert Teile des Originalwerkes übernommen und quasi abgeschrieben werden, sondern daß – dem eigenen Denk- und Sprachstil entsprechend – nur notiert wird, was wirklich aufgenommen und durchdacht wurde. Besondere Aufmerksamkeit sollte in dieser Phase der Eigenformulierung den Beispielen geschenkt werden, die im Text angeführt sind; zusätzlich sollte man versuchen, zu den wichtigsten Inhalten jeweils selbst Beispiele zu finden oder zu konstruieren, die einen Bezug zum eigenen Erfahrungsbereich aufweisen und so ihrer subjektiven Bedeutsamkeit und Prägnanz wegen besonders gut im Gedächtnis haften.

– Ist die Phase der Eigenformulierung abgeschlossen, so sollte man – gestützt auf die Notizen, die man angelegt hat – den Stoff noch einmal **wiederholen.** Dabei ist insbesondere zu beachten, daß das Gelesene nicht isoliert als von anderem abgegrenzter Wissensstoff eingeprägt wird; vielmehr sollte gezielt die Verbindung zu anderen Kenntnissen hergestellt werden. Dies geschieht etwa durch Fragestellungen wie: Läßt sich die Betrachtungsweise, die ich hier kennenlernte, auch auf andere Gebiete übertragen, an die vielleicht der Autor selbst nicht dachte? Wie stellt sich unter dem Aspekt des Neuerarbeiteten schon Bekanntes dar? Wo muß ich das Neuerlernte angesichts meines bisherigen Wissens einschränken und relativieren?

Die Schülerin wurde angeleitet, im Sinne dieser SQ3R-Methode zu arbeiten. Um sie mit der neuen Arbeitstechnik nicht zu überfordern, gleichzeitig aber eine rasche Aneignung der Lernmethodik zu begünstigen, wurde festgelegt, daß sie diese Vorgehensweise täglich, jedoch nur in den Fachgebieten Geschichte und Geographie, und jeweils nur 40 Minuten lang erproben sollte.

Zu 3.: Ein weiteres Problem im Arbeitsverhalten der Schülerin bestand darin, daß sie jeweils den Stoff, den sie gerade gelernt hatte, unmittelbar anschließend noch einmal wiederholte, um ihn besser zu behalten. Diese Vorgehensweise ist ausgesprochen unökonomisch. Schon frühe empirische Untersuchungen (vgl. Rohracher 1951) zeigten, daß eine Wiederholung, gleich nachdem der Wissensstoff erstmals eingeprägt und beherrscht wurde, lediglich einem „Überlernen" entspricht und die Gedächtnisleistung nur unwesentlich verbessert. [...]

Zur Ökonomisierung der Arbeitsweise wurde die Schülerin angeleitet, künftig folgendermaßen vorzugehen: Sie sollte den Stoff jeweils nur soweit lernen, bis sie ihn gerade beherrschte. Dann sollte sie ihn zur Seite legen und sich einem anderen Lerngebiet oder einer Freizeitbeschäftigung zuwenden. Als Faustregel gilt, daß der Stoff frühestens nach einem Tag wiederholt wird und danach, mit jeweils sich verdoppelnden Intervallen, so lange, bis er hinreichend sicher reproduziert werden kann.

Zu 4.: Die Schülerin lernt beständig allein. Dadurch vergibt sie die Möglichkeit, das Erlernte in selbständiger Formulierung anderen darzustellen. Genau dies aber wird in der Schule gefordert; die mündlichen Noten werden auf der Grundlage dieses Verhaltens gebildet. Die Anwendung der SQ3R-Methode, insbesondere die darin enthaltene Eigenformulierung und Forderung nach selbständiger Fragestellung, regt bereits zur Diskussion – wenn auch vorerst nur mit sich selbst – an. Da die Wissensproduktion in der Schule jedoch in einer sozialen Situation erfolgt, sollte bei der häuslichen Arbeit auch diesem Aspekt Rechnung getragen werden.

Die Schülerin sollte also gelegentlich mit Freunden zusammen lernen, sich von ihnen abhören lassen und mit ihnen über den Stoff diskutieren. Hierbei übt sie sich bereits im Argumentieren mit anderen. Das Arbeiten in der Gruppe dient in diesem Fall zudem einem weiteren Zweck: Die Schülerin hat bisher Angst vor der Reproduktion in der Schule. Die Gruppensituation – als „harmlose", aber dennoch mit der Schule eng assoziierte Reproduktionssituation – ermöglicht es ihr, im Sinne eines „Probehandelns" prüfungsähnliche Bedingungen zu meistern und durch zunehmende Sicherheit der Angst entgegenzuwirken. Dies gilt nicht nur bezüglich der Prüfung im allgemeinen, sondern auch hinsichtlich spezifischer Aspekte: Die Schülerin lernt, auf unerwartete Fragen einzugehen, bei kritischen Einwendungen den eigenen Standpunkt zu verteidigen, den Stoff außerhalb der erlernten Gliederung darzustellen usw. Außerdem bietet die Gruppensituation die Möglichkeit, Inhalt und Form des eigenen Wissens am Stand der anderen zu überprüfen, auf diese Weise ein realistisches Anspruchsniveau zu bilden und gegebenenfalls das eigene Verhalten am Modell anderer auszurichten.

Nachdem die Schülerin drei Wochen lang unter Berücksichtigung der Pausenregelung und der SQ3R-Methode gearbeitet hatte, begann sie, sich in der Unterrichtssituation wohler zu fühlen. Zwar beteiligte sie sich noch nicht aktiv am Unterrichtsgeschehen, doch hatte sie bereits den Eindruck, sehr häufig die richtige Antwort zu wissen. Entsprechend verringerte sich auch ihre Angst, aufgerufen oder gar geprüft zu werden, und entsprechend seltener beschäftigten sich auch ihre Gedanken in der Schule mit diesem Thema. In der vierten Woche nach Therapiebeginn fand sie den Mut, eine Arbeits- und Diskussionsgruppe mit einigen Klassenkameradinnen zu initiieren. Und wiederum einen Monat später berichtete sie, daß ihre Angst vor dem Reden im Unterricht und speziell ihre Angst, „alles wieder vergessen zu haben", fast vollständig verschwunden sei. Etliche mündliche und schriftliche Testsituationen in den kritischen Fächern hatte sie bereits erfolgreich bewältigt. Das aktive Lernen war der Schülerin zur Gewohnheit geworden, sie begann nun, sich auch in den übrigen Schulfächern kompetenter zu fühlen als zuvor.

Die beiden Beispiele können natürlich nicht darstellen, was alles zu praktisch-psychologischer Arbeit gehören kann. Von Interesse für unser Anliegen ist allerdings, daß viele Arbeitsweisen im professionellen Bereich ihren Schwerpunkt mehr oder minder deutlich auf der einen oder anderen Rubrik des psychischen Gesamtsystems haben (s. auch S. 129 ff. über „Klinische Psychologie"). So stehen bei vielen Formen psychologischer Beratung und Therapie die inneren Prozesse (Gefühle, Gedanken, Motivationskonflikte usw.) im Vordergrund; zumindest beginnen wurde man mit ihnen immer dann, wenn ein Mensch ein Gespräch sucht und von sehr belastenden Gefühlen erzählt. Bei der Verhaltenstherapie (zu der das Beispiel mit der Schülerin zu zählen ist) werden Verhaltensweisen und Situationsfaktoren stark beachtet; es können auch bestimmte Umstände dazu zwingen, sich primär auf diese Aspekte zu stützen, etwa wenn man ein Kind lediglich beobachten kann, aber auf Gespräche und Tests verzichten muß. Die personalen Dispositionen sind der typische Gegenstand der klassischen Diagnostik mit ihrem Arsenal an Testverfahren. Die Entwicklungsgeschichte schließlich kommt unter anderem bei der Erhebung einer „Anamnese" zur Geltung und wird bei umfangreichen Beratungen fast immer mit einfließen.

Im Alltag ist es sicher typisch, daß Menschen beim Auftreten von Problemen mit Dispositionsbegriffen beginnen: „Ich habe zuwenig Selbstbewußtsein", „Karl ist so faul", „Egon ist so aggressiv". Die Fallanalyse besteht nun darin, diese Globalbeschreibungen aufzulösen (wie es etwa am Beispiel „Anja" demonstriert wird), und das tut man, indem man zu den anderen Rubriken hinüberwandert.

Kapitel 9
Regeln zum sinnvollen Lernen von Psychologie: Rückschau und Zusammenfassung

Zum Abschluß möchten wir unsere Empfehlungen für den Umgang mit Psychologiebüchern und -seminaren in den folgenden sechs Punkten zusammenfassen.

1. Die Grundmoral von der Geschicht': Aus einem Nebeneinander ein Zueinander machen

Dieses Grundprinzip ist um so wichtiger, je weniger man an spezifischem Wissen für spezifische Fragen und je mehr man an der selbständigen Verwendung von Wissen und einer Umsetzung in „Tätigkeiten" interessiert ist. Es ist daran zu erinnern, daß das Lehrangebot wie auch die Denkgewohnheiten von Lernenden diesem Ziel im allgemeinen wenig entgegenkommen.

> „Dann hat er die Teile in seiner Hand,
> Fehlt leider nur das geistige Band."
>
> (Goethe, Faust I)

Um einen themenüberschreitenden Transfer und eine flexible Neukombination des Wissens zu gewährleisten, muß es in hohem Maße „integriert" sein. Integration bedeutet, daß man die Wissensinhalte nicht additiv speichert, sondern auf vielfältige Weise miteinander verbindet und zu einem geordneten Zueinander – einer Struktur – organisiert. Wichtige Aspekte dieses Zueinanders sind vor allem

- *Über- und Unterordnungen:* Das heißt, daß die Wissensinhalte nicht gleichrangig nebeneinandergestellt, sondern als allgemeinere und speziellere Aussagen, als abstrakte Prinzipien und konkrete Erfahrungen erkannt und einander in einer Hierarchie zugeordnet werden.
- *Relationen von Betrachtungsweisen:* Hier kommt es darauf an, daß man sich bewußt ist, unter welcher Perspektive man einen Gegenstand betrachtet und in welchem Verhältnis sie zu anderen möglichen Perspektiven steht.

- *Funktionszusammenhänge:* Hier geht es darum, Aussagen über einzelne Prozesse und Faktoren psychischen Geschehens in ein größeres „System" oder Wirkungsgefüge einzugliedern.
- *Bedeutungsverwandtschaften:* Damit ist das Erkennen von Ähnlichkeiten und Unterschieden der vielfältigen Begriffe und Aussagen gemeint, denen man bei der sprachlichen Vermittlung von Psychologie begegnet.

Im Folgenden werden einige konkrete Regeln erläutert, die die Bildung eines Zueinanders in seinen diversen Aspekten erleichtern sollen.

2. Themen „einordnen"

Psychologie wird gewöhnlich über eine Vielzahl von Seminaren und Büchern gelernt, die unabhängig voneinander konzipiert sind und nicht aufeinander Bezug nehmen. Lernende sind sich bewußt, daß die Seminare und Bücher unterschiedliche „Themen" behandeln (das geht ja schon meist aus den Titeln hervor), aber sie erkennen nur schwer, wie diese miteinander in Zusammenhang stehen.

Damit man sich bei der Aneignung neuer Wissensinhalte nicht primär davon leiten lassen muß, wie sie unter den wechselnden Themen präsentiert werden, sondern sie vielmehr zu einem Gesamtsystem organisieren kann, ist es notwendig, daß der vorhandene Wissensbestand einen *übergreifenden, themenneutralen Bezugsrahmen* bietet, in den sich beliebige Themen einordnen lassen.

Um den Gegenstand eines Themas als Variante des allgemeinen Systemgeschehens zu begreifen, sollte man sich Fragen wie die folgenden stellen (s. auch S. 194 ff.):

- Inwiefern betrifft das Thema die Person-Situation-Beziehung bzw. die Person in Interaktion mit anderen Personen (horizontal)?
- Inwiefern geht es um individuelle Personmerkmale (Dispositionen)?
- Inwiefern betrifft das Thema die Entwicklung der Person: die alterstypische Entwicklung, die gezielte Förderung oder dgl. (vertikal)?
- Was hat das Thema mit den Grundprozessen des Denkens, der Motivation, des Lernens usw. zu tun?

Weiterhin ist es nützlich, den „Typ" des Themas zu kennzeichnen, indem man die diversen Betrachtungsperspektiven heranzieht.

Zunächst einmal ist zu unterscheiden, ob das Thema im Grunde das Gesamtsystem im Hinblick auf eine bestimmte Fragestellung bzw. unter einem bestimmten Gesichtspunkt betrachtet oder ob es lediglich Ausschnitte des Systems untersucht. Der erste Typ soll hier als integratives Thema, der andere als Ausschnitts-Thema bezeichnet werden (vgl. S. 198).

Integrative Themen sind vor allem solche, die sich mit der Beschreibung, Erklärung und Veränderung von Verhalten/Handeln in bestimmten Erscheinungsformen befassen. Man betrachtet Menschen z. B. unter dem Gesichtspunkt, daß sie in der Schule oder Ausbildung schlechte Leistungen erbringen („Lernstörungen"), daß sie andere Menschen angreifen („Aggression"), daß sie in der Schule Unterricht erteilen („Lehrerverhalten"), daß sie sich mit anderen Menschen in bestimmter Weise unterhalten („Gesprächsführung"), daß sie in einer Gruppe so oder so agieren und reagieren („Konformität", „Führungsverhalten" usw.). Wenngleich es möglich ist, daß sich die Erörterung auf bestimmte Systemaspekte zuspitzt (auf bestimmte Denkprozesse, Motivationen usw.), geht es doch zunächst immer um „ganze Menschen in Situationen", und insofern sind im Prinzip alle grundlegenden Aspekte des psychischen Systems für die Themenstellung von Bedeutung.

Demgegenüber konzentrieren sich *Ausschnitts-Themen* von vornherein auf bestimmte Funktionsbereiche bzw. Subsysteme psychischen Geschehens, z. B. auf die optische Wahrnehmung, auf Begriffsbildung oder andere Denkleistungen, auf Motivationsvorgänge, auf bestimmte Lernarten usw. Selbstverständlich ist der funktionale Zusammenhang dieses Auschnittes mit anderen Prozessen nicht außer acht zu lassen. Dennoch richtet sich die eigentliche Fragestellung eben auf einen bestimmten Systemausschnitt.

Zusätzlich zu dieser Unterscheidung lassen sich Themen nach Betrachtungsstandpunkten charakterisieren, wie sie in den Kapiteln 4 bis 6 inhaltlich ausgeführt wurden, also nach *systembezogenen, praxisbezogenen* und *theoriebezogenen* Perspektiven. Weitere Kriterien sind denkbar. So können etwa auch *methodische* Problemstellungen (Diagnostik, Forschungspläne usw.) oder die *Tätigkeiten* des Beschreibens, Erklärens, Vorhersagens und Veränderns ein Kriterium für die Themenbildung (oder Themengliederung) sein.

Hier ist auch zu beachten, daß man es der bloßen Themenüberschrift *nicht* immer ansehen kann, um welche Fragestellung es geht. Kurztitel wie „Intelligenz", „Angst", „Aggression", „Selbstbild" usw. sind zunächst nur Etiketten bzw. *Stichwörter* aus dem Psychologielexikon, die sich sehr unterschiedlich füllen lassen. Wenn ein Studierender sagt „mein Prüfungsthema ist Aggression", so ist noch völlig offen, ob er sich mit allgemeinen Aggressionstheorien (und mit welchen) befassen will, ob mit aggressivem Verhalten in der Familie, mit Gewaltkriminalität oder gar Kriegen, mit Aggressivität als Persönlichkeitsmerkmal, mit Aggression in verschiedenen Altersstufen, mit Instrumenten zur Aggressionsmessung, mit therapeutischen Möglichkeiten usw. Selten nämlich wird alles zugleich ins Auge gefaßt, und man sollte sich in jedem Fall klarmachen, was man eigentlich „tut", wenn man etwas zu einem „Thema" erklärt. Nur wenn man ein Thema nicht als bloßes Stichwort, sondern als *Problemstellung* versteht, seine Bearbeitung also Antworten auf bestimmte Fragen geben soll, kann man ein Thema sinnvoll einordnen. Durch eine solche Präzisierung klärt sich dann meist auch die typische Studentenfrage, ob dieses oder jenes zu dem Thema noch „dazugehört".

3. Immer mehrere Systemaspekte zugleich beachten

Aus dem Systemcharakter psychischen Geschehens ergibt sich, wie früher erläutert, daß man nicht einzelne Prozesse, Dispositionen oder Situationsbedingungen isoliert betrachten darf, wenn man eine sinnvolle Erklärung oder Voraussage geben will. Vielmehr muß man davon ausgehen, daß verschiedene Faktoren für das fragliche Verhalten relevant sind und miteinander in einem Funktionszusammenhang stehen. So können einzelnen durchaus wirksamen Faktoren (z. B. einem Interesse, einer sozialen Einstellung, einem situativen Anreiz) möglicherweise andere Faktoren (z. B. Ängste, fehlende Fertigkeiten, Mangel an Gelegenheiten) entgegenwirken; ebenso können auch mehrere Faktoren in derselben Richtung wirken. Hier ist auch an die Möglichkeit von Kreisprozessen zu denken; sei es, daß sich innerhalb einer Person z. B. Interessen und Fertigkeiten wechselseitig fördern, sei es, daß sich in der zwischenmenschlichen Interaktion die Verhaltensweisen der Beteiligten gegenseitig bedingen.

Wenn in der Literatur über empirische Untersuchungen berichtet wird, die bestimmte Zusammenhänge zwischen Variablen (z. B. die Schulleistung korreliert positiv mit der Intelligenz) gefunden haben, so sind diese Zusammenhänge nie im Sinne eines strengen Gesetzes „wenn a, dann b" zu verstehen. Sie können nur ein statistischer Trend, eine Wahrscheinlichkeitsaussage sein, da diejenigen Aspekte, die man in der Untersuchung erfaßt hat, nicht für sich alleine stehen und durch andere, nicht erfaßte Variablen des Gesamtsystems relativiert werden. Die statistischen Zusammenhänge sind für die Theoriebildung von größtem Interesse. Doch können im konkreten Einzelfall andere Zusammenhänge noch mehr Gewicht haben.

4. Begriffe vergleichen

Viele Lernende werden durch eine Unzahl von Fachbegriffen verwirrt. In gewissem Grade ist dies unvermeidlich, wenn man sich in ein neues Fachgebiet einarbeitet. Dennoch kommt es entscheidend darauf an, wie man damit umgeht.

Der Ausdruck „Begriff" meint eigentlich einen bestimmten Bedeutungskomplex, wird aber vielfach auch im Sinne von Terminus (Wort) verstanden. Beides ist insofern auseinanderzuhalten, als zuweilen verschiedene Worte denselben begrifflichen Inhalt meinen oder dasselbe Wort etwas Verschiedenes bedeuten kann. Macht man sich keine Gedanken darüber, in welcher Beziehung die Begriffe zueinander stehen, so ergibt sich leicht eine völlig systemlose Sammlung. Wer etwa die zahlreichen Termini, die für Arten des Lernens in Gebrauch sind, jeweils für andere Lernarten hält, kommt auf ein chaotisches Sammelsurium. Sehr viele Termini werden im Zusammenhang mit bestimmten Theoriesystemen eingeführt. Oft ist dies unvermeidlich, weil es um neue Konstrukte geht. Zuweilen liegt die Neuartigkeit aber wohl mehr auf der sprachlichen Ebene und bei näherem Hinsehen stellt sich heraus, daß sich der Bedeutungsgehalt eines Terminus nicht oder wenig von anderen bekannten Begriffen unterscheidet, ohne daß dies vom Autor erläutert wird.

Man sollte sich daher beim Lernen Fragen folgender Art stellen: Was hat dieser Terminus für einen sachlichen Gehalt? Kenne ich einen solchen Sachverhalt schon unter anderem Namen? In welchem Verhältnis steht er zu anderen mir bekannten Begriffen (Oberbegriff von, Variante von, Differenzierung von, Ergänzung zu, Gegensatz zu usw.)?

Die Auseinandersetzung mit den begrifflichen Beziehungen kann dem Lernenden kein Buch, auch kein Lexikon, abnehmen. Die Literatur ist so heterogen, daß immer ein Rest an Eigenarbeit bleibt. (Auch die vorangehenden Kapitel konnten nur versuchen, einige häufig vorkommende psychologische Begriffe aufzunehmen und in einen Zusammenhang mit anderen zu stellen.) Falls man die Bedeutungsverhältnisse für sich nicht ausreichend klären kann, z. B. weil ein Terminus von verschiedenen Autoren unterschiedlich verwendet wird, ist es besser, sich dieses Problems bewußt zu sein, als die Termini einfach additiv nebeneinanderzustellen.

Schwierigkeiten beim Lernen neuer Begriffe können sich zum Teil auch aus der Tatsache ergeben, daß manche Worte im wissenschaftlichen Bereich Bedeutungen haben, die sich mit dem alltäglichen Sprachverständnis nur teilweise decken (z. B. „Reifung", „Anpassung" oder „Problemlösen"). Dies muß man sich bewußt machen, da man psychologische Texte sonst eventuell mißversteht.

5. Den Transfer auf Beispiele und Praxisfälle üben

Auch bei dieser Empfehlung geht es letztlich um das Herstellen eines Zueinanders, doch weniger im Rahmen des „aufnehmenden“ Lernens, sondern vornehmlich als aktives, übendes Anwenden.

Sinnhaltiges Lernen spielt sich weder allein auf der abstrakt-allgemeinen noch auf der konkreten Ebene ab, sondern stellt zwischen beiden Verbindungen her. Ein hoher Grad an Verständnis offenbart sich in der Fähigkeit, *zwischen Abstraktem und Konkretem hin- und herpendeln zu können.* Wer nur auf der konkreten Erfahrungsebene bleibt, dem fehlen die übergreifenden Zusammenhänge, und er kann die Vielfalt schwer in eine Ordnung bringen. Wer andererseits nur auf einer abstrakten akademischen Ebene lernt, wie sie in vielen Lehrbüchern und Seminaren dominiert, der kann diese Inhalte möglicherweise nur mehr oder minder gut reproduzieren, ohne sich darunter jedoch wirklich etwas „vorstellen“ und das abstrakte Wissen übertragen zu können. Diese Schwäche liegt auch dann vor, wenn man das abstrakte Wissen mit *den* Beispielen erläutern kann, die im Lehrangebot mitgeliefert werden. Der entscheidende Verständnistest besteht vielmehr darin, das Wissen auf neue, selbstgewählte Beispiele zu übertragen. Dies wird von Lernenden oft als mühsam empfunden. Aber der Lerneffekt ist ungleich größer, als wenn man die Buchtexte und Mitschriften lediglich wiederholt. Wenn die Übertragung auf neue Beispiele nicht gelingt, ist es wichtig, einzugrenzen, worin genau das Hindernis liegt, und gegebenenfalls im Gespräch mit anderen eine Klärung zu suchen. Es ist übrigens durchaus möglich, daß bei Autoren oder Lehrenden selber ein Mangel an Verständnis vorliegt, wenn sie sich nur auf der abstrakten Ebene bewegen und ihre Aussagen nicht auf konkrete Beispiele beziehen können.

Wenn man ein abstraktes Prinzip (z. B. eine Motivationstheorie, ein Lerngesetz usw.) anhand eines Beispieles erläutert, so soll dieses Beispiel als ein Spezialfall lediglich das allgemeine Prinzip repräsentieren. Etwas anderes ist es hingegen, wenn man von *Praxisfällen* ausgeht und diese unter allgemeine Aspekte einzuordnen sucht. Denn in der Praxis sind all jene Aspekte miteinander verbunden, die in der Lehre meist getrennt voneinander behandelt werden. Praxisfälle sind zwar auch Beispiele, aber sie repräsentieren nicht bestimmte Prinzipien, sondern gleich einen ganzen Komplex davon. Wie erläutert, betrifft die Praxis immer das psychische Gesamtsystem („ganze Menschen“), und welche Aspekte im jeweiligen Fall von besonderem Interesse sind, ist gerade das, was erst analysiert werden muß. Ein ganzes Gefüge von allgemeinen Aspekten für die systematische Analyse von Praxisfällen zu nutzen ist daher eine Übung eigener Art, die für ein auf praktische Verwertbarkeit gerichtetes Lernen äußerst wichtig ist.

Zu bedenken ist auch, daß in der Lehre die Beispiele und Übungsfragen meist so gewählt sind, daß sie zu dem gerade behandelten Lehrstoff gut passen. Praxisprobleme hingegen richten sich nicht nach irgendeinem thematischen Kontext und fordern nicht speziell das Wissen, das man gerade durchgenommen hat. Soweit also die Ausbildung nicht von selbst solche Analyseübungen anbietet, sollte jeder Lernende sich selbst darum bemühen. Erfahrungen aus dem privaten Alltag oder dem Praktikum sowie Fallschilderungen in der Literatur können dafür genutzt werden.

6. Sich der Psychologie bewußt werden, die man ohnehin im Kopf hat

Wer sich als Laie mit Physik beschäftigt, füllt Wissenslücken; er lernt etwas *dazu*. Wer sich hingegen als Laie mit Psychologie beschäftigt, der lernt *um*. Diese Aussage ist sicher etwas überspitzt, trifft aber im Kern einen wichtigen Tatbestand. Jeder Mensch hat nämlich notwendigerweise schon eine vorwissenschaftliche Psychologie im Kopf, die ihm dazu dient, sich im Leben zurechtzufinden. Sie besteht nicht aus Kenntnissen, die nach definierten, von Fachleuten anerkannten Methoden gewonnen wurden, sondern ist ein „Überzeugungswissen" – ein Gemisch aus „Volksweisheiten" („die äußere Ordnung spiegelt die innere Ordnung"), Verallgemeinerungen aus persönlichen Erfahrungen („Studenten sind unruhige Mieter"), aus ideologischen und weltanschaulichen Glaubenssätzen sowie einigen wissenschaftlichen Erkenntnisbrocken. Solch ein Überzeugungswissen bringt jeder Mensch vor allem in solche Lebensfelder mit, die oft Urteile und Entscheidungen von uns fordern, z. B. Umgang mit Menschen, Erziehung, Gesundheit usw. Die Entscheidungen stützen sich notgedrungen auf Annahmen darüber, wie Menschen sich entwickeln und beeinflußt werden können, aus welchen Anzeichen man welche „Charakterzüge" erschließen kann, wann Menschen „zusammenpassen" oder für bestimmte Aufgaben „geeignet" sind, was Kinder „brauchen" und was ihnen „schadet", was sich „verwächst" und was man „fördern" kann usw.

Die vorwissenschaftliche Psychologie ist nicht unbedingt „falsch". Sie kann zuweilen mit allgemein anerkannten wissenschaftlichen Aussagen übereinstimmen (und in vielen Fragen ist ja auch wissenschaftlich umstritten, was „richtig" ist). Doch ändert dies nichts daran, daß die Alltagspsychologie typische „Schwächen" aufweist. Sie sollen hier nicht mehr im einzelnen erörtert werden, da diverse Aspekte in den vorangehenden Kapiteln, insbesondere in Kapitel 7, angesprochen wurden. Erinnert sei hier nur an wertgetönte Beschreibungen, an Erklärungen durch bloße Worte oder durch bildhafte Vergleiche (etwa als psychische Organ-Vorstellungen), an lineares Ursache-Wirkungs-Denken, an einseitige Verhaltenserklärungen (etwa durch Überbetonung von pauschalen „Eigenschaften“) usw.

Unabhängig davon, wie die „Alltagspsychologie“ im individuellen Fall aussieht, grundsätzlich hat sie eine ganz andere Funktion als die wissenschaftliche. Sie dient der schnellen Orientierung und nicht der gründlichen Erkenntnisfindung. Und in dieser Funktion kann sie auch das Lernen von wissenschaftlicher Psychologie behindern. Denn damit die Orientierung nicht beeinträchtigt wird, liest man aus den wissenschaftlichen Informationen möglicherweise vornehmlich das heraus, was die ohnehin vorhandenen Überzeugungen bestätigt, und weist Ergebnisse einfach deshalb zurück, weil sie ihnen widersprechen (und nicht etwa aus wissenschaftsmethodischen Gründen).

Da Diskrepanzen zwischen naiver und wissenschaftlicher Psychologie kaum vermeidbar sind, werden Psychologiekurse von Anfängern zuweilen wie ein Verunsicherungsprogramm empfunden. Es ist aber für das Lernen sicherlich wichtig, sich mit den Diskrepanzen bewußt auseinanderzusetzen. Es mag hilfreich sein, vor dem Lesen von Texten sich das eigene Vorverständnis zu den jeweiligen Inhalten zu vergegenwärtigen und besonders auf die Aussagen des Textes zu achten, die diesem Vorverständnis zuwiderlaufen, statt lediglich die leicht aufgenommenen Stellen zu unterstreichen. Weiterhin sollte man die wissenschaftliche Psychologie immer wieder auf konkrete Alltagserfahrungen beziehen, die man bisher „naiv“ betrachtet hat. Damit werden sicherlich nicht alle Diskrepanzen aufgelöst. Doch kann man so eher der Erscheinung entgegenwirken, daß unbemerkt zwei Psychologien unverbunden nebeneinander herlaufen: die bisherige Alltagspsychologie, die nach wie vor das persönliche Verstehen und Handeln bestimmt, und die neue, die akademische, die lediglich für die Prüfung gelernt wird.

Literaturverzeichnis

Adameit, H., Heidrich, W., Möller, Chr. & Sommer, H.: Grundkurs Verhaltensmodifikation. Ein handlungsorientiertes einführendes Arbeitsbuch für Lehrer und Erzieher. Weinheim: Beltz, 3., überarb. Aufl. 1983.

Adler, A.: Über den nervösen Charakter. Frankfurt: Fischer 1986a. (Orig. 1912)

Adler, A.: Der Sinn des Lebens. Frankfurt: Fischer 1986b. (Orig. 1933)

Aebli, H.: Denken: Das Ordnen des Tuns. Band I: Kognitive Aspekte der Handlungstheorie (1980); Band II: Denkprozesse (1981). Stuttgart: Klett-Cotta.

Allport, G. W.: Werden der Persönlichkeit. Bern: Huber 1958.

Allport, G. W.: Persönlichkeit. Struktur, Entwicklung und Erfassung der menschlichen Eigenart. Meisenheim/Glan: Hain, 2. Auflage 1959.

Amelang, M. & Bartussek, D.: Differentielle Psychologie und Persönlichkeitsforschung Stuttgart: Kohlhammer, 2., verbess. u. erw. Aufl. 1985.

Angermeier, W. F.: Lernen. In: Herrmann, Th., Hofstätter, P. R., Huber, H. P. & Weinert, F. E. (Hrsg.): Handbuch psychologischer Grundbegriffe (S. 259–277). München: Kösel 1977.

Angleitner, A.: Einführung in die Persönlichkeitspsychologie. Band 1: Nichtfaktorielle Ansätze. Bern: Huber 1980.

Ansbacher, H. L. & Ansbacher, R. R. (Hrsg.): Alfred Adlers Individualpsychologie. Eine systematische Darstellung seiner Lehre in Auszügen aus seinen Schriften. München: Reinhardt, 3., erg. Aufl. 1982.

Argyle, M.: Soziale Interaktion. Köln: Kiepenheuer & Witsch 1972.

Arnold, W.: Angewandte Psychologie. In: Arnold, W., Eysenck, H. & Meili, R. (Hrsg.): Lexikon der Psychologie (S. 91–101). Freiburg: Herder, 2. Aufl. 1987.

Aschenbrenner, K.: Blick zu den Sternen. Frankfurt: Salle 1962.

Asendorpf, J.: Keiner wie der andere. Wie Persönlichkeitsunterschiede entstehen. München: Piper 1988.

Ausubel, D. P., Novak, J. D. & Hanesian, H.: Psychologie des Unterrichts, Band 1 und 2. Weinheim: Beltz, 2., völlig neubearb. Aufl. 1980.

Ballstaedt, S. P., Mandl, H., Schnotz, W. & Tergan, S. O.: Texte verstehen, Texte gestalten. München: Urban & Schwarzenberg 1981.

Bandura, A.: Lernen am Modell. Ansätze zu einer sozial-kognitiven Lerntheorie. Stuttgart: Klett-Cotta 1976.

Bandura, A.: Sozial-kognitive Lerntheorie. Stuttgart: Klett-Cotta 1979.

Bartenwerfer, H. & Raatz, U.: Methoden der Psychologie. (Einführung in die Psychologie, Band 6, Hrsg.: C. F. Graumann) Wiesbaden: Wissenschaftliche Verlagsgesellschaft. Bern: Huber 1979.

Beck, R.: Familientherapie. Modelle zur Veränderung familialer Beziehungsmuster. Bad Heilbrunn: Klinkhardt 1985.
Becker, P.: Psychologie der seelischen Gesundheit. Band 1: Theorien, Modelle, Diagnostik. Göttingen: Hogrefe 1982.
Beckmann, D.: Die Theorie der Medizinischen Psychologie. In: Minsel, W.-R. & Scheller, R. (Hrsg.): Brennpunkte der Klinischen Psychologie. Band III: Psychologie und Medizin (S. 110–136). München: Kösel 1982.
Beckmann, D.: Grundlagen der Medizinischen Psychologie. Göttingen: Vandenhoeck & Ruprecht 1984.
Benesch, H.: „Und wenn ich wüßte, daß morgen die Welt unterginge..." Zur Psychologie der Weltanschauungen. Weinheim: Beltz 1984.
Benesch, H.: Angewandte Psychologie. (Band 8 zu: Krech, D. & Crutchfield, R. S. u. a.: Grundlagen der Psychologie) München: Psychologie Verlags Union 1985.
Benesch, H. & Dorsch, F. (Hrsg.): Berufsaufgaben und Praxis des Psychologen. München: Reinhardt, 2., völlig neu überarb. Aufl. 1984.
Bergius, R.: Verhaltenstheoretische Ansätze in der Persönlichkeitsforschung. In: Strube, G. (Hrsg.): Binet und die Folgen. (Die Psychologie des 20. Jahrhunderts, Band V, S. 760–828). Zürich: Kindler 1977.
Bertram, H.: Sozialökologische Konzepte in der Sozialisationsforschung und Mehrebenenmodelle. In: Walter, H. & Oerter, R. (Hrsg.): Ökologie und Entwicklung. Mensch-Umwelt-Modelle in entwicklungspsychologischer Sicht (S. 210–228). Donauwörth: Auer 1979.
Bierhoff, W.: Hilfreiches Verhalten. Soziale Einflüsse und pädagogische Implikationen. Darmstadt: Steinkopff 1980.
Bierhoff, W.: Sozialpsychologie. Ein Lehrbuch. Stuttgart: Kohlhammer 1984.
Bierhoff-Alfermann, D.: Sportpsychologie. Stuttgart: Kohlhammer 1986.
Bloom, B. S. (Hrsg.): Taxonomie von Lernzielen im kognitiven Bereich. Weinheim: Beltz 1972.
Bornewasser, M., Hesse, F. W., Mielke, R. & Mummendey, H. D.: Einführung in die Sozialpsychologie. Heidelberg: Quelle & Meyer 1979 (3. Aufl. 1986).
Brandstätter, H.: Sozialpsychologie. Psychologie sozialer Erfahrungen. Stuttgart: Kohlhammer 1983.
Brander, S., Kompa, A. & Peltzer, U.: Denken und Problemlösen. Einführung in die kognitive Psychologie. Wiesbaden: Westdeutscher Verlag 1985.
Breuer, F.: Wissenschaftstheorie für Psychologen. Eine Einführung. Münster: Aschendorff, 4., völlig neubearb. u. stark erw. Aufl. 1989.
Bruner, J.: Der Prozeß der Erziehung. Düsseldorf: Schwann 1970.
Brunner, E. J. & Huber, G. L.: Interaktion und Erziehung. München: Psychologie Verlags Union 1989.
Bühler, Ch. & Allen, M.: Einführung in die humanistische Psychologie. Stuttgart: Klett 1973.
Clemens-Ziegler, B. & Pawlowsky, P.: Wirtschaftspsychologie. In: Asanger, R. & Wenninger, G. (Hrsg.): Handwörterbuch der Psychologie (S. 854–859). Weinheim: Beltz 1988.
Corsini, R. J. (Hrsg.): Handbuch der Psychotherapie. Band 1 und 2. Weinheim: Beltz 1983.

Davison, G. C. & Neale, J. M.: Klinische Psychologie. Ein Lehrbuch. München: Psychologie Verlags Union, 3., neubearb. u. erw. Aufl. 1988.
Diagnostisches und Statistisches Manual Psychischer Störungen. DSM-III-R. Weinheim: Beltz 1989 (Orig.: American Psychiatric Association: Diagnostic and statistical manual of mental disorders. 3rd rev. Ed. 1987).
Dietrich, G.: Pädagogische Psychologie. Eine Einführung auf handlungstheoretischer Grundlage. Bad Heilbrunn: Klinkhardt 1984.
Dörner, D.: Kybernetische Modelle. In: Herrmann, Th., Hofstätter, P. R., Huber, H. P. & Weinert, F. E. (Hrsg.): Handbuch psychologischer Grundbegriffe (S. 253–259). München: Kösel 1977.
Dörner, D.: Problemlösen als Informationsverarbeitung. Stuttgart: Kohlhammer 1976 (3. Aufl. 1987).
Dörner, D.: Verhalten und Handeln. In: Dörner, D. & Selg, H. (Hrsg.): Psychologie. Eine Einführung in ihre Grundlagen und Anwendungsfelder (S. 73–86). Stuttgart: Kohlhammer 1985.
Drews, S. & Brecht, K.: Psychoanalytische Ich-Psychologie. Grundlagen und Entwicklung. Frankfurt: Suhrkamp 1981.
Duncker, K.: Zur Psychologie des produktiven Denkens. Berlin: Springer, 2. Aufl. 1966 (Orig. 1935).
Edelmann, W.: Entwicklungspsychologie. Ein einführendes Arbeitsbuch. München: Kösel 1980.
Edelmann, W.: Lernpsychologie. Eine Einführung. München: Psychologie Verlags Union, 2., völlig neu bearb. Aufl. 1986.
Eicke, D. (Hrsg.): Tiefenpsychologie. Band 1–4. Weinheim: Beltz 1982.
Ellis, A.: Die rational-emotive Therapie. Das innere Selbstgespräch bei seelischen Problemen und seine Veränderung. München: Pfeiffer 1976 (amer. Orig. 1962).
Ewert, O.: Pädagogische Psychologie. In: Wörterbuch der pädagogischen Psychologie (S. 183–186). Freiburg: Herder 1974.
Fahrenberg, J.: Psychologische Testverfahren. Medizinische Klinik 1977, 72, 825–839.
Fahrenberg, J.: Psychophysiologie. In: Kisker, K. P., Meyer, J. E., Müller, C. & Strömgen, E. (Hrsg.): Psychiatrie der Gegenwart, Band I/1 (S. 91–210). Berlin: Springer, 2. Aufl. 1979.
Fisseni, H. J.: Persönlichkeitspsychologie. Göttingen: Hogrefe 1984.
Fittkau, B. (Hrsg.): Pädagogisch-psychologische Hilfen für Erziehung, Unterricht und Beratung. Band 1 und 2. Braunschweig: Westermann-Pedersen 1983.
Flade, A.: Wohnen – psychologisch betrachtet. Bern: Huber 1987.
Fliegel, St., Groeger, W., Künzel, R., Schulte, D. & Sorgatz, H.: Verhaltenstherapeutische Standardmethoden. München: Urban & Schwarzenberg 1981.
Florin, I. & Rosenstiel, L. von: Leistungsstörung und Prüfungsangst. Ursachen und Behandlung. München: Goldmann 1976.
Forgas, J. P.: Sozialpsychologie. Eine Einführung in die Psychologie der sozialen Interaktion. München: Psychologie Verlags Union 1986.
Freud, S.: Abriß der Psychoanalyse / Das Unbehagen in der Kultur. Frankfurt: Fischer, 36. Aufl. 1986 (Orig. 1940).
Freud, S.: Studienausgabe. 12 Bände. Frankfurt: Fischer 1982.

Frey, D. & Greif, S. (Hrsg.): Sozialpsychologie. Ein Handbuch in Schlüsselbegriffen. München: Psychologie Verlags Union, 2., erw. Aufl. 1987.
Frey, D., Hoyos, C. Graf & Stahlberg, D. (Hrsg.): Angewandte Psychologie. Ein Lehrbuch. München: Psychologie Verlags Union 1988.
Frey, D. & Irle, M.: Theorien der Sozialpsychologie. 3 Bde. Bern: Huber 1984/85.
Frieling, E. & Sonntag, K.: Arbeitspsychologie. Bern: Huber 1987.
Gage, N. L.: Unterrichten – Kunst oder Wissenschaft? München: Urban & Schwarzenberg 1979.
Gage, N. L. & Berliner, D. C.: Pädagogische Psychologie. Weinheim: Psychologie Verlags Union, 4., völlig neu bearb. Aufl. 1986.
Gagné, R. M.: Die Bedingungen des menschlichen Lernens. Hannover: Schroedel, neubearb. Aufl. 1980.
Gebert, D.: Organisationsentwicklung. Kohlhammer: Stuttgart 1974.
Gebert, D. & Rosenstiel, L. von: Organisationspsychologie. Stuttgart: Kohlhammer, 2., erw. u. verbess. Aufl. 1989.
Gloger-Tippelt, G.: Familie als Gegenstand psychologischer, insbesondere entwicklungspsychologischer Forschung. Zeitschrift für Familienforschung 1989, 1, 20–39.
Goeppert, S.: Medizinische Psychologie. Grundbegriffe, Problemstellungen und Perspektiven. Band 1 und 2. Reinbek: Rowohlt 1980.
Gordon, Th.: Familienkonferenz. Die Lösung von Konflikten zwischen Eltern und Kind. Hamburg: Hoffmann & Campe 1972.
Graumann, C. F.: Denken. Köln: Kiepenheuer & Witsch 1965.
Graumann, C. F.: Interaktion und Kommunikation. In: ders. (Hrsg.): Handbuch der Psychologie, Band 7: Sozialpsychologie, 2. Halbband (S. 1109–1262). Göttingen: Hogrefe 1972.
Graumann, C. F. (Hrsg.): Ökologische Perspektiven in der Psychologie. Bern: Huber 1978.
Graumann, C. F.: Soziale Interaktion. In: Weinert, F. E., Graumann, C. F., Heckhausen, H. & Hofer, M. (Hrsg.): Funkkolleg Pädagogische Psychologie Band 1 (S. 333–353). Frankfurt: Fischer 1974.
Graumann, C. F. & Métraux, A.: Die phänomenologische Orientierung in der Psychologie. In: Schneewind, K. A. (Hrsg.): Wissenschaftstheoretische Grundlagen der Psychologie (S. 27–53). München: Reinhardt 1977.
Greif, S.: Konzepte der Organisationspsychologie. Einführung in die grundlegenden theoretischen Ansätze. Bern: Huber 1983.
Greif, S., Holling, H. & Nicholson, N. (Hrsg.): Arbeits- und Organisationspsychologie. Internationales Handbuch in Schlüsselbegriffen. München: Psychologie Verlags Union 1989.
Grell, J.: Techniken des Lehrerverhaltens. Weinheim: Beltz 1974 (11. Aufl. 1983).
Groeben, N. & Scheele, B.: Argumente für eine Psychologie des reflexiven Subjekts – Paradigmawechsel vom behavioralen zum epistemologischen Subjektmodell. Darmstadt: Steinkopff 1977.
Grunow, D., Breitkopf, H., Grunow-Lutter, V. & Paulus, W.: Zum Verhältnis von Selbsthilfe und medizinischer Fremdhilfe. In: Ferber, Ch. von & Badura, B. (Hrsg.): Laienpotential, Patientenaktivierung und Gesundheitsselbsthilfe (S. 51–77). München: Oldenbourg 1983.

Guilford, J. P.: Persönlichkeit. Logik, Methodik und Ergebnisse ihrer quantitativen Erforschung. Weinheim: Beltz 1964.
Guski, R.: Wahrnehmung. Eine Einführung in die Psychologie der menschlichen Informationsaufnahme. Stuttgart: Kohlhammer 1989.
Guttmann, G.: Lehrbuch der Neuropsychologie. Bern: Huber, 3., überarb. u. ergänzte Aufl. 1982.
Hall, A. & Fagan, R.: Definition of system. In: Buckley, W. (Ed.): Modern systems research for the behavioral scientist (S. 81–92). Chicago: Aldine 1968.
Hartmann, H.: Ich-Psychologie und Anpassungsproblem. Stuttgart: Klett 1972 (3. Aufl. 1975).
Heckhausen, H.: Motivation und Handeln. Lehrbuch der Motivationspsychologie. Berlin: Springer 1980 (2., völlig überarb. u. erg. Aufl. 1989).
Heinelt, G.: Einführung in die Pädagogische Psychologie. Ein Leitfaden für Studium und Erziehungspraxis. Freiburg: Herder 1983.
Heller, K. & Nickel, H. (Hrsg.): Psychologie in der Erziehungswissenschaft. Ein Studienprogramm. 4 Bände. Band I und II (1976, 3. Aufl. 1980). Band III und IV (1978). Stuttgart: Klett-Cotta.
Herkner, W. (Hrsg.): Attribution – Psychologie der Kausalität. Bern: Huber 1980.
Herrmann, Th.: Lehrbuch der empirischen Persönlichkeitsforschung. Göttingen: Hogrefe 1976 (4. Aufl. 1984).
Herrmann, Th.: Psychologie als Problem. Herausforderungen der psychologischen Wissenschaft. Stuttgart: Klett-Cotta 1979.
Herzog, W.: Modell und Theorie in der Psychologie. Göttingen: Hogrefe 1984.
Hetzer, H., Todt, E., Seiffge-Krenke, I. & Arbinger, R. (Hrsg.): Angewandte Entwicklungspsychologie. Heidelberg: Quelle & Meyer, 2. Aufl. 1989.
Hoefert, H.-W. (Hrsg.): Person und Situation. Interaktionspsychologische Untersuchungen. Göttingen: Hogrefe 1982.
Hofer, M.: Sozialpsychologie erzieherischen Handelns. Wie Denken und Verhalten von Lehrern organisiert ist. Göttingen: Hogrefe 1986.
Hoffmann, J.: Kognitive Psychologie. In: Asanger, R. & Wenninger, G. (Hrsg.): Handwörterbuch der Psychologie (S. 352–356). Weinheim: Beltz 1988.
Howe, J. (Hrsg.): Therapieformen im Dialog. Anwendung und Integration von Gesprächspsychotherapie, Psychoanalyse und Verhaltenstherapie. München: Kösel 1982.
Hoyos, C. Graf: Psychologische Unfall- und Sicherheitsforschung. Stuttgart: Kohlhammer 1980.
Huppmann, G. & Wilker, F.-W.: Medizinische Psychologie & Medizinische Soziologie. München: Urban & Schwarzenberg 1988.
Hurrelmann, K. & Ulich, D. (Hrsg.): Handbuch der Sozialisationsforschung. Weinheim: Beltz 1983.
Ingenkamp, K.: Lehrbuch der pädagogischen Diagnostik. Weinheim: Beltz 1985.
Jacobi, J.: Die Psychologie von C. G. Jung. Eine Einführung in das Gesamtwerk. Olten: Walter, 7. Aufl. 1987.
Jaeggi, E., Kastner, P., Kohl, K.-H., Schulz, W., Tilgner, S., Totzeck, B. & Volger, I.: Andere verstehen. Ein Trainingskurs für psychosoziale Berufe. Weinheim: Beltz 1983.

Jahnke, J.: Interpersonale Wahrnehmung. Stuttgart: Kohlhammer 1975.
Janke, W.: Psychophysiologische Grundlagen des Verhaltens. In: Kerekjarto, M. v. (Hrsg.): Medizinische Psychologie (S. 1–101). Berlin: Springer, 2. Aufl. 1976.
Jones, E. E. & Nisbett, R. E.: The actor and the observer: Divergent perceptions of the causes of behavior. New York: General Learning Press 1971.
Jung, C. G.: Grundwerk. 9 Bände. (Hrsg.: Barz, H., Baumgardt, U., Blomeyer, R., Dieckmann, H., Remmler, H. & Seifert, Th.) Freiburg: Walter 1984.
Kämmerer, A.: Die therapeutische Strategie „Problemlösen". Münster: Aschendorff 1983.
Kagelmann, H. J.: Tourismus. In: Frey, D., Hoyos, C. Graf & Stahlberg, D. (Hrsg.): Angewandte Psychologie. Ein Lehrbuch (S. 498–517). München: Psychologie Verlags Union 1988.
Kaminski, G. (Hrsg.): Umweltpsychologie. Perspektiven – Probleme – Praxis. Stuttgart: Klett 1976.
Keller, J. A.: Grundlagen der Motivation. München: Psychologie Verlags Union 1981.
Kerlinger, F.: Grundlagen der Sozialwissenschaften. Band 1 (1978, 2., veränderte Auflage), Band 2 (1979). Weinheim: Beltz.
Keupp, H. & Rerrich, D.: Psychosoziale Praxis – gemeindepsychologische Perspektiven. Ein Handbuch in Schlüsselbegriffen. München: Urban & Schwarzenberg 1982.
Klebelsberg, D.: Verkehrspsychologie. Berlin: Springer 1982.
Kluwe, R.: Wissen und Denken. Modelle, empirische Befunde und Perspektiven für den Unterricht. Stuttgart: Kohlhammer 1979.
Koch, J. J.: Altruismus und Aggression. Das Feldexperiment in der Sozialpsychologie 1. Weinheim: Beltz 1976.
Köck, P.: Praxis der Beobachtung in Kindergarten, Hort, Heim, Schule, Ausbildungsstätten, Fortbildungseinrichtungen. Donauwörth: Auer 1981.
Kollbrunner, J.: Das Buch der Humanistischen Psychologie. Eine ausführliche einführende Darstellung und Kritik des Fühlens, Denkens und Handelns in der Humanistischen Psychologie. Eschborn: Fachbuchhandlung für Psychologie 1987.
Krapp, A., Hofer, M. & Prell, S.: Forschungswörterbuch. Grundbegriffe zur Lektüre wissenschaftlicher Texte. München: Urban & Schwarzenberg 1982.
Kriz, J.: Grundkonzepte der Psychotherapie. Eine Einführung. München: Psychologie Verlags Union, 2., durchges. Aufl. 1989.
Kriz, J., Lück, H. E. & Heidbrink, H.: Wissenschafts- und Erkenntnistheorie. Eine Einführung für Psychologen und Humanwissenschaftler. Opladen: Leske & Budrich 1987.
Kruse, L.: Räumliche Umwelt. Die Phänomenologie des räumlichen Verhaltens als Beitrag zu einer psychologischen Theorie der Umwelt. Berlin: de Gruyter 1974.
Kutter, P.: Moderne Psychoanalyse. Eine Einführung in die Psychologie unbewußter Prozesse. München: Verlag Internationale Psychoanalyse 1989.
Langer, I. & Schulz von Thun, F.: Messung komplexer Merkmale in Psychologie und Pädagogik. München: Reinhardt 1974.
Lantermann, E. D. (Hrsg.): Interaktionen. Person, Situation und Handlung. München: Urban & Schwarzenberg 1980.

Laucken, U. & Schick, A.: Einführung in das Studium der Psychologie. Eine Orientierungshilfe für Schüler und Studenten. Stuttgart: Klett-Cotta 1978 (5. Aufl. 1985).
Legewie, H. & Ehlers, W.: Knaurs moderne Psychologie. München: Knaur 1986.
Liebel, H. & Uslar, W. von: Forensische Psychologie. Eine Einführung. Stuttgart: Kohlhammer 1975.
Lienert, G.: Testaufbau und Testanalyse. Weinheim: Beltz 1967 (4. Aufl. 1989).
Lück, H. E.: Psychologie sozialer Prozesse. Eine Einführung in das Selbststudium der Sozialpsychologie. Opladen: Leske & Budrich, 2., überarb. Aufl. 1987.
Lüer, G. (Hrsg.): Allgemeine experimentelle Psychologie. Einführung in die methodischen Grundlagen mit praktischen Übungen für das experimentelle Praktikum. München: UTB 1987.
Lütjen, R. & Frey, D.: Gesundheit und Medizin. In: Frey, D., Hoyos, C. Graf & Stahlberg, D. (Hrsg.): Angewandte Psychologie. Ein Lehrbuch (S. 405–426). München: Psychologie Verlags Union 1988.
Lütjen, R. & Frey, D.: Stichwort: Krankheit und Gesundheit/Gesundheitspsychologie. In: Frey, D. & Greif, S. (Hrsg.): Sozialpsychologie. Ein Handbuch in Schlüsselbegriffen (S. 567–579). München: Psychologie Verlags Union, 2., erw. Aufl. 1987.
Mahoney, M. J.: Kognitive Verhaltenstherapie. Neue Entwicklungen und Integrationsschritte. München: Pfeiffer 1979.
Maletzke, G.: Massenkommunikation. In: Graumann, C. F. (Hrsg.): Handbuch der Psychologie, Band 7: Sozialpsychologie, 2. Halbband (S. 1511–1536). Göttingen: Hogrefe 1972.
Mandl, H., Friedrich, H. F. & Hron, A.: Psychologie des Wissenserwerbs. In: Weidenmann, B., Krapp, H., u. a. (Hrsg.): Pädagogische Psychologie (S. 143 bis 218). München: Psychologie Verlags Union 1986.
Maslow, A. H.: Psychologie des Seins. Ein Entwurf. München: Kindler 1978.
May, R.: Antwort auf die Angst. Leben mit einer verdrängten Dimension. Frankfurt: Fischer 1984.
May, R.: Freiheit und Schicksal. Anatomie eines Widerspruchs. Frankfurt: Fischer 1985.
Meichenbaum, D.: Kognitive Verhaltensmodifikation. München: Urban & Schwarzenberg 1979.
Mertens, W. & Fuchs, G.: Krise der Sozialpsychologie? Zur Krisendiskussion über die theoretischen und methodischen Grundlagen der Sozialpsychologie. München: Ehrenwirth 1978.
Mietzel, G.: Psychologie in Unterricht und Erziehung. Einführung in die Pädagogische Psychologie für Pädagogen und Psychologen. Göttingen: Hogrefe, 3., völlig neu gestaltete Aufl. 1986.
Mietzel, G.: Wege in die Entwicklungspsychologie. Kindheit und Jugend. München: Psychologie Verlags Union 1989.
Milgram, St.: Das Milgram-Experiment. Zur Gehorsamkeitsbereitschaft gegenüber Autorität. Reinbek: Rowohlt Verlag 1974.
Miller, G. A., Galanter, E. & Pribram, K. H.: Strategien des Handelns. Pläne und Strukturen des Verhaltens. Stuttgart: Klett 1973 (amer. Orig. 1960).

Miller, R.: Einführung in die ökologische Psychologie. Opladen: Leske & Budrich 1986.
Mischel, W.: Toward a cognitive social learning reconceptualization of personality. Psychological Review 1973, 80, 252–283.
Mischel, W.: Introduction to personality. New York: Holt, Rinehart & Winston, 3rd. ed. 1979.
Mogel, H.: Ökopsychologie. Stuttgart: Kohlhammer 1984.
Montada, L. & Schmitt, M.: Systematik der Angewandten Entwicklungspsychologie: Probleme der Praxis, Beiträge der Forschung. In: Oerter, R., Montada, L. u. a.: Entwicklungspsychologie (S. 677–703). Urban & Schwarzenberg 1982.
Montada, L.: Themen, Traditionen, Trends. In: Oerter, R., Montada, L. u. a.: Entwicklungspsychologie (S. 3–88). München: Urban & Schwarzenberg 1982 (2., völlig neu bearb. u. erw. Aufl. 1987).
Neel, A. F.: Handbuch der psychologischen Theorien. Frankfurt: Fischer 1983.
Neisser, U.: Kognition und Wirklichkeit. Prinzipien und Implikationen der kognitiven Psychologie. Stuttgart: Klett-Cotta 1979.
Neumann, P. & Rosenstiel, L. v.: Werbepsychologie. In: Asanger, R. & Wenninger, G. (Hrsg.): Handwörterbuch der Psychologie (S. 841–847). Weinheim: Beltz 1988.
Nickel, H.: Entwicklungspsychologie des Kindes- und Jugendalters. Band 1: Allgemeine Grundlagen – Die Entwicklung bis zum Schuleintritt (1982, 4. Auflage); Band 2: Schulkind und Jugendlicher (1979, 3., durchges. Aufl.). Bern: Huber 1979/82.
Nisbett, R. E., Caputo, C., Legant, P. & Marecek, J.: Behavior as seen by the actor and as seen by the observer. Journal of Personality and Social Psychology 1973, 27, 154–164.
Nolting, H.-P.: Lernschritte zur Gewaltlosigkeit. Ergebnisse psychologischer Friedensforschung. Reinbek: Rowohlt 1981.
Nolting, H.-P.: Psychologie lehren. Zur Didaktik von Einführungen und Kurzstudiengängen. Weinheim: Beltz 1985.
Nolting, H. P.: Lernfall Aggression. Wie sie entsteht – Wie sie zu vermindern ist. Ein Überblick mit Praxisschwerpunkt Alltag und Familie. Reinbek: Rowohlt, 8., völlig neugest. Aufl. 1987.
Oerter, R., Montada, L. u. a.: Entwicklungspsychologie. Ein Lehrbuch. München: Psychologie Verlags Union 1982 (2., völlig neu bearb. u. erw. Aufl. 1987).
Oerter, R.: Moderne Entwicklungspsychologie. Donauwörth: Auer, 20. Aufl. 1984.
Pawlik, K.: Dimensionen des Verhaltens. Eine Einführung in Methodik und Ergebnisse faktorenanalytischer Forschung. Bern: Huber, 3. Aufl., 1979.
Pawlik, K.: Umweltpsychologie und Ökopsychologie. In: Tack, W. H. (Hrsg.): Bericht über den 29. Kongreß der Deutschen Gesellschaft für Psychologie in Salzburg 1974, Band 2. (S. 275–276). Göttingen: Hogrefe 1975.
Perls, F. S.: Grundlagen der Gestalt-Therapie. München: Pfeiffer 1976.
Perrez, M., Büchel, F., Ischi, N. Patry, J.-L. & Thommen, B.: Erziehungspsychologische Beratung und Intervention. Bern: Huber 1985.
Pervin, L. A.: Persönlichkeitspsychologie in Kontroversen. München: Urban & Schwarzenberg 1981.
Pervin, L. A.: Persönlichkeitstheorien. München: Reinhardt, 2. Aufl. 1987.

Petermann, F. (Hrsg.): Verhaltensgestörtenpädagogik. Neue Ansätze und ihre Erfolge. Berlin: Marhold 1987.
Petzold, H. (Hrsg.): Methodenintegration in der Psychotherapie. Paderborn: Junfermann 1982.
Petzold, H. (Hrsg.): Wege zum Menschen. 2 Bände. Paderborn: Junfermann 1984.
Petzold, M. & Nickel, H.: Grundlagen und Konzept einer entwicklungspsychologischen Familienforschung. Psychologie in Erziehung und Unterricht 1989, 36, 241–257.
Pfingsten, U.: Klinische Psychologie. Stuttgart: Kohlhammer 1985.
Pongratz, L. J.: Hauptströmungen der Tiefenpsychologie. Darmstadt: Wissenschaftliche Buchgesellschaft 1983.
Pongratz, L. J.: Problemgeschichte der Psychologie. Stuttgart: Francke 2. Aufl. 1984.
Preiser, S.: Personwahrnehmung und Beurteilung. Darmstadt: Wissenschaftliche Buchgesellschaft 1979.
Quitmann, H.: Humanistische Psychologie. Zentrale Konzepte und philosophischer Hintergrund. Göttingen: Hogrefe 1985.
Redlich, A. & Schley, W.: Kooperative Verhaltensmodifikation im Unterricht. München: Urban & Schwarzenberg, 2., überarb. Aufl. 1981.
Revenstorf, D.: Psychotherapeutische Verfahren. 4 Bände. Stuttgart: Kohlhammer 1982–85.
Richter, H. E.: Patient Familie. Entstehung, Struktur und Theorie von Konflikten in Ehe und Familie. Reinbek: Rowohlt 1972.
Riegel, K. F.: Psychologie, mon amour. Ein Gegentext. München: Psychologie Verlags Union 1981.
Rogers, C. R.: Die klientenzentrierte Gesprächspsychotherapie. Frankfurt: Fischer 1978 (amer. Orig. 1951).
Rohracher, H.: Einführung in die Psychologie. München: Urban & Schwarzenberg, 10. Aufl 1971 (13. Aufl. 1987).
Rohrmann, B.: Gestaltung von Umwelt. In: Frey, D., Hoyos, C. Graf & Stahlberg, D. (Hrsg.): Angewandte Psychologie. Ein Lehrbuch (S. 265–282). München: Psychologie Verlags Union 1988.
Rosenstiel, L. von, Molt, W. & Rüttinger, B.: Organisationspsychologie. Stuttgart: Kohlhammer, 6., völlig neu bearb. Aufl. 1986.
Rosenstiel, L. v. & Neumann, P.: Psychologie in Marketing und Werbung. In: Frey, D., Hoyos, C. Graf & Stahlberg, D. (Hrsg.): Angewandte Psychologie. Ein Lehrbuch (S. 208–228). München: Psychologie Verlags Union 1988.
Sader, M.: Psychologie der Persönlichkeit. München: Juventa 1980.
Sander, E.: Lernstörungen. Ursachen, Prophylaxe, Einzelfallhilfe. Stuttgart: Kohlhammer 1981.
Sanders, C.: Die behavioristische Revolution in der Psychologie. Salzburg: Müller 1978.
Schandry, R.: Lehrbuch der Psychophysiologie. Körperliche Indikatoren psychischen Geschehens. München: Psychologie Verlags Union, 2. Aufl. 1989.
Schandry, R.: Psychophysiologie. In: Asanger, R. & Wenninger, G. (Hrsg.): Handwörterbuch der Psychologie (S. 614–619). München: Psychologie Verlags Union, 4. Aufl. 1988.

Schelp, Th. & Kemmler, L.: Emotion und Psychotherapie. Ein kognitiver Beitrag zur Interpretation psychotherapeutischer Schulen. Bern: Huber 1988.
Schlippe, A. v.: Familientherapie im Überblick. Basiskonzepte, Formen, Anwendungsmöglichkeiten. Paderborn: Junfermann, 6., überarb. Aufl. 1987.
Schmale, H.: Psychologie der Arbeit. Stuttgart: Klett-Cotta 1983.
Schmalt, H. D.: Motivation und Emotion. In: Euler, H. A. & Mandl, H. (Hrsg.): Emotionspsychologie. Ein Handbuch in Schlüsselbegriffen (S. 249–255). München: Urban & Schwarzenberg 1983.
Schmidt, R.: Die Individualpsychologie Alfred Adlers. Ein Lehrbuch. Frankfurt: Fischer 1989.
Schneewind, K. A.: Persönlichkeitstheorien. I. Alltagspsychologie und mechanistische Ansätze (1982). Persönlichkeitstheorie II. Organismische und dialektische Ansätze (1984). Darmstadt: Wissenschaftliche Buchgesellschaft 1982; 1984.
Schneewind. K. A.: Familienentwicklung. In: Oerter, R., Montada, L. u. a. (Hrsg.): Entwicklungspsychologie (S. 971–1014). München: Psychologie Verlags Union, 2., völlig neu bearb. u. erw. Aufl. 1987.
Schneewind, K. A.: Familienberatung und Familientherapie. In Nave-Herz, R. & Markefka, M.: Handbuch der Familien- und Jugendforschung. Band 1: Familienforschung (S. 679–709). Neuwied: Luchterhand 1989.
Schneewind, K. A., Beckmann, M. & Engfer, A.: Eltern und Kinder. Umwelteinflüsse auf das familiäre Verhalten. Stuttgart: Kohlhammer 1983.
Schneider, H. D.: Kleingruppenforschung. Stuttgart: Teubner 1975 (2., überarb. Aufl. 1985).
Schönpflug, W.: System Mensch. Studientext zur Einführung in die Psychologie. Stuttgart: Klett-Cotta 1977.
Schönpflug, W. & Schönpflug, U.: Psychologie. Allgemeine Psychologie und ihre Verzweigungen in die Entwicklungs-, Persönlichkeits- und Sozialpsychologie. Ein Lehrbuch für das Grundstudium. München: Urban & Schwarzenberg 1983 (2. Aufl. 1989).
Schulz von Thun, F.: Miteinander reden: Störungen und Klärungen. Psychologie der zwischenmenschlichen Kommunikation. Reinbek: Rowohlt 1981.
Seiffge-Krenke, I.: Entwicklung des sozialen Verhaltens. In: Hetzer, H., Todt, E., Seiffge-Krenke, I. & Arbinger, R. (Hrsg.): Angewandte Entwicklungspsychologie (S. 254–296). Heidelberg: Quelle & Meyer, 2. Aufl. 1989.
Seitz, W.: Persönlichkeitsbeurteilung durch Fragebogen. Braunschweig: Westermann 1977.
Selg, H. & Bauer, W.: Forschungsmethoden der Psychologie. Stuttgart: Kohlhammer, 3. Aufl. 1976.
Selvini-Palazzoli, M., Boscolo, L., Chellin, G. & Prata, G.: Paradoxon und Gegenparadoxon. Ein neues Therapiemodell für die Familie mit schizophrenen Störungen. Stuttgart: Klett 1978 (5. Aufl. 1987).
Semmer, N. & Volpert, W.: Arbeitspsychologie. In: Asanger, R. & Wenninger, G. (Hrsg.): Handwörterbuch der Psychologie (S. 52–60). Weinheim: Beltz 1988.
Sievers, B. (Hrsg.): Organisationsentwicklung als Problem. Stuttgart: Klett 1977.
Singer, J. L., Singer, D. G. & Sherrod, L. R.: A factor analytic study of preschooler's play behavior. Academic Psychology Bulletin 1980, 2, 143–156.

Six, B.: Effektivität der Werbung. In: Irle, M. & Bussmann, W. (Hrsg.): Methoden und Anwendungen in der Marktpsychologie. (Enzyklopädie der Psychologie. Themenbereich D: Serie III, Band 5, S. 340–395). Göttingen: Hogrefe 1983.
Skinner, B. F.: Jenseits von Freiheit und Würde. Reinbek: Rowohlt 1973.
Skinner, B. F. (1953): Wissenschaft und menschliches Verhalten. München: Kindler 1974.
Sommer, G. & Ernst, H. (Hrsg.): Gemeindepsychologie. Therapie und Prävention in der sozialen Umwelt. München: Urban & Schwarzenberg 1977.
Spada, H. (Hrsg.): Lehrbuch Allgemeine Psychologie. Bern: Huber 1990.
Steiner, G.: Lernen. Zwanzig Szenarien aus dem Alltag. Bern: Huber 1988.
Tausch, R. & Tausch, A. M.: Erziehungspsychologie. Begegnung von Person zu Person. Göttingen: Hogrefe, 9., neubearb. Auflage 1979.
Thomae, H.: Einführung. In: ders. (Hrsg.). Die Motivation menschlichen Handelns. Köln: Kiepenheuer & Witsch 1965.
Thomae, H. & Feger, H.: Hauptströmungen der neueren Psychologie. (Einführung in die Psychologie, Band 7; Hrsg. C. F. Graumann.) Wiesbaden: Akademische Verlagsgesellschaft; Bern: Huber 1976.
Thomas, A. (Hrsg.): Sportpsychologie. Ein Handbuch in Schlüsselbegriffen. München: Psychologie Verlags Union 1982.
Traxel, W.: Grundlagen und Methoden der Psychologie. Eine Einführung in die Psychologische Forschung. Bern: Huber, 2., völlig neubearb. u. erw. Aufl. 1974.
Traxel, W.: Emotionsdimensionen. In: Euler, H. A. & Mandl, H. (Hrsg.): Emotionspsychologie. Ein Handbuch in Schlüsselbegriffen (S. 19–27). München: Urban & Schwarzenberg 1983.
Troschke, J. von: Gesundheitserziehung (S. 124–139). In: Blohmke, M. (Hrsg.): Ökologischer Kurs; Teil Sozialmedizin. Stuttgart: Enke 1979.
Uexküll, Th. v., Adler, R., Herrmann, J. M., Köhle, K., Schonecke, O. & Wesiak, W. (Hrsg.): Psychosomatische Medizin. München: Urban & Schwarzenberg, 3., neubearb. u. erweiterte Aufl. 1986.
Ulich, D.: Einführung in die Psychologie. Stuttgart: Kohlhammer 1989 (a).
Ulich, D.: Das Gefühl. Eine Einführung in die Emotionspsychologie. München: Psychologie Verlags Union, 2., durchges. u. erg. Aufl. 1989 (b).
Ullrich de Muynck, R. & Ullrich, R.: Standardisierung des Selbstsicherheitstrainings für Gruppen. In: Brengelmann, J. & Tunner, W. (Hrsg.): Behavior Therapy – Verhaltenstherapie. München: Urban & Schwarzenberg 1973.
Ullrich de Muynck, R. & Ullrich, R.: Das Assertiveness-Training-Programm ATP: Einüben von Selbstvertrauen und sozialer Kompetenz. Teil I, II und III. München: Pfeiffer 1976.
Verres, R. & Sobez, I.: Ärger, Aggression und soziale Kompetenz. Zur konstruktiven Veränderung destruktiven Verhaltens. Stuttgart: Klett-Cotta 1980.
Völker, U. (Hrsg.): Humanistische Psychologie. Ansätze einer lebensnahen Wissenschaft vom Menschen. Weinheim: Beltz 1980.
Voigt, D.: Gesundheitsverhalten. Zur Soziologie gesundheitsbezogenen Verhaltens. Hypothesen, Theorie, empirische Untersuchungen. Stuttgart: Kohlhammer 1978.
Wahl, D., Weinert, F. E. & Huber, G. L.: Psychologie für die Schulpraxis. Ein handlungsorientiertes Lehrbuch für Lehrer. München: Kösel 1984.

Watson, J. B. & Rayner, R.: Conditioned emotional reactions. Journal of Experimental Psychology 1920, 3, 1–14.
Watzlawick, P., Beavin, J. & Jackson, D. D.: Menschliche Kommunikation. Formen, Störungen, Paradoxien. Bern: Huber 1969.
Watzlawick, P., Weakland, J. H. & Fisch, R.: Lösungen. Zur Theorie und Praxis menschlichen Wandels. Bern: Huber 1974 (7. Aufl. 1985).
Wegener, H.: Einführung in die Forensische Psychologie. Darmstadt: Wissenschaftliche Buchgesellschaft 1981.
Weidenmann, B. & Krapp, A.: Pädagogische Psychologie: Einführung in die Disziplin und das Lehrbuch. In: Weidenmann, B., Krapp, A. u. a. (Hrsg.): Pädagogische Psychologie (S. 1–20). München: Psychologie Verlags Union 1986.
Weidenmann, B., Krapp, A. u. a. (Hrsg.): Pädagogische Psychologie. Ein Lehrbuch. München: Psychologie Verlags Union 1986.
Weinert, F. E., Graumann, C. F., Heckhausen, H. & Hofer, M. (Hrsg.): Funkkolleg Pädagogische Psychologie. Band 1 und 2. Frankfurt: Fischer 1974.
Wellenreuther, M.: Grundkurs: Empirische Forschungsmethoden. Für Pädagogen, Psychologen, Soziologen. Königstein/Ts.: Athenäum 1982.
Wendlandt, W. & Hoefert, H.W.: Selbstsicherheitstraining. Salzburg: Müller 1976.
Weßling-Lünnemann, G.: Motivationsförderung im Unterricht. Göttingen: Hogrefe 1985.
Wieczerkowski, W. & zur Oeveste, H. (Hrsg.): Lehrbuch der Entwicklungspsychologie. 3 Bände. Düsseldorf: Schwann 1982.
Wirsching, M. & Stierlin, H.: Krankheit und Familie. Stuttgart: Klett-Cotta 1982.
Witte, E.: Einstellung. In: Herrmann, Th., Hofstätter, P. R., Huber, H. P. & Weinert, F. E. (Hrsg.): Handbuch psychologischer Grundbegriffe (S. 103–115). München: Kösel 1977.
Wottawa, H.: Evaluation. In: Weidenmann, B., Krapp, A., u. a. (Hrsg.): Pädagogische Psychologie (S. 703–733). München: Psychologie Verlags Union 1986.
Wyss, D.: Die tiefenpsychologischen Schulen von den Anfängen bis zur Gegenwart. Göttingen: Vandenhoeck & Ruprecht, 5., erw. Aufl. 1977.
Zeier, H. (Hrsg.): Pawlow und die Folgen. (Die Psychologie des 20. Jahrhunderts. Band IV.) Zürich: Kindler 1977.
Zimbardo, P. G.: Psychologie. Berlin: Springer, 4., neubearb. Aufl. 1983.
Zimolong, B., Gottlieb, W. & Rosemann, B.: Ziele und Aufgaben psychologischen Handelns in der Praxis: Traditionen und neue Trends. In: Ruppert, F. & Frieling, E. (Hrsg.): Psychologisches Handeln in Betrieben und Organisationen (S. 22–42). Bern: Huber 1987.

Autorenregister

Sachregister

Standards

In diesem umfangreichen Lehrbuch der psychologischen Diagnostik werden alle historisch relevanten und aktuellen Trends dargestellt, die Voraussetzungen, Implikationen und Randbedingungen des diagnostischen Prozesses ausführlich beschrieben und Praxisbereiche umrissen.

2., veränderte Auflage.
652 Seiten.
ISBN 3-621-27128-7

Entspannungsverfahren gehören zum Standardrepertoire im Rahmen von Prävention, Therapie und Rehabilitation. Hier werden die wichtigsten Verfahren und deren Anwendung umfassend dargestellt.
Bd. 1: Grundlagen und Methoden
381 Seiten.
ISBN 3-621-27137-6
Bd. 2: Anwendungen
358 Seiten.
ISBN 3-621-27197-X

In hervorragender didaktischer Klarheit gibt dieses bewährte Lehrbuch einen umfassenden, systematischen und theoretisch fundierten Überblick über das gesamte Feld der Lernpsychologie. Durch Informations- und Arbeitsteile mit Tests und Übungsaufgaben ist das Buch besonders für das Selbststudium geeignet.

4., überarbeitete Auflage.
470 Seiten.
ISBN 3-621-27152-X

Der »Lienert«, seit Jahren Handwerkszeug praktisch arbeitender Psychologen, liegt jetzt in einer neuen Bearbeitung vor. Wer auf der Grundlage der klassischen Testtheorie psychologische Tests erstellen will, findet hier eine genaue Darstellung der Entwicklungsschritte und eine Vielzahl praktischer Hinweise.

5., überarbeitete Auflage.
450 Seiten.
ISBN 3-621-27120-1

Beltz Psychologie Verlags Union
Postfach 100154
69441 Weinheim

BELTZ
Psychologie Verlags Union